변화의
9가지
단계

차근차근 성공을 쌓아올리는

변화의
9가지
단계

데이비드 S. 포트럭 지음 | 박선령 옮김

시그마북스
Sigma Books

차근차근 성공을 쌓아올리는
변화의 9가지 단계

발행일 2017년 3월 20일 초판 1쇄 발행
지은이 데이비드 S. 포트럭
옮긴이 박선령
발행인 강학경
발행처 시그마북스
마케팅 정제용, 한이슬
에디터 권경자, 장민정, 신미순, 최윤정
디자인 최희민, 윤수경

등록번호 제10-965호
주소 서울특별시 영등포구 양평로 22길 21 선유도코오롱디지털타워 A404호
전자우편 sigma@spress.co.kr
홈페이지 http://www.sigmabooks.co.kr
전화 (02) 2062-5288~9
팩시밀리 (02) 323-4197
ISBN 978-89-8445-853-6(03320)

이 도서의 국립중앙도서관 출판예정도서목록(CIP)은 서지정보유통지원시스템 홈페이지(http://seoji.nl.go.kr)와 국가자료공동목록시스템(http://www.nl.go.kr/kolisnet)에서 이용하실 수 있습니다.(CIP제어번호: CIP2017004555)

* 시그마북스는 (주)시그마프레스의 자매회사로 일반 단행본 전문 출판사입니다.

변화를 일으키면 지도자가 되고,
변화를 받아들이면 생존자가 되지만,
변화를 거부하면 죽음을 맞이하게 될 뿐이다.

- 레이 노다 -

차례

제1부   차근차근 쌓아올리기 프로세스

제2부 　변화를 주도하라

꾸준히 배운다면
기쁨이 되어 돌아온다

토니 라 루사

획기적인 변화에 대해 생각할 때 혹시 야구가 떠오르는 사람도 있을까? 아마 매우 제한적인 경우에만 그럴 것이다. 야구는 세월이 흘러도 변하는 부분이 거의 없는 전통적인 운동 경기라고 생각하는 이들이 많기 때문이다. 하지만 리틀리그와 고교 야구는 지금도 예전 모습을 그대로 유지하고 있을지 몰라도, 메이저리그의 경우에는 경기장에서는 물론이고 경기장 이면과 경영 본부 등에서도 극적인 변화를 겪고 있다.

야구는 50년 넘는 세월 동안 내 인생의 일부였다. 열일곱 살 때부터 프로 선수로 뛰었고 30년 넘게 메이저리그 감독으로 일했다. 그 사이에 메이저리그가 전통적인 뿌리를 유지하면서도 변화를 받아들이는 모습을 운동장 안팎에서 지켜봤다. MLB 위원인 버드 셀릭은 전통적으로 변화를 거부하는 이 종목에서 혁신을 두려워한 적이 없다. 셀릭은 최근에 비슷한 경험을 한 사람들 몇 명을 MLB 직원들과 함께 모아놓고, 신기술을 이용해서 야구 경기가 진행되는 속도를 늦추지 않고도 비디오 판정을 개선할 수 있는지 알아보고자 했다. 우리는 경기를 중단시키지 않으면서도, 인적 오류가 경기 결과를 극적으로 바꿔놓을 가능성이 있을 때 도움이 될 효과적인 모델을 만들 수 있을까?

이는 야구계에서 급진적인 아이디어였고 매우 공공연한 변화였다. 이 개념을 공개하기 전에 미리 테스트를 해서, 경기가 꼬일 가능성을 미리 파악해 명확하게 밝힐 수 있는 능력을 갖추는 것이 중요했다. 우리는 가을 시즌 경기와 봄 훈련 기간 동안 현장 테스트를 실시했고, 그 과정에서 심판과 직원들에게 향상된 비디오 판정 시스템을 숙지시킬 수 있었다. 이런 테스트로 자신감을 얻고 심판도 두 명 추가하면서, 지금까지 매우 선별적으로만 사용되던 비디오 판정이 현실감을 높이고 판정이 제대로 내려졌다는 인식을 심어주는 데 정말 중요하다는 것을 알게 되었다. 그 과정에서 심판이 하는 일이 얼마나 어려운지, 그리고 그들이 얼마나 뛰어난지도 증명되었다.

이 변화의 경우, 우리에게는 장시간에 걸친 사전 계획과 테스트, 위기를 관리할 시간이 넉넉했다. 또 전체적인 계획을 진행할 탁월한 직원도 있었다. 하지만 여러분에게 이런 유리한 점들이 없다면 어떻게 될까? 그런 경우에는 자신이 한 경험의 깊이, 성공과 실패를 판가름할 수 있는 외부 조언자들에게 의지해야 한다. 그리고 이제는 이 책의 저자인 데이비드 포트럭과 이 책에 등장하는 개념들을 발전시키고 테스트하기 위해 인터뷰한 10여 명의 뛰어난 리더들이 축적한 경험에도 의지할 수 있게 되었다. 이 책은 획기적인 변화를 주도하면서 얻은 다양하고 깊이 있는 경험을 제공하는데, 개인이 그런 경험을 축적하려면 인생을 몇 번이나 더 살아야 할 것이다.

데이비드가 이 책의 머리말을 써줄 수 있겠느냐고 부탁하기 한 달쯤 전에, 나는 애리조나 다이아몬드백스의 최고 야구 책임자라는 새로운 직책을 맡았다. 이 직책은 나한테뿐만 아니라 야구계 전체에 새로운 개념이다. 이 팀은 고전 중이었고 경영 본부는 획기적인 변화가 필요한 때라는 것을 깨달았다. 그런 분투 과정에서 좋은 기회가 생긴다는 것은 누구나 다 아는 사실이다. 내부에서는 그런 사실을 깨닫기 힘든 때도 있지만, 데이비드에게는 이 개념이 명확했다. 이 책은 독자들이 장애물이 품고 있는 기회를 발견할 수 있도록 도와준다. 기회를 성공으로 바꾸는 획기적인 변화인 그 다음 단계는 그 장소가 야구장이건 책상 뒤건 회의실이건 상관없이 모든 리더들이 맞서야 하는 단계다.

야구계에서의 내 위치가 꽤 독특하기는 하지만 여기서 하는 일은 대부분의 기업들에게 익숙한 것이다. 나는 사람들을 평가하고 고무시키며, 그들이 경기하는 방식을 약간 바꿔서 우리 조직에 속한 팀들의 경쟁력을 높이기 위해 여기 고용된 것이다. 이것은 어떤 상황에서도 결코 쉽지 않은 일이다. 하지만 야구의 경우에는 전체적인 팀, 각 경기에 나갈 선수들, 최종 결과, 팬 기반, 리그 순위표 등 대부분의 기업들보다 상품에 유동적인 부분이 더 많다. 궁극적인 목표는 시즌 우승이다. 그리고 생산 라인에서 만들어지는 실체가 있는 상품과 달리 해마다 우리가 목표하는 결과물이 다시 정해진다. 우리는 0에서부터 다시 시작하고, 선수 명단이 계속 바뀌는 29개의 다른 팀들과 늘 경쟁을 벌인다.

서류상으로는 내가 이 조직과 나를 채용한 사람들을 책임지게 되어 있다. 개인적으로는 팀원들과 이 팀에 관여하는 모든 사람들, 그리고 팬들까지 모두 책임져야 한다. 언제나 그렇듯이 나는 사람들과 함께 협력하는 데 주력한다. 성공하려면 사적인 관계를 발전시켜야 한다. 조직 전체의 사람들과 의사소통을 하고 자신감을 갖도록 격려해서 그들 모두 최고의 기량을 발휘하도록 해야 한다. 특히 이 새로운 자리에서는 선수들이 뛰어난 야구선수가 되도록 독려하고, 그들의 새로운 동료를 영입하고 그들이 성공하는 데 필요한 핵심적인 도구를 제공해주어야 한다.

우리는 기본적인 가치의 왜곡, 선수들이 받은 계약서에 따라오는 명성과 부의 혼란이라는 야구계(그리고 프로 스포츠계 전반)에서 벌어진 중요한 변화 두 가지가 미친 영향과 마주하고 있다. 또 하나의 극적인 변화는 현재 상품 개선을 위해 파악할 수 있는 분석과 측정 기준이 미치는 영향 때문에 발생한 것이다. 이런 수치는 타율을 계산하고 팀 구성을 짜는 데는 도움이 되지만, 선수들은 인간이고 분석 자료만 가지고는 인간의 판단과 경험을 대신하지 못한다.

자기 상상 속에서 야구 경기를 펼치는 사람들처럼 오직 숫자만 이용해서 팀을 구성한다면 매 경기 최고의 팀을 꾸리는 것이 매우 간단해 보일지도 모른다. 하지만 특정 투수와 만났을 때 선수들의 타율, 주루 속도, 도루 등, 기존 기록과 새로 만들어진 분석 기준이 중요하기는 해도, 그것만 가지고는 미래의 성적을 확실하게 예측할 수 없다. 선수들이 일단 경기장에 나가면 언제나 인간적인 요소가 측정 기준을 압도한다. 경쟁심, 강인함, 자기 팀을 유리하게 만드는 팀원과 팀 플레이어가 되겠다는 의지와 능력 등은 측정할 수 없는 요소들이다. 그들은 경쟁을 통해 얻을 수 있는 영광을 이해하고 최고의 능력을 발휘할 수 있도록 준비한다. 매 순간, 매 경기 진정한 차이를 낳는 것은 긴박감과 열정, 개인적인 능력 강화, 그리고 결속력이 강한 팀이다.

이것이 전부 제대로 작동하면 경기를 치를 때마다 시즌 우승이라는 장기적인 목표에 한 걸음씩 가까워진다. 하지만 프로야구는 많은 시간과 노력이 든다. 6개월 동안 치르는 162번의 경기는 전체 이야기의 일부분일 뿐이다. 끈기, 고집, 회복력은 모두 절대적으로 필요한 요소들이다. 원정 경기나 훈련, 부상, 패배, 사랑하는 이들의 부재 같은 문제도 있다. 예전에 내가 코치나 감독 일을 계속할 것인지 고민하고 있을 때, 카디널스의 위대한 코치인 고 조지 키셀이 내게 절실한 갈망을 품어야 한다면서 이렇게 물었다. "야구를 좋아하나? 야구하는 법을 배우고 싶어?" 이것은 경기의 모든 부분을 즐기면서 배우지 않는 사람은 코치 일에도 감독 일에도 적합하지 않다는 자신의 주장을 명료하게 설명하는 간단한 공식이었다.

키셀의 조언은 내 마음속에서 큰 반향을 일으켰고, 내가 생각하기에 이 조언은 야구를 직업으로 삼고자 하는 모든 이들에게도 해당된다. 좀 더 범위를 넓히면, 이 공식은 어느 분야에나 적용할 수 있다. 그 일에 정말 열정을 품고 있고 골몰할 수 있는지 판단하는 데 사용할 수 있는 것이다. 여러분은 자기 분야를 사랑하고 그 일을 자세히 배워야 한다. 열정과 열의와 기술이 있어야 하고, 성공할 수 있도록 개인적으로 책임을 지면서 그 자리에 계속 머물러야 한다.

여러분이 어떤 일에 관여하고 있고 어떤 일을 이끌고 있든 그 일을 진정으로 사랑한다면, 꾸준히 배우는 경험이 기쁨이 되어 돌아올 것이다. 리더가 되는 법과 자기가 신뢰하고 존경할 만한 사람이라는 것을 남들에게 증명하는 법을 배워야 한다. 날마다 말이다. 그렇게 되어야만 비로소 리더로서의 의무를 다하면서 목표를 달성할 수 있다.

야구에서는 앞날을 내다보고, 경쟁 팀을 파악하고, 선수들 각자의 능력에 잘 맞게 라인업을 짜고, 결승점을 따기 위해 최선을 다해서 경기에 임하는 방식으로 승리를 준비한다. 데이비드도 이와 마찬가지로 이 책에서 제시한 9단계 과정 전체에 걸쳐서, 노련하고 성숙한 리더들이 어떻게 성공하기 위해 경기 계획을 세우고 획기적인 변화라는 과제에 접근하고 이를 극복하기 위해 어떤 준비를 하는지 보여준다. 데이비드는 변화의 긴박감과 중요성을 무엇보다 우선시하고 개인과 조직을 더 나은 미래로 이끌어가는 방법을 통해 솔직하고 효과적인 의사소통의 중요성을 증명한다.

또한 직업적인 면에서뿐만 아니라 개인적인 부분에서도 직원에게 관심을 가지는 것이 중요한 까닭을 입증한다. 게다가 목적과 사명의 연결을 강조해서 사람들이 이유, 즉 변화의 배경이 되는 이유를 깨닫게 해 요즘 세상의 저변을 이루는 중요한 개념의 핵심을 찌른다.

여러분이 얼마나 빨리 목표를 이룰 수 있는지 확실히 알려주는 수정구슬 같은 것은 없지만, 데이비드가 제시한 프로세스는 성공 가능성을 높이기 위해 활용할 수 있는 이정표와 지침을 제공한다. 야구계든 아니면 좀 더 전통적인 업계든 간에, 사람들이 비전과 목표를 믿고 거기에 전력을 쏟도록 하는 것이 중요하다. 신뢰의 토대 위에서 지탱하는 강력한 기업 문화를 구축하기 위해 꾸준히 노력해야 한다. 그 토대에 이 책이 제공하는 리더십 교훈과 프로세스 체계가 더해지면, 별로 우회하지 않는 효율적인 방법으로 획기적인 변화와 놀라운 성공을 이룰 수 있다. 그렇다고 그 일이 쉽다고 말하는 것은 결코 아니다. 탁월한 수준에 도달하는 것은 끊임없이 노력해야 하는 힘든 일이다. 또 이를 통해 영속적인 가치가 생성된다.

우리는 해결할 수 없는 문제처럼

교묘하게 위장한 중요한 기회들과 계속 만난다.

− 존 W. 가드너

(린든 존슨 대통령 재임 당시의 보건교육복지부 장관)

획기적인 변화를 도입하거나 시행하는 일이 매우 어렵다는 것은 경험 많은 경영진이라면 누구나 다 아는 비즈니스계의 현실이다. 그 변화가 아무리 필요한 것이거나 변화에 대한 요구가 명백해 보여도, 그 과정에는 지속적인 노력이 필요하다. 이 책은 더 평탄한 길을 찾아내거나 그 길로 나아갈 때의 어려움을 이해하고 극복할 수 있게 도와줄 것이다.

예전보다 세상이 훨씬 평평해지고 사업 진행 속도가 훨씬 빨라진 것을 감안하면, 오늘날 리더들이 겪는 문제는 사방 구석구석까지 스며들어 있을 가능성이 있다. 하지만 다른 한편으로 생각하면 문제는 곧 기회를 의미하기도 한다. 이런 기회를 알아보는 방법과, 변화가 유발하는 불편함보다 잠재적인 성공의 가능성이 훨씬 더 크다는 사실을 이 책에서 배울 수 있을 것이다.

획기적인 변화란 조직과 그 안의 사람들에게 극적이고 지대한 영향을 미치는 분열적인 시도를 의미한다. 이는 미래에 대한 전망을 재정립하고 점진적으로 개선하기 위한 조직의 신중하고 타성적 계획을 방해한다.

획기적인 변화는 수익을 늘리거나 비용을 절감할 수 있다. 새로운 유통 경로나 제품 생산라인을 의미할 수도 있다. 또 해외로 사업을 확장하는 것처럼 신나는 일이 될 수도 있고, 대규모 구조 조정과 인원 삭감처럼 무시무시한 상황을 야기할 가능성도 있다. 획기적인 변화는 상황이나 맥락에 따라 달라진다. 어떤 조직에는 획기적인 변화가 다른 기업에는 일상적인 업무일 수도 있다는 이야기다.

성공으로 가는 길을 차근차근 쌓아올리려면 가능한 모든 방법을 다 동원해야 한다. 이 책에서는 바로 그 방법을 배우게 될 것이다.

왜 '차근차근
쌓아올리기'일까?

나는 이 책을 쓰고 싶은 생각이 전혀 없었다. 하지만 중간 관리자나 글로벌 기업의 고위 경영진들이 직접 쓰거나 이런 사람들을 위한 변화에 관한 책이 없다는 사실을 알게 되었다. 영리 기업과 비영리 단체를 막론하고 조직 내에서 변화를 시행할 기술을 개발할 수 있는 확실한 방법을 찾는 현장 리더들을 위한 자료가 전혀 없는 것이다.

변화를 이끌거나 관리하는 일에 대한 책과 논문은 무수히 많이 나와 있고 그 대부분은 매우 통찰력 있는 정보를 제공한다. 특히 출간된 지 오래

되었음에도 여전히 독자들의 사랑을 받는 존 코터^{John Kotter}의 독창적인
『기업이 원하는 변화의 리더』의 내용은 오늘날에도 매우 유용하다. 하지만
개중에 전체적인 그림을 보여주거나 적어도 내 경력과 경험의 렌즈를 통
해 바라본 것과 같은 그림이 담긴 것, 즉 획기적이고 변혁적인 변화를 이
끄는 일의 실용적이고 실무적인 측면을 다룬 책이나 논문은 하나도 없다.
그리고 규모가 크고 위험한 변화를 계획할 때의 인간적인 현실에 대해 즉
시 활용할 수 있도록 심층적으로 파고든 것도 없다.

나는 성공에 필요한 전략과 프로세스를 개략적으로 소개하는 정도를 넘
어서, 리더들이 변화를 추진하고 시행하는 과정에서 맞닥뜨릴 가능성이
있는 문제들을 해결해주는 책이 필요하다고 생각했다. 한마디로 대담하고
광범위한 변화를 이끄는 이들이 업무 최전선에서 겪은 일들을 들려주는
책, 변화를 두려워하는 이들에게 변화의 필요성을 홍보할 때 겪게 되는 실
제적인 어려움을 축소하지 않고 독자들에게 타인을 이끌고자 할 때 수반
되는 사회적·감정적 현실을 보여주는 책 말이다. 이는 초심자를 위한 책이
아니라 오랜 기간 다른 사람들을 직접 이끌어본 경험이 있는 이들을 위한
책이다.

나는 와튼스쿨의 경영자 MBA 프로그램부터 구체적인 요구에 맞추어 조
정된 기업 프로그램에 이르기까지 다양한 공간에서 이런 사람들을 가르쳐
왔고 가르치고 있다. 초보 경영진이건 노련한 최고 경영진이건 간에, 이런
리더들은 저마다 높은 기대와 수많은 요구가 있다. 내가 하는 강의와 프레
젠테이션에서는 9단계로 구성된 구체적인 '차근차근 쌓아올리기' 프로세
스와 리더십에 대한 접근 방식을 제시하고 있다. 그 내용은 학생들과 참가
자들이 사회생활이나 공식적인 경영학 교육 과정에서 지금껏 만나보지 못
한 것들이다.

해결해야 할 문제의 틀 안에서 리더십을 탐구하는 이 방식은 사람들이 리더십의 요구와 필요조건을 잘 이해할 수 있게 해준다. 그리고 리더가 이끌어야 하는 사람들, 변화의 목적, 거쳐야 하는 단계, 앞으로 맞서게 될 실제 상황 등 전체적인 그림을 볼 수 있게 도와준다. 고용 보장, 퇴직 연금 프로그램, 조직 내에서 일하는 실제 인물들의 정체성 등에 영향을 미치는 변화에는 추상적인 부분이 없다. 리더십을 전후 맥락과 연결시키는 이 과정은 독자의 공감을 불러일으키고 즉시 활용할 수 있는 한 실제적인 최신 정보를 제공한다.

결국 내가 찾는 책은 비즈니스 리더십 분야에서 개인적인 경험을 쌓으면서 실용적이고 직접적인 교훈을 많이 얻은 나 같은 사람이 써야 한다는 사실을 깨달았다. 업무 현장에서 배우면서 때때로 큰 실수를 저지르기도 한 사람, 획기적인 변화를 이끌기 위한 수많은 시도를 하고 필요 이상으로 어려움을 겪었지만 결과적으로 훨씬 유익한 경험을 한 사람, 여러분이 그런 똑같은 실수를 하지 않도록 막아줄 사람 말이다.

획기적인 변화를 위한
차근차근 쌓아올리기

많은 조직들의 프로세스와 문화는 예측 가능성, 신뢰성, 통제, 위험 최소화를 위해 구성되어 있다. 획기적인 변화는 이와 정반대다. 이는 예측할 수 없고, 통제와 현상 유지보다는 새로운 현실에 대응하는 것을 선호한다. 획기적인 변화는 원래 위험하고 기업 리더들이 평생 일하면서 쌓아온 모든 본능을 거스른다. 그러니 리더들이 변화가 꼭 필요하다고 역설하는 기업에서, 직원들이 획기적인 변화에 반대하는 것은 놀랍지 않다.

　모든 기업에는 '지금까지 늘 해오던 대로'의 절차에 전적으로 의존하는 사람들이 많다. 그게 바로 '전문 지식'이다. 여러분은 어떤 일을 특정한 방식으로 10년, 15년, 혹은 20년씩 해왔기 때문에 그 분야의 전문가가 된 것이다. 어떤 일들을 항상 수행하는 방식에 대한 여러분의 지식 덕분에 여러분은 직원으로서의 가치가 생긴 것이다. 그러니 새로운 경영진이 회사에 들어와서 곧 모든 것이 바뀔 예정이라고 말한다면, 하지만 아주 대단한 변화가 될 것이므로 두 팔 벌려 환영해야 한다고 말한다면, 여러분의 기분이 어떻겠는가?

　"아주 불안하다"고 대답한다면 그런 사람은 비단 여러분뿐만이 아니며 비이성적인 반응도 아니다. 구체적인 변화 계획에 대한 사람들의 감정적인 반응은 예측할 수 없으며 매우 강력하게 드러날 수도 있다. 리더들은 직원들이 변화의 필요성을 인지하도록 돕고, 자신감과 긴박감을 안고 앞으로 나아가도록 격려할 방법을 찾아야 한다. 이것은 누구에게나 벅찬 싸움이며 변화 주도나 관리에 관한 대부분의 책들이 심층적으로 다루지 않은 주제다. 이 책은 변화의 내용뿐만 아니라 방법까지 설명한다.

　총 9단계로 구성된 '차근차근 쌓아올리기' 프로세스는 성공 가능성을 높여주는 구체적인 단계를 밟아감으로써 변화에 수반되는 위험을 완화하도록 고안되었다. 이 준비 과정 때문에 변화의 대담함이 감소되지는 않으며, 그렇다고 성공을 보장하지도 않는다. 이것의 역할은 유리한 입지, 좀 더 정확하게 말하자면 여러 이점을 만들어주는 것이다. 내 경험에서 선별해 실제 상황에서 시험하면서 공유하고 다듬어진, 이 단계들은 준비와 계획을 위한 지침을 제시해 여러분의 변화 계획과 여러분이 이끄는 팀이 성공을 향해 최선을 다할 수 있게 해준다. '차근차근 쌓아올리기' 프로세스는, 검증된 방식을 사용하는 데서 생기는 점점 커지는 자신감과 추진력을 이용해 중요하고 변혁적인 변화를 진행할 수 있게 해준다.

나는 성공 사례도 봤고 실패 사례도 봤다. 실패의 이유는 제안된 변화가 유해하거나 판단이 잘못되었기 때문이 아니고 노력이 부족했기 때문도 아니다. 그보다는 반대를 극복하고, 불확실성에 대처하며, 새로운 사실에 대응하고, 성공에 필요한 수많은 세부 사항을 실행하는 것이 얼마나 어려운지를 제대로 이해하지 못한 데서 기인하는 경우가 많다.

'차근차근 쌓아올리기 stacking the deck'(이 책의 원제)라는 말은 원래 요행을 바라기보다는 게임에서 확실히 이길 수 있도록 미리 트럼프 카드를 준비한다는 뜻이다. 획기적인 변화를 주도하는 것을 뜻하는 말을 만들 때 내가 생각한 것이 바로 이것이다. 다만 '차근차근 쌓아올리기' 프로세스는 다른 참가자들을 속이기 위한 것이 아니다. 그보다는 우리가 착수해야 하는 모든 단계와 프로세스를 충분히 생각하고 준비해서 성공 가능성을 크게 높이는 것을 의미한다.

이 책에서는 내가 일하면서 배운 유용한 기술과 프로세스를 추출해서 획기적인 변화를 주도하기 위한 일련의 논리적이고 순차적인 단계를 만든다. 이 단계를 이해하고 따라하고 내가 겪은 일들과 내가 인터뷰한 여러 리더들의 경험에 대해서 읽으면, 우리가 수십 년간 겪었던 시행착오 가운데 상당수를 방지할 수 있다. 여러분은 이런 지식을 축적할 때 필히 겪을 수밖에 없는 위험과 실수를 겪지 않고도 변화와 성공을 위한 실용적이고 적절한 방법들을 배우게 될 것이다.

제1부 차근차근 쌓아올리기
제2부 고차원적인 기술

이 책은 두 부분으로 나뉘어 있다. 제1부에서는 거의 모든 획기적인 변화가 필연적으로 거치게 되는 아홉 단계인 '차근차근 쌓아올리기' 과정을 설명한다. 각 단계는 실행 순서에 따라 소개하는데, 몇 가지 예외도 있다. 단계들이 서로 겹치는 경우가 많고, 상황에 따라서는 중간에 앞으로 되돌아와서 이전 단계를 반복하거나 다시 해야 하는 경우도 자주 발생한다. 변화는 일차원적이지 않으며, 이런 반복이나 재실행 때문에 전체 계획을 포기해야 할 필요도 없다.

1단계는 변화에 대한 요구를 만들고 그 변화가 긴박하게 필요하다는 생각을 하게 만드는 것이다. 이 단계는 내용상으로도 중요하지만 위치상으로도 매우 중요하다. '차근차근 쌓아올리기' 프로세스 대부분은 변화의 심리적인 면에 초점을 맞춘다. 변화의 영향을 가장 크게 받는 사람들의 머릿속에, 변화의 필요성과 긴박감을 심어주는 것은 그 뒤에 이어질 모든 일을 위한 사회적·정서적 토대가 된다.

2단계는 여러분이 미래를 정의하고 실현시킬 수 있도록 도와줄 내부의 혁신 리더 팀을 모집하고 통합하는 데 중점을 둔다.

3단계에서는 미래에 대한 명확하고 매력적인 비전을 개발해서 전달해야 한다. 이것은 여러분이 새로 구성한 혁신 리더 팀이 반드시 수행해야 하는 과업이다.

4단계에서는 성공을 가로막는 잠재적인 장애물을 예상하고 파악한 뒤 이를 극복할 계획을 세운다. 이렇게 계획을 세워도 늘 깜짝 놀랄 만한 일이 생기기는 하지만, 예상할 수 있는 장애물에 대처할 계획은 미리 세워둘 수 있다.

5단계에서는 이 정도 규모의 과업을 수행하는 데 따르는 불확실성과 위험을 인정하면서도, 정해진 변화가 제기하는 중요한 의문들에 모두 답할 수 있는 명확하고 실행할 수 있는 계획을 세우는 방법을 설명한다.

6단계에서는 추진력을 모으고 성공 가능성을 기하급수적으로 높이기 위해 전체적인 변화 계획을 관리할 수 있는 작은 부분으로 나누는 방법을 설명한다.

7단계에서는 측정 기준 정의, 분석 방법 개발, 결과를 적극적으로 공유하는 일의 중요성, 결과를 게시해서 더 큰 추진력을 얻을 수 있는 동기 부여 도구로 활용하는 방법 등을 논의한다. 획기적인 변화 주도와 관련해 빅데이터가 안겨주는 가능성과 기회에 대해서도 이야기한다.

8단계에서는 앞서 2단계에서 이야기한 내부 팀을, 구성 원칙을 이용해서 대규모 팀의 평가와 구성, 권한 부여의 필요성에 대해 다룬다.

9단계에서는 파일럿 실행의 효과와 개념 증명 파일럿 대 확장성 파일럿의 중요한 차이점을 이야기한다.

제1부에서는 이 아홉 단계가 합쳐져서 변화가 필요하다는 첫 번째 깨달음부터 이런 변화를 실행하는 방법을 완전히 바꾸는 부분에 이르기까지 전체적인 행동 계획을 제시한다. 이 프로세스는 변화 과정을 시작하고 이끌어갈 때 사용할 수 있는 실용적인 지침이다. 각 장의 마지막 부분에 나오는 질문과 실행 항목은 변화 과정의 진행을 안내하기 위한 것이며, 대규모의 변화를 거칠 때마다 심리적인 검토 자료 역할을 할 수 있을 것이다.

제2부에서는 획기적인 변화 주도 과정에서 성공을 거두는 데 필요한 좀 더 고차원적인 기술을 살펴본다. 1장은 각 단계의 순서를 설명하고 최종적인 실행과 계획을 세상에 선보이는 공개 과정에 대한 실용적인 조언을 제공한다. 2장은 리더십 커뮤니케이션 기술과 직원들에게 감화를 주는 능력

을 개발하는 부분에 초점을 맞추는데, 두 가지 모두 '차근차근 쌓아올리기' 과정 전체의 토대가 된다. 마지막 장과 끝맺는 말에서는 혁신과 변화 리더십 전반에 대해 이야기한다.

한 가지 주의해야 할 사항은 이 책은 혁신적인 아이디어와 전략을 만드는 법에 관한 책이 아니라는 것이다. 이 책의 목적은 내용에서 설명하는 변혁적인 개념을 실행하는 방법을 보여주는 것이다. 이 책은 나와 다른 이들의 경험에서 탄생한 다양한 사례를 통해, 머릿속에서 구상한 아이디어와 변화를 이끌 때 마주치는 현실 사이의 간극을 메울 수 있도록 도와주는 이야기들을 하고 있다.

전문가들의 목소리

나는 책을 쓴다는 진지한 일을 시작할 때, 본인의 분야에서 경력을 쌓으면서 탁월한 변화 계획을 이끈 적이 있거나 관련 경험이 많은 여러 비즈니스 리더들에게서 조언을 구했다. 이베이의 CEO 존 도나호, 아밀린의 전 사장 겸 CEO 진저 그레이엄, 웰스 파고의 전 CEO 딕 코바세비치, 스타벅스의 최고 경영자 하워드 슐츠 등 사실상 모든 시점에서 변화를 바라보는 경험 많은 CEO들과 이야기를 나누었다.

또 최근에 CEO나 사장 자리에 오른 젊은 리더들의 의견도 듣고 싶었다. 이런 인터뷰 대상 중에는 샌프란시스코 자이언츠의 CEO 래리 베어, 제트블루의 CEO 데이비드 바거, 아서리온의 CEO 스티브 엘리스, 핑크베리의 CEO 론 그레이브스, 인텔 사장인 르네 제임스 등이 포함되어 있다. 애플의 아이폰 개발 팀에서 일했고 현재는 인텔의 새로운 모바일 장비 부문 책임자인 마이크 벨과 시티코프의 최고 혁신 책임자인 데비 홉킨스는 직접적으로 대담한 변화를 주도했던 고위 경영진으로서의 관점을 들려주었다. 그리고 마지막으로, 리더십 커뮤니케이션에 필요한 중요한 기술을 논의할 때 컨설턴트이자『세계 최고의 리더들은 어떻게 말하고 어떻게 다가가는가』의 저자인 테리 피어스만큼 지식이 풍부하고 노련한 사람도 없었다. 인터뷰 대상 각자의 간략한 이력을 책 뒷부분에 실어놓았다.

인터뷰 대상자들은 첨단기술 분야부터 소비재, 소매, 서비스업에 이르기까지 다양한 업계에 속한 대형 주식회사와 중소 개인기업에서 겪은 다양한 경험들을 이야기했다. 이 기업들 가운데 일부는 최근에 설립되었거나 설립 후 약간 시간이 지난 신생 기업이고, 다른 기업들은 설립 후 수십 년 혹은 1세기 가까이 된 곳도 있다. 그중 한 명은 평생 한 회사에서만 일했고, 3명은 전·현직 컨설턴트들로, 수십 개의 회사가 대담한 프로젝트를 진행하다가 성공하거나 실패하는 모습을 지켜봤다. 이 책에서 여러분이 만나게 될 리더들이 제공하는 폭넓은 경험 덕분에 이 책은 내가 원하던 깊이를 지니게 되었다.

이 리더들은 내 사고의 폭을 넓혀주었고, 내가 처음 생각한 몇 가지 아이디어에 의문을 제기했으며, 훨씬 완성도 있고 견고한 원칙을 만들도록 도와주었다. 나는 이 책 전체에 그들의 말을 광범위하게 인용했는데, 그들의 영향력과 가치관은 내가 여기에 포함시킨 구체적인 인용문보다 훨씬 멀리까지 뻗어나간다.

간단히 말해, 이 책의 모든 부분은 이 놀라운 리더들이 제공해준 교훈을 통해 도움을 받아 좋은 방향으로 변모했다. 그들은 내가 가르쳐온 수많은 아이디어를 검증해주었고, 자기들이 경험을 통해 배운 이야기들을 추가했다. 나와 다른 리더들이 보여준 우리 역사의 일부분을 교훈 삼아, 독자들이 자신의 리더십 경로에 놓여 있는 잠재적인 위험을 뛰어넘어 그들 자신과 그들이 속한 조직의 성공을 가속화할 수 있기를 바란다.

변화에
부딪치자

나는 규모나 목표, 업계, 기업 문화 등이 저마다 다른 회사들에서 다양한 경험을 한 덕분에 변화를 바라볼 수 있는 시각이 생겼다. 이 짤막한 개요는 그런 원칙이 어디에서 생겼고, 내가 그것을 실행에 옮긴 기회나 실행에 옮기지 못하고 실패한 때가 언제였는지 알려주고 있다.

나는 1976년에 시티뱅크에서 금융 서비스 업무를 시작하면서 획기적인 변화 계획을 실행에 옮기는 일을 처음 경험했다. 시티뱅크를 그만둔 뒤에는, 변화에는 별로 관심이 없고 상품 판매에만 관심이 많은 전통적인 증권 회사 시어슨으로 자리를 옮겼다. 내가 찰스 슈왑에 들어간 1984년만 하더라도 슈왑은 아직 상당히 작은 회사였다. CEO인 척 슈왑과 최고 운영 책임자인 래리 스텁스키는 포부를 크게 가지는 것을 두려워하지 않았다. 슈왑은 선견지명이 있었고 스텁스키는 전략가이자 실행하는 리더였다. 슈왑이 내놓는 무수히 많은 아이디어를 면밀히 조사해서 가장 성공 가능성이 높아 보이는 세 가지를 골라 실행에 옮기는 것이 스텁스키가 하는 일이었다. 그들은 용감한 리더였고 나는 이 팀에 합류하게 되어 정말 운이 좋다고 생각했다.

원래 마케팅 책임자로 채용된 나는 회사에서 진행하던 여러 광고, 인바운드 문의를 처리하는 방식, 그리고 성공을 측정하는 방식을 약간씩 개선하는 일에 공을 들였다. 내 경력이 늘어남에 따라 변화도 점점 대담하고 도전적으로 변해갔다. 내가 그 시기에 슈왑에 들어간 것은 엄청난 행운이었다. 주변 상황과 기업 문화가 합쳐져서 새로운 실험을 하거나 위험을 감수할 수 있는 여지가 전례 없이 늘어났기 때문이다. 나는 그곳에서 처음으로 획기적인 변화를 주도해봤고, 향후 다른 방식으로 변화를 주도할 수 있는 길들을 많이 찾아냈다.

그 초기 시절 이후에는, 막 창업한 신생 기업부터 덜 성숙한 주식회사, 포춘 50대 기업에 이르기까지 다양한 기업의 임원으로 일했다. 그들이 성공하는 모습도 봤고, 비틀거리다가 실패하는 모습도 봤다. 회사를 처음 설립할 때 1억 5천만 달러 이상을 투자한 신규 기업 두 곳의 창업 멤버로도 활약했다. 그중 한 회사는 완전히 실패했고 다른 하나는 이 글을 쓰는 지금도 번창일로를 걷고 있다. 1998년부터는 인텔의 이사로 일하면서 그들이 거둔 성공과 그들이 부딪힌 어려움도 다 목격했다.

나는 크고 작은 변화를 거의 모두 다 경험했고, 때로는 판단 면에서, 때로는 과정 면에서 수많은 실수를 목격하거나 직접 저질렀다. 세상 어딘가에는 '데이비드는 대체 무슨 생각이었던 것일까?'라는 라벨이 붙은 실수 파일이 존재할지도 모른다. 그나마 이를 벌충할 만한 사실은, 대개의 경우 똑같은 실수는 두 번 다시 저지르지 않았다는 것이다. 자칭 변화 중독자인 나는 항상 변화를 추구하면서 끊임없이 새로운 아이디어와 전술, 교훈을 시험해봤다. 그리고 시간이 지남에 따라 차츰 더 많이 성공을 거두기 시작했다.

변화와 학습은
계속된다

획기적인 변화는 세상이 움직이는 한 결코 중단되지 않는다. 경쟁, 시장, 기술 발전 때문에 우리는 계속 성장하고 변해야만 한다. 나는 일을 하면서 대담한 변화를 중단할 경우 어떤 일이 벌어지는지 직접 경험했다. 찰스 슈왑에서 일한 20년 동안 수많은 난국을 돌파했지만 2000년대 초반에 벌어진 닷컴 거품 붕괴 때는 정말 당황스러웠다. 갑자기 사업을 축소할 새로운 방법과 비용을 절감할 부분을 찾는 것이 슈왑 CEO로서 내가 해야 하는 일의 전부가 된 것이다. 나는 해야 할 일을 했다. 2만 5천 명에 달하던 직원 수를 1만 명으로 감축한 것이다. 하지만 속도는 느리고 확신이 없었으며 이런 새로운 현실에 대처하는 데 애를 먹었다. 날마다 아침에 일어나면 곧 일자리를 잃게 될 직원들, 즉 내가 잘 알고 또 회사가 성공하는 데 중요한 역할을 했던 사람들에 대해 생각해야 한다는 사실에 감정이 완전히 마비되어버렸다. 그리고 이런 직원 수천 명을 해고하는 것이 바로 내 일이었다.

슈왑 이사회도 내가 그 일을 하고 싶어 하지 않는다는 것을 알았을 것이다. 그리고 획기적이고 변혁적인 변화의 기회를 찾아 수평선을 유심히 살피던 것도 중단했다는 것을 틀림없이 알아차렸을 것이다. 결국 계속해서 혁신을 이룰 수 없는 나 자신의 무능함과 이사회의 줄어든 인내심 때문에 2004년에 회사를 떠나게 되었다. 해고를 당한 것은 엄청난 충격이었고 지금도 그 생각만 하면 여전히 고통스럽다. 경기 침체에 좀 다르게 대응할 수 있었더라면 싶지만, 슈왑에는 내가 제공할 수 있는 것 이상의 능력이 필요했다. 나는 변화를 주도하는 일을 그만두었고, 슈왑은 나 대신에 다른 누군가가 변화시켜야만 하는 대상이 되었다.

내가 이런 이야기를 하는 이유는 이 책에서 설명하는 전략과 계획을 실행하는 것은 나에게도, 혹은 그 누구에게도 쉽지 않은 일이라는 것을 명확히 밝히기 위해서다. 감정(여러분 자신과 다른 사람들의 감정)을 극복하고, 사람들을 설득해서 여러분을 따르게 하고, 이례적인 수준의 끈기와 회복력을 유지하고, 변화를 개념화하고, 그것을 성공적으로 실현하는 것은 하나같이 무척이나 어려운 일이다. 내가 인터뷰한 모든 리더들은 획기적인 변화가 원래 어렵다는 사실을 강조했다. 그들은 인간의 가장 내밀한 부분까지 시험하는 고투와 자기들이 투지와 굳은 결심으로 그것을 이겨낸 방법을 몇 번이나 되풀이해서 이야기했다.

이 책은 여러분에게 획기적인 변화를 시도하라고 설득하지 않는다. 변화의 필요성에 대한 것은 세상이 설득해줄 것이다! 그보다 이 책은 그런 꼭 필요한 변화를 최대한 효과적으로 실행할 수 있도록 돕기 위한 것이다.

용기가 있어야
변화를 주도할 수 있다

모든 대규모 변화를 도입하는 일의 핵심에는 근본적인 진실이 자리 잡고 있다. 그것은 바로 변화를 이끌기 위해서는 먼저 사람들을 이끌어야 한다는 것이다. 여러분이 제안하는 변화는 그 규모가 크건 작건 간에 전체적인 과정을 추진하는 데 필요한 리더십 기술이 없으면 결코 성공하지 못한다. 성공은 한 사람의 노력만으로는 얻을 수 없다. 변혁적인 변화는 팀 스포츠다. 따라서 탁월한 리더십 기술과 검증된 프로세스, 그리고 일을 끝까지 마무리할 수 있는 팀이 절대적으로 필요하다. 그 결과, 리더십과 커뮤니케이션은 '차근차근 쌓아올리기' 프로세스와 이 책 전체를 관통하는 실이다. 사실 변화 단계를 실행에 옮기기 전에 리더십 커뮤니케이션에 관한 장(제2부 2장)에 나와 있는 정보와 지침을 완전히 자기 것으로 만들라고 강력하게 권하고 싶다. 기초 단계인 준비와 계획, 커뮤니케이션에 들이는 시간은 확실한 이익으로 돌아올 것이다.

오늘날의 비즈니스계는 항상 일을 더 빨리 처리하고 비용을 절감하면서도 여전히 탁월한 성과를 올릴 것을 요구한다. 어떻게든 지름길로 가려는 끊임없는 압박은 앞으로 더 심해질 전망이다. 때로는 노력을 줄이고 중간 과정을 생략하는 것 외에 다른 방법이 없는 경우도 있고, 실제로 어떤 변화는 프로세스의 모든 단계가 다 필요하지 않기도 한다. 하지만 추상적으로 생각할 때는 절차를 무시하는 것이 비교적 쉬워 보이지만, 실제로 자기가 제거하는 요소들이 무엇이고 그것이 성공을 보장하는 데 구체적으로 어떤 도움을 주는지 알게 되면 일이 더 어려워진다. '차근차근 쌓아올리기' 프로세스는 시작부터 완료까지 변화 계획의 모든 단계를 구체적으로 보여주기 때문에, 자기가 뭘 제거하는지 그리고 그 결과 어떤 일이 벌어질 것인지 정확하게 아는 상태에서 필요한 부분을 잘라낼 수 있다. 아홉 단계가 각각 여러분에게 획기적인 변화로 향하는 길을 안내해줄 것이다.

하지만 착각해서는 안 된다. 획기적인 변화 선도는 절대 겁쟁이들이 할 만한 일이 아니다. 실제로 나도 상당한 용기가 필요한 일이라는 것을 거듭 깨달았으며, 내가 인터뷰한 사람들, 즉 전 세계 모든 비즈니스 분야에서 활약하는 리더들도 획기적인 변화 주도는 일반적으로 예상하는 것보다 훨씬 더 어려운 일이라는 점을 강조한다.

최종적인 성공 혹은 실패를 결정짓는 것은 돈이나 시간, 자원보다는 사람들을 이끄는 여러분의 능력과 끈기, 그리고 투지다. 변화에 대한 소식을 알리기 전에, 그 일에 관여하게 될 모든 집단에게 변화가 어떤 의미를 가지는지 충분히 이해해야 한다. 가능성에 계속 마음을 열어두고, 끊임없는 도전을 열망하고, 좋은 멘토를 찾을 수 있을 만큼 운이 좋다면 성공으로 가는 길이 쉬워질 것이다. 무엇보다 중요한 것은, 남들을 감화시키는 리더십 커뮤니케이션이 변화 과정의 각 단계와 매일 매일의 일상에 중요하다는 것을 깨닫는 것이다.

제1부

차근차근
쌓아올리기
프로세스

9

획기적인 변화는 원래 예측할 수 없고 실패할 가능성이 높기 때문에 좋은 자산이 된다. 여러분은 새로운 것에 관심이 없거나 심지어 완전히 적대적인 환경에서 변화를 이끌어야 하는 상황에 처할 수도 있다. 이런 분위기 속에서 좀 더 효과적이고 효율적으로 획기적인 변화를 주도하려면 어떻게 해야 할까?

이 책은 내가 직접적으로 경험한 것, 뒤늦은 혜안을 통해 배운 기술과 프로세스를 제1부에서 설명하는 아홉 개의 논리적이고 순차적인 단계로 정리한 책이다. 제1부의 각 장은 실용적인 전략과 획기적인 변화를 시행할 때 리더들이 반드시 취해야 하는 조치를 보여주는 현실적인 이야기를 들려준다. 여러 업계의 최고 리더들이 변화의 어려움 속에서 길을 찾은 방법을 읽으면서, 여러분도 자기만의 어려움에 부딪히기 전에 그들의 경험을 통해 교훈을 얻을 수 있다. 이런 단계를 이해하고 활용하면 변화의 리더들이 수십 년 동안 쌓은 경험이 전해주는 모든 이점을, 그 경험을 직접 얻기 위해 여러 해 동안 애쓰지 않고도 얻을 수 있다.

여러분이 변화와 씨름할 때마다 '차근차근 쌓아올리기' 프로세스를 이용하면서 이 단계들을 다시 되짚어본다면, 그 어느 때보다 획기적인 변화를 빠르고 효과적으로 이끌 수 있게 될 것이다.

: STACKING THE DECK

변화에 대한 요구를 높이고 긴박감을 조성하라

변화는 언제나 비즈니스를 구성하는 DNA의 일부다. 현재, 기술 혁신 속도가 빨라짐에 따라 리더들이 자신의 성공을 증명하거나 침체 상태에서 벗어나거나 변화를 완전히 정착시킬 수 있는 시간이 예전보다 줄어들었다. 농부들의 농한기 같은 느긋한 시간은 더 이상 존재하지 않고, 전처럼 여유 있게 사업을 진행할 수가 없어 인내심을 발휘하기도 힘들다. 빠르게 혁신하고 적응하면서 꾸준히 노력하지 않는다면, 같은 분야에 종사하면서 더 뛰어난 비즈니스 방법을 끊임없이 고민하는 수백, 수천의 경쟁자들에게 잡아먹히고 말 것이다. 항상 민첩하게 움직이면서 앞을 내다봐야 한다. 제품이나 서비스를 개선할 수 있는 기술을 도입하거나 새로운 제품을 유통할 방안을 제시하거나 신규 서비스에 대한 갑작스러운 인기에 대처하는 등 거대한 변화를 미리 예측하려고 애쓰다 보면 가쁜 숨을 고르면서 뒤를 돌아볼 시간이 줄어들기 마련이다.

그러나 리더들이 변화에 대한 요구를 아무리 잘 이해하고 있다고 하더라도 획기적인 변화를 이끄는 과정에서 마주치는 문제는 한두 가지가 아니다. 변화가 삶의 일부라는 사실을 부정하는 사람은 없지만, 어떤 사람은 삶과 일에서 발생하는 변화를 포용하는 반면 그런 변화를 피하려고 발버둥치는 이들도 있다.

'변화'는 이론상 중립적인 단어지만 실제로는 뭔가 알 수 없는 일이 벌어진다는 것을 의미하며, 여러분이 이끌어야 하는 직원들을 비롯해 대부분의 사람들은 그런 미지의 존재를 두려워한다. 『세계 최고의 리더들은 어떻게 말하고 어떻게 다가가는가』의 저자인 테리 피어스는 말했다. "사람들은 변화를 싫어하고, 뭐든지 꾸준히 진행되는 것을 좋아한다. 이 둘의 차이는 목표가 무엇이냐다." 이 말은 변화에 대한 논의를 시작할 수 있는 멋진 시작점을 제시해준다. 진행은 개선과 전진을 의미한다. 똑같은 상태에 계속 머물러 있으면 아무것도 진행되지 않는다.

목적과 사명을 연결시키자

획기적인 변화를 주도할 때는 먼저 다른 사람들, 즉 상사와 팀원들에게 우리가 제안하는 변화가 긍정적이고 꼭 필요하며 시급한 목적이 있다는 것을 확신시켜야 한다. 사람들이 여러분의 리더십을 믿고 따르도록 설득하려면, 현재 씨름하고 있는 문제나 기회가 뭔지를 명확하게 밝힐 필요가 있다. 먼저 팀원들이, 그리고 나중에는 조직 전체를 대상으로 그들이 맞닥뜨린 변화가 실은 발전을 위한 과정임을 확신할 수 있도록 도와주어야 한다. 변화를 회사의 사명과 연결시키고 그것이 사명 달성에 도움이 된다는 것을 보여줄 때에 성공 가능성이 가장 높아진다.

하지만 기업 사명의 중요성을 강조할 경우 어이없다는 표정을 짓는 것은 여러분만이 아니다. 거의 모든 회사가 기업 강령을 갖고 있고 직원들이 입사하는 첫날부터, 혹은 채용 과정에서부터 그 내용을 강조하지만 정작 직원들 사이에서는 기업 강령이 농담거리가 되는 경우가 종종 있다. 대부분의 회사들은 자신들이 정해놓은 강령에 따라 행동하지 않기 때문이다. 이런 경우에 회사 리더들조차 관심이 없는 기업 강령과 변화의 필요성을 연결시킨다면 그 변화는 시작 단계부터 실패할 운명이다.

확고한 기업 문화 구축의 중요성, 즉 기업이 따라야 하는 가치관이나 그 가치관을 실현하는 행동, 직원들의 열정과 헌신을 북돋는 사명 등에 대해 자세히 설명하는 것은 이 책의 범위를 넘어서는 일이다. 하지만 이 책을 쓰기 위해 인터뷰한 모든 경영진들은 직원들이 기업 문화를 신뢰하고, 자신과 그 문화가 연결되어 있다고 느끼는 것이 정말 중요하다고 강조했다. 직원들이 기업이 내세우는 강령을 신뢰하면 회사의 목표를 달성하는 일에 열정을 가지고 신명나게 임하게 된다. 따라서 획기적인 변화를 기업의 사명과 연결시키고 그 변화가 사명에 어떻게 기여하는지를 설명하면, 향후 회사의 성공을 위해 변화가 꼭 필요하고 그것이 대단히 중요하다는 사실을 직원들이 이해하고 받아들이는 데 도움이 된다.

제약·의료장비 업계에서 25년 넘게 고위 관리직으로 일한 진저 그레이엄은 변화와 관련해 성공적인 이력을 쌓아왔다. 현재 투트리 컨설팅의 사장 겸 CEO로 재직 중이며, 자신이 겪어본 가장 큰 기회와 성공은 대부분 매우 힘든 상황 속에서 탄생했다고 말한다. 그레이엄은 '위기가 변화와 새로운 해결책을 위한 문을 열어준다'는 것을 잘 알고 있다. 그레이엄이

37살 때 CEO 직을 맡게 된 한 비상장 회사도 그런 예에 속했다.

당시 그 회사는 수차례의 리더십 변화와 제품 리콜을 겪으면서 혼란에 빠져 있었다. 어드밴스드 카디오바스큘러 시스템이라는 그 회사는 심혈관 중재 시술 분야에서 최고의 기술을 보유하고 있었다. 하지만 그레이엄이 회사 경영에 참여할 무렵에는 경쟁사들에게 시장 점유율을 빼앗기고 FDA 에서 경고 서한까지 받은 상태였다. 사람들은 이 회사를 손가락질하며 비난했다. 그렇게 압박감이 심한 시기에 회사를 맡아 직원들과 그들의 업무 운영 방식을 신속하게 파악했다. 직원들, 즉 기업 사명을 완수해야 할 이들은 회사에 환멸을 느끼면서 다음에는 또 어떤 사건이 벌어질까 걱정하고 있었다. 변화의 필요성이 명백했고 또 시급했기 때문에 커다란 위험을 감수하고서라도 어떻게든 변화를 꾀해야만 하는 상황이었다.

"우리는 다양한 방법을 시도했는데, 개중에는 직원들에게 회사 목표를 설명하고 우리가 하는 사업의 놀라운 가치를 일깨워주는 방법도 포함되어 있었습니다. 우리는 말 그대로 인명을 구하는 일을 하고 있었으니까요." 이는 결코 과장된 표현이 아니다. "우리가 만든 제품이 생명을 구하고 사람들의 인생을 변화시킨다는 것, 회사가 이런 남다른 위치에 오를 수 있었던 것은 다 그럴 만한 이유가 있었고 앞으로도 계속 그런 차이를 만들어나갈 수 있다는 것을 직원들에게 상기시켜야만 했습니다. 우리는 이런 방법으로 직원들을 회사 목표 달성에 참여시킴으로써 그들의 열정에 다시 불을 붙였습니다. 그리고 우리가 하는 일이 중요한 이유를 강조하기 위해 회의 때마다 환자들을 참석시키기도 했습니다."

이 회사가 만든 제품이 없었다면 목숨을 잃었을지도 모르는 심장병 환자들의 얼굴을 직접 마주하는 것은 회사 제품 라인의 중요성을 강조한 확실한 방법이었다. 덕분에 직원들은 다시 회사의 사명에 집중할 수 있게 되었다.

인텔 사장인 르네 제임스도 변화와 기업의 사명을 연결시키는 것이 중요하다고 역설한다. "사명에 따라 행동하면서 그 행동에 확신을 가질 때 비로소 중요한 구조적 변화를 이룰 수 있습니다. 사람들이 매일 아침 자리를 털고 일어나 일을 하러 가는 것은 자신의 사명을 다하기 위해서입니다. 하루 일과가 끝날 때까지 직원들이 그 사명을 달성하기 위해 어떤 노력을 기울이느냐에 따라 큰 차이가 생깁니다. 우리 회사 기술 보안 팀 직원들에게 무슨 일을 하느냐고 물어보면, '세상을 더 안전한 곳으로 만들려고 노력한다'고 대답할 것입니다. 매일 아침 자기가 세상을 더 안전한 곳으로 만든다고 생각하면서 잠에서 깨어난다는 것은 정말 멋진 일 아닙니까?" 제임스의 직원들이 획기적인 변화를 통해 세상을 더 안전하게 만들 수 있다고 확신한다면, 변화를 지지하게 될 것이다.

요구를 파악하고
강점을 찾아내라

모든 사람이 다 자신이 제안하는 변화를 사람들의 생명을 구하거나 세상을 더 안전한 곳으로 만드는 등의 강력한 요구에 논리적으로 연결시킬 수 있는 것은 아니다. 변화가 이루어지지 않을 경우 결국 부정적인 결과가 생기더라도 사람들을 변화 과정에 참여시킬 방법을 찾아내야 한다. 변화에 대한 요구와 그 절박함을 설명할 때, 현재 상태에 머무는 것은 용납되지 않고 결국 실패로 이어질 뿐이라는 것을 사람들에게 납득시켜야 한다.

지금 있는 곳에 계속 머물렀을 때 생기는 한 가지 문제는 경쟁적 위치를 잠식당한다는 것이다. 여러분은 그런 일이 현재 벌어지고 있거나 곧 벌어지리라는 것을 인식하고 있지만 다른 사람들은 아직 알아차리지 못했을 수도 있다. 블랙베리와 노키아는 한때 휴대전화 시장에서 압도적인 우위를 차지했지만 그 우위는 오래지 않아 흔적도 없이 사라졌다.

변화의 필요성을 전하기가 더욱 어려운 또 하나의 이유는 흥미진진한 성장 기회를 잃을 가능성이 있기 때문이다. 위험이 뚜렷이 눈에 보이는 크고 확실한 문제는 전달하기가 훨씬 쉽다. 일례로 인터넷과 아마존, 아이튠즈의 힘이 커짐에 따라 보더스(2011년에 파산한 국제적인 서점 체인-옮긴이)나 블록버스터 비디오(비디오 대여점 체인-옮긴이), 타워레코드 같은 유명 기업들이 경쟁에서 뒤처지게 되었다. 그러나 확실히 알지 못하거나 구체적인 숫자에 아직 반영되지 않은 문제를 사람들에게 확신시키기란 매우 어려운 일이다.

그리고 요구에 따를 수 없거나 불가능한 과업처럼 보이는 경우에는 어떻게 해야 할까? 미국 프로야구 구단인 자이언츠 팀이 연고지를 샌프란시스코 캔들스틱 파크에서 플로리다 주 탬파로 옮기는 것을 막기 위해 래리 베어와 피터 매고원이 힘을 모았을 때의 상황이 바로 그랬다. 새로 구성된 소유주 그룹이 1993년에 처음 이 팀을 매입했을 때, 그들은 연간 2천만 달러의 부채까지 같이 떠맡았다. 현재 자이언츠의 CEO인 베어는 "우리는 다른 구단들보다 훨씬 많은 부채를 지고 있었고 이 때문에 경쟁적 열위에 놓일 수밖에 없었다"고 말한다.

게다가 이들은 새로운 구장을 짓겠다는 목표를 가지고 있었지만, 최근 진행된 네 차례의 찬반 투표에서 새 구장 건립이 모두 부결되었다. 이 계획을 진행하는 데는 인내심이 필요했다. 그러나 채무 상환일은 기다려주지 않았고, 구장을 설계하고 건축하는 데 들어가는 비용을 모두 따져보면 시작 당시에 지고 있던 채무는 사소한 푼돈처럼 보일 정도였다. 이들은 재정 후원자를 찾고 지금까지보다 훨씬 많은 기금을 조성해야 했다. 그리고 이 계획이 성공하든 실패하든, 새로운 구장을 짓든 못 짓든 간에 인건비는 계속 지급해야 했다. 돈과 지지자들이 절실히 필요하던 때에도 메이저리그 야구 협회의 여러 위원회 내에는 비판적인 전망을 말하는 이들이 꾸준히 등장했다.

이들이 어떻게 그 일을 해냈는지 설명하는 책과 사례에 대한 연구가 많이 나와 있다. 베어는 상황의 긴박성을 사람들에게 전했다. "우리는 시간이 없었고 완벽한 사업 계획을 세울 수 있을 만큼 많은 것을 알지도 못했습니다. 물론 공상 같은 비전을 제시할 수도 있었지만 우리는 스스로 어떤 상황에 처해 있는지 잘 몰랐습니다. 우리에게 있는 것은 죽느냐 사느냐 하는 긴박감뿐이었죠. 그래서 이 목표를 이루고야 말겠다는 단호한 마음가짐으로 우리가 열정을 품고 있는 일들을 이룰 방법을 생각해낼 수 있는 똑똑한 사람들을 규합했습니다. 그들은 무수히 많은 벽에 부딪히면서도 포기하지 않고 계속 노력해서 방법을 찾아냈지요."

베어는 이런 상황에서도 포기하지 않고 견뎌야 하는 필요성에 대해 설명했다. "우리가 조사 과정에서 얻은 메시지를 요약하자면 '닥치고 야구나 하라'는 것이었습니다. 그래서 1993년 1월에 팀을 인수한 직후부터 1995년 12월까지 거의 3년 동안 우리는 조용히 숨죽이며 지냈습니다."

그들은 꾸준히 노력하면서 세심한 주의의 끈을 놓지 않았다. 그러던 중에 일요판 신문에 야구팬들의 다양한 제안을 다룬 주말 기사 시리즈가 게재되자 때가 되었다는 것을 깨달았다. 그래서 그 제안들에 주목해 괜찮은 것을 실행에 옮기고 아이디어를 내놓는 사람들을 소리 높여 칭찬했다.

여러분이 제안하는 변화의 목적이 무엇이건 간에 다른 사람들에게 그 필요성을 납득시키려면 노력이 필요하다. 대개의 경우 여러분이 예상하는 것보다 훨씬 많은 노력이 들어간다. 여러분의 눈에는 그 요구가 논리적이고 피할 수 없는 것처럼 보일지 몰라도 다른 사람들이 모두 처음부터 그 사실을 깨달을 수 있는 것은 아니다. 상황을 제대로 판단하지 못하거나 무언가 힘들고 불편한 일을 해야 하는 필요성을 받아들이지 못하는 사람들의 무능함이 정말 짜증스러울 수도 있다. 하지만 여러분은 이미 예전부터 이 상황을 받아들이고 변화를 계획해왔다는 사실을 기억하면서, 사람들이 흥미를 느낄 수 있는 사려 깊은 방법으로 일을 진행해야 한다. 이렇게 노력을 기울인다고 해도 반드시 모든 사람이 동참하게 되는 것은 아니다. 또 모든 직원이 여러분의 편을 들 필요는 없지만 그래도 어느 정도의 지지는 얻어야 한다. 따라서 일을 진행시키고 또 여러분 편으로 끌어들일 수 있는, 사람들을 설득할 수 있는 강점을 찾아내야 한다. 그들의 입장이 되어 생각하는 것도 도움이 된다.

모든 관점을 이해하라

타인을 납득시키는 문제에 있어서 상대방의 관점을 이해하는 것은 다른 무엇보다도 중요하다. 슈왑의 지점 경영을 맡은 뒤 사소한 변화라고 생각되는 것들을 회사 업무에 도입하기 시작했을 때, 지점 직원들의 참여를 얻기 위해 특별한 노력을 기울일 필요가 있을 것이라는 생각은 하지 못했다. 내가 보기에는 그런 변화가 시급하게 필요하다는 사실이 더할 나위 없이 명확했기 때문이다. 하지만 시간이 한참 흐른 뒤에야 비로소 일반 직원들에게는 그런 변화의 필요성이 별로 뚜렷하게 와 닿지 않았다는 사실을 깨달았다. 나와 직원들의 관점은 매우 달 랐는데, 지점 직원들은 모르는 정보를 나 혼자만 알고 있었던 것도 그 원 인 중 하나였다.

나는 슈왑에서 일하게 된 초반부터 이 회사의 기업 문화는 적극적인 영 업 활동을 경계하다 못해 거의 반反영업에 가깝다는 사실을 알게 되었다. 영업 활동이 거의 예술의 경지에 다다랐던 시티뱅크와 시어슨 등에서 근무 했던 나는 이곳의 상황이 매우 다르다는 것을 깨달았다. 슈왑은 잠재 고객 에게 전화를 걸어 투자를 권유하는 것을 기본적인 비즈니스 모델로 삼고 있는 전통적인 종합 증권회사와 차별을 두기 위해, '저희 영업사원은 절대 함부로 전화를 걸지 않습니다'라는 문구를 강조하는 광고를 제작했다.

슈왑은 신규 거래를 유치하기 위해 직접 반응 광고 모델을 이용했다. 즉, 광고를 낸 뒤 고객들이 그 광고에 반응을 보이기를 기다리는 것이다. 이렇 듯 지점 내부에 속속들이 스며든 기업 문화 때문에 외근 조직도 주도적으 로 먼저 나서서 일을 하는 것이 아니라 기본적으로 고객의 요구가 있으면 그에 따라 반응하는 식으로 움직였다.

지나치게 몰아붙이거나 강요하지 않아도 주도적으로 움직일 수 있고, 영 업 티를 내지 않고도 기업을 성장시킬 수 있다. 문제는 어떻게 해야 슈왑 의 고객 중심적인 기업 문화를 손상시키지 않고도 그런 변화를 이루고 그 런 발전을 현실화할 수 있느냐 하는 것이었다. 그러자면 이 회사의 문화를 좀 더 제대로 이해할 필요가 있었다.

회사가 설립되고 처음 15년 동안은 고객이 전화를 걸면 모두 해당 지역 지점으로 돌려서 처리하게 했다. 처음에는 이런 식으로 일을 처리하는 것 이 논리적이라고 생각했지만 자세히 살펴본 결과 이 방법이 매우 비효율 적이라는 사실이 드러났고, 그로 인해 고객 서비스에서 종종 문제가 발생했다. 일부 지점의 경우 전화가 몰리는 시간대(예컨대 고객들이 점심시간이라서 중개인에게 전화를 걸 여유가 있는 정오 무렵)에는 쇄도하는 전화를 도저히 다 처리하지 못할 정도였다. 직원들은 어찌할 바를 몰라 했고 이렇게 고객 전화가 몰릴 때면 받지 못하고 놓치는 전화까지 생겼다. 그러는 사이에 시간대가 다른 여타 지점의 직원들은 한가롭게 전화벨이 울리기를 기다리면서 십자말풀이나 하고 있는 실정이었다.

내가 한 지점 담당자에게 자신이 맡은 지점에서 매주 개설되는 신규 계좌가 몇 개나 되느냐고 묻자 약 100개 정도 된다고 말했다. 내 얼굴에는 틀림없이 놀라운 빛이 고스란히 드러났을 것이다. 그것은 자기가 먼저 나서서 고객에게 전화를 걸지 않는 영업사원에게는 불가능한 수치처럼 보였다. 담당자는 슈왑이 실시한 광고 전략이 효과가 좋아서 실제로 증권 거래를 하지 않던 사람들도 신규 계좌를 개설하도록 끌어들이고 있다고 설명했다. 확실히 우리에게는 사람들이 원하는 제품이 있었고 우리의 마케팅 전략은 고객의 마음을 끄는 데 성공했다. 고객은 우리가 어떤 상품과 서비스를 제공하는지만 알면 기꺼이 우리와 거래를 하고자 한다는 사실이 입증되었다.

우리가 처음 내놓은 아이디어는 전화가 바쁘게 울리지 않는 '비는' 시간에 직원들이 비생산적으로 놀고 있게 내버려두기보다는 먼저 고객에게 전화를 걸도록 하자는 것이었다. 고객에게 전화를 걸어 우리 회사에 신규 계좌를 개설해준 것에 대해 감사 인사와 환영의 뜻을 전할 수도 있을 것이다. 그리고 그들을 우리 지점에 초대해서 우리 회사가 제공하는 서비스에 관한 더 자세한 정보를 제공할 수도 있다. 슈왑은 시티뱅크나 시어슨이 아니며 우리는 일을 그런 식으로 진행하도록 강요하고 싶지도 않았지만, 영업사원과 슈왑의 반응적인 전략 사이에 일종의 만족스러운 매개체가 있어야만 했다.

　이 문제의 핵심은 가격이 좀 더 저렴한 경쟁사들이 우리 모델을 따라함에 따라 우리의 성장 엔진인 직접 반응 광고의 효과가 갈수록 떨어진다는 것이었다. 우리의 성장 화살통에 채울 새로운 화살을 찾아내지 못한다면 우리 회사의 성공이 무너지기 시작할 것이다. 리더십 팀은 이것이 심각하고 급박한 사안이라는 것을 이해하고 있었다.

　척 슈왑과 래리 스텁스키에게 주도적으로 고객과 접촉하기 위한 계획을 소개할 때, 나는 아마 2~3년만 지나면 이 새로운 시스템이 사실상 자리를 잡을 수 있을 거라고 생각했다. 그 아이디어는 실행하기 쉽고 별로 복잡하지도 않은 듯했다. 걸려오는 전화를 받는 것 외에 먼저 고객에게 전화를 거는 것은 우리 직원들이 기존에 하던 업무를 자연스럽게 확대하는 것이라고 생각했다. 경영진들은 이런 '작은 변화'를 적극적으로 지지했다. 문제는 지점 직원들의 관점에서 문제를 바라보지 않았다는 것이다. 그 결과 그들이 변화의 필요성과 긴박함을 이해하도록 도와줄 방법을 미처 고려하지 않았다.

　내 눈에는 영업과 내가 제안한 방법 사이의 차이가 명확하게 보였다. 직원들에게 고객에게 전화를 걸어 우리가 미는 기업의 주식을 사도록 설득하라고 하는 것이 아니었다. 그저 새로운 고객에게 연락해서 우리가 어떤 일을 하고 있으며 그들에게 어떤 제품과 서비스를 제공할 수 있는지 알리는 것이 논리적인 일처럼 보였던 것뿐이다. 내가 생각하기에 그것은 우리 회사에 IRA(개인연금) 계좌가 있다거나 고객들이 자신의 퇴직 연금에 대해 생각하기 시작해야 한다고 지적하는 강경한 영업이 아니었다. 그저 기본적인 고객 서비스일 뿐이라고 생각했다. 고객들은 우리 회사가 단순히 주식뿐만 아니라 뮤추얼 펀드와 채권도 취급한다는 사실을 알아야만 했다.

그것은 고객과 우리 회사에 두루 이로운 올바른 사업 결정이었다.

더욱 열성적인 고객 지원 활동의 목적은 고객들에게 슈왑이 하는 일이 무엇이고, 우리 회사에 추가 계좌를 개설해 더 많은 돈을 예치했을 때 얻을 수 있는 이익이 무엇인지 제대로 알리는 것이었다. 고객들이 자녀를 위한 위탁 계좌나 IRA, 기타 다양한 종류의 계좌를 추가 개설하게 할 수 있다면 우리는 탄탄한 자산 풀을 구축하게 된다. 나는 고객과 직원 모두를 위한 훨씬 큰 자산이 저 앞에 기다리고 있는 것을 볼 수 있었다. 하지만 그 전에 먼저 내가 인도하고자 하는 직원들을 제대로 이해했어야 했다.

두려움과 그것이 미치는 영향 예상

나는 지금보다 좀 더 도전적이고 흥미로운 일을 하면서 그 결과 보상도 늘어날 수 있는 기회가 생기면, 지점 직원들이 얼른 달려들 것이라고 생각했다. 내가 앉아 있는 위치에서 보면 단순히 전화를 받기만 하는 것은 사무 보조원들도 할 수 있는 일처럼 보였다. 우리는 직원들이 고객과 관계를 구축하고 좀 더 많은 책임을 떠맡을 수 있는 기회를 제공하려 했다. 하지만 처음에 나는 그들이 기존의 업무 방식에 만족하고 있다는 사실을 미처 알아차리지 못했다.

지점 직원들의 경우에는 직무 내용에 할 일이 몇 가지 추가되기만 한 것이 아니었다. 그들의 업무 처리 방식을 본인들이 원하지 않는 방향으로 완전히 바꿔버린 것이다. 우리가 제안한 변화를 영업사원이 되기 위한 단계로 해석하는 직원들이 많았다. 그들에게는 우리의 웅장한 계획이 개선을 위한 시도가 아닌 악몽처럼 느껴졌던 것이다!

직원들은 어떤 식으로든 변해야 한다는 사실을 깨닫지 못하고 있었다.

슈왑은 시중에서 활동하는 유일한 할인 중개업체가 당연히 아니었고 경쟁사들은 모두 우리 모델과 매우 유사한 모델을 활용하는 중이었다. 다른 회사들의 경우에도 우리와 마찬가지로 전국 각지의 소규모 지점에서 일하는 직원들은 사무실에 앉아 고객이 전화를 걸어오기만을 기다리고 있었다. 경쟁사들보다 돋보이기 위해서는 뭔가 남다른 일을 해야만 했고, 성공을 원한다면 그 일을 신속하게 진행해야 했다.

우리가 저지른 한 가지 실수는 이 상황이 마치 직원들에게 늘 하던 방식대로 일하는 것에서 검증되지 않은 불쾌한 방식으로 바뀌 둘이 서로 대립되는 듯이 느껴지게 만든 것이었다. 그리고 또 다른 실수는 직원들이 새로운 업무 방식의 장점을 제대로 인식할 수 있도록 도와주지 않은 것이다. 돌이켜 생각해보면 이 상황은 9단계에서 논의할 파일럿 실행의 완벽한 후보가 될 수도 있었지만 당시에는 아직 그런 것을 모르던 때였다. 당연히 우리는 전체 지점망을 혁신하겠다는 목표와 관련해 별다른 진전을 보지 못했고, 특히 당시 이용할 수 있는 자원이 한정적이었기 때문에 일이 더 힘들었다.

어쩌면 이 변화를 회사에 더없이 필요하고 급박한 일로 여기도록 하지 못한 것이 우리의 가장 큰 실수였는지도 모른다. 나는 이를 위한 작업은 아무것도 하지 않았고 그 결과 일이 제대로 안 풀려서 고군분투해야만 했다. 직원들에게 미래의 비전을 납득시키려고 애쓰기는 했지만, 그런 노력만으로는 직원들의 두려움이나 이런 변화를 지지하기를 꺼려하는 마음을 이겨내지 못했다. 진행이 더뎌질수록 직원들을 설득하기도 더 힘들어졌다. 나는 많은 직원들의 발목을 붙잡고 있는 두려움과 타성을 제대로 인식하거나 해결하지도 못한 상태였기 때문에 아마 그들이 이해하지 못하는 언어로 말을 했던 것인지도 모른다.

공포 반응에 대한 이해와 해결

뒤늦게야 모든 것을 명확하게 이해할 수 있었다. 나는 직원들이 느끼는 두려움을 알아차리고 이해해주었어야만 했다. 당시에는 내가 '개선된' 업무 방식이라고 여겼던 것을 직원들도 당연히 원할 것이라고 생각했다. 대부분의 직원들이 기존의 업무 방식에 안주해 있어서 그게 와해되는 것을 두려워했다는 것을 깨닫지 못했다. 이 직원들은 전화를 받고, 고객을 응대하고, 우리가 그들에게 요구하는 모든 일들을 처리하는 방법을 알고 있었다. 각자가 맡은 역할을 힘들이지 않고 수월하게 해냈다. 하지만 고객에게 먼저 전화를 걸거나 그들과 관계를 구축할 수 있는 능력이 자기에게 있는지 확신이 없었기 때문에, 만약 자기가 그런 일들을 해내지 못하면 일자리를 잃을 수도 있을 것이라고 생각했다. 이들은 몇 년 동안 착실하게 경력을 쌓았는데 내가 갑자기 난입해서는 모든 것을 빼앗아가려고 하는 것이다. 그들의 직무 내용을 바꾼다는 것은 잠재적으로 모든 사람의 전문 지식을 동일한 수준으로 강등시킨다는 뜻이기도 했다.

이런 종류의 두려움은 강렬하고 본능적이며 순수하게 감정적인 반응이다. 그리고 많은 리더들은 데이터나 통계 자료를 이용해서 이런 감정적 반응에 대응하려고 하는 실수를 저지른다. 올리비아 폭스 카반은 『카리스마, 상대를 따뜻하게 사로잡는 힘』이라는 책에서 비즈니스 원칙에 뒤섞여 있는 심리학 원리에 대해 설명한다. 카반의 말에 따르면 어떤 사람의 정체성에 도전하는 것은 근본적으로 위협적인 행위이기 때문에, 때로는 상대방이 자기도 모르는 새에 내 말에 전혀 귀를 기울이지 않게 된다고 한다. 그들은 여러분을 무시하는 것이 아니라 단지 뇌를 효과적으로 조정해서 여러분이 하는 말에 신경 쓰지 않게 만드는 생리적인 공포 반응을 보이는 것뿐이다.

무언가를 두려워하는 사람들은 논리적으로 행동하지 않고 논리적인 호소에 반응을 보이지도 않는다. 익사 위기에 처한 이들이 자기를 구하러 온 사람을 우발적으로 말려들게 해서 둘이 같이 빠져 죽는 일이 생기는 이유는 뭘까? 대개의 경우 너무 겁에 질린 나머지 구조자의 지시를 제대로 듣지 못하고 자신의 구조를 방해하지 않고 기드는 방향으로 행동하지 못하기 때문이다.

　데비 홉킨스는 시티 벤처의 CEO이자 시티 그룹의 혁신 담당 최고 책임자다. 홉킨스는 커뮤니케이션 기획 과정에서 직원들의 관점과 두려움을 이해하는 것이 매우 중요한데, 이를 간과하는 경우가 많다는 사실을 인정한다. 홉킨스의 표현에 따르면 변화를 추진하는 리더들 중에는 다음과 같은 경향을 드러내는 이들이 있다고 한다.

　"말하자면 이런 사고방식이죠. '와, 우린 그냥 저것만 고치면 돼. 뻔한 일이잖아. 그러면 모두에게 아주 큰 도움이 될 거야! 자, 당장 일을 시작해보자고!' 그리고 그런 방식이 성공을 거둘 수도 있겠죠. 하지만 다른 사람의 관점에서 사태를 바라보려는 노력을 하지 않았다면 그것은 반짝 성공에 지나지 않을 거예요. 그러지 말고, 여러분이 제안하는 변화가 직원들의 우선순위 목록에서는 매우 낮은 자리를 차지할 수도 있다는 것을 알아야 합니다. 그러니까 '이 문제를 좀 다르게 제시할 수 있는 방법은 없을까? 직원들이 좀 더 긴박감을 느낄 수 있을 만한 다른 관점은 없을까?'를 생각해야 합니다. 이런 노력을 기울이지 않으면 중요한 결정을 매우 무신경하게 내리는 것처럼 보일 수 있고, 반드시 피해야만 하는 반발을 불러일으킬 것입니다."

　변화가 직원들의 우선순위 목록에서 차지하는 위치가 미미하건 아니면 상당한 노력이 필요한 매우 극적인 변화건 간에, 변화 도상에 놓인 장애물을 제거하려면 어떻게 해야 할까? 격렬한 감정 때문에 심한 고통을 받고 있는 직원들을 설득하기 위해 우리가 할 수 있는 일은 무엇일까?

다른 무엇보다도 반복이 중요하다. 변화가 생길 것이라는 사실만 공고하고 끝내면 안 된다. 다양한 방법을 동원해서 직원들에게 관련 정보를 몇 번이고 되풀이해서 전달해야 한다. 직접 이야기하거나 편지를 보내기도 하고 이메일을 통해서도 알린다. 1 대 1로 대화를 나누기도 하고 많은 이들이 모인 자리에서도 이야기한다. 처음에는 여러분의 말을 정확하게 알아듣지 못한 사람이 있을 가능성이 매우 높다. 단 한 차례의 회의나 이메일 통고를 통해 획기적인 변화를 이루는 것은 불가능하다. 이런 현실에 대비해 필요한 준비를 갖추고 이 책의 나머지 부분, 특히 3단계와 리더십 커뮤니케이션 관련 장(제2부 2장)에 좀 더 자세한 내용이 실려 있으니 읽어보기 바란다.

긴박성을 강조하라

여러분이 제안하는 변화에 대해 다른 사람을 설득하기로 결심하기 전에, 그 변화가 단순히 필요하기만 한 것이 아니라 최대한 빨리 진행될 필요가 있다는 사실을 스스로 수긍해야 한다. 그리고 기꺼운 마음으로 팀원들을 고무시킬 수 있어야 한다. 변화를 위해 투자하고 자신의 시간과 에너지, 예산을 다 쏟아서 전념해야 한다. 수치가 괜찮아 보인다고 생각하는 것만으로는 부족하다. 변화 배후에 자리 잡은 목표에 대한 진정한 확신이 필요하다. 이런 문제들을 충분히 고려하고 다음의 질문을 곰곰이 생각해본 뒤 솔직하게 대답해야 한다.

- 그 수치를 다른 시나리오에 대입해서 평가해봤는가? 그 상황에서도 괜찮아 보이는가?
- 변화 배후의 목표에 대해 진정한 믿음을 갖고 있는가?
- 변화 자체의 긴박성을 전적으로 확신하는가?
- 이 변화가 이룰 만한 가치가 있고 반드시 필요한 것임을 증명할 수 있는가?
- 그 일을 정말 당장 해야만 하는가?
- 그 일을 뒤로 미루면 어떻게 되는가?

깊이 생각한 끝에 획기적인 변화가 시급하다는 결론에 도달했다면, 여러분이 발휘할 수 있는 모든 힘과 확신을 끌어모아 이 변화를 밀고 나가야 한다. 이 책에서 소개하는 단계별 방법들이 그 진행 과정을 도와줄 것이고, 변화를 추진하는 것은 필연적으로 어려울 수밖에 없다는 것도 알게 될 것이다.

저항과 충돌에 대비하라

저항은 일선 직원들 사이에서 주로 발생한다고 가정하기 쉽지만 반드시 그런 것만은 아니다. 여러분이 제안하는 것이 규모가 크고 대담하고 전략적인 변화라면, 그런 일은 나중에 하는 편이 더 쉬울 거라고 생각하는 이들을 조직 내의 모든 단위에서 맞닥뜨리게 될 것이다. 이들은 "그 문제는 좀 더 생각해 봅시다"라든가 "참을성 있게 기다려야 해요" 같은 말로 자신의 반대 의사를 드러낸다. 또 "데이터가 더 있어야 하지 않겠어요?"라는 말을 들을 수도 있다. 심지어 "우리가 첨단을 향해 가고 있는 거 맞나요?"라고 묻는 사람도 있다. 이런 말들이 모두 타당한 지적일 수도 있지만, 어쩌면 '미안하지만 그 정도의 위험을 감수하거나 그런 노력을 기울일 만큼 확신이 가지 않는군요'라는 생각을 약간 우회적으로 표현한 것일 수도 있다. 이런 저항을 이겨내고 추진력을 유지하려면 꾸준히 노력해야 한다.

'그 일을 지금 할까요, 나중에 할까요?'라는 질문을 곰곰이 생각하다 보니 슈왑에서 일한 지 얼마 안 되었을 때 겪은 일이 떠오른다. 당시에는 인터넷 거래가 새로운 투자 방법으로 막 등장한 때여서 우리는 온라인 거래 서비스를 제공하는 부문을 두 개 신설하는 전략을 구상했다. 거래 수수료가 좀 더 비싼 찰스 슈왑 온라인/오프라인('오프라인'이란 전화를 이용한 거래를 의미) 혼합 서비스와 e.슈왑이라고 이름을 붙인 셀프 서비스 방식의 온라인 전용 서비스가 그것이었다. 우리는 이런 이중 모델을 이용해 많은 성공을 거두었다. 찰스 슈왑과 e.슈왑은 업계 최고의 2대 온라인 중개업체가 되었다. 우리의 비즈니스 모델은 거의 모든 기준에서 큰 성공을 거두었다.

그러나 우리 고객들의 불만은 갈수록 커져가고 있었다. 그들은 e.슈왑의 저렴한 수수료와 찰스 슈왑의 뛰어난 서비스가 결합되기를 원했다. 수수료가 제각기 다른 계좌를 여러 개 개설해야 하는 이런 상황이 진저리가 난다는 고객들의 편지가 처음에는 한 달에 수십 통씩, 이윽고 수백 통씩 날아왔다. 불만을 품은 고객들은 우리가 자기네 돈을 관리하는 방식을 왜 그렇게 불편하게 만들어놨는지 의아해했다. 솔직히 말해 우리가 그런 식으로 일을 진행한 이유는 회사의 이익을 보호하기 위해서였다. 온라인 중개 수수료를 단계별로 책정하는 것은 절대 고객 중심적인 발상이 아니라 우리 회사의 이익을 위한 것이었다. 그것은 언제나 고객들을 위해 올바른 일을 하라고 직원들을 독려하는 슈왑의 기업 문화를 근본적으로 위배한 것이다. 게다가 이 방법은 계속 지속할 수도 없었다.

성난 고객들의 편지가 수백 통씩 쏟아져 들어오긴 했지만 우리 회사의 고객 수는 수백만 명에 달했기 때문에 전체적으로 볼 때 그리 심한 공격은 아니었다. 문제되는 것이 상대적인 숫자뿐이었다면 쉽게 모른 척할 수도 있었을 것이다. 하지만 수수료가 저렴한 온라인 주식 거래 회사들이 늘어남에 따라 갈수록 많은 고객들이 불평을 늘어놓거나 아예 우리와 거래를 끊으리라는 것이 자명했다. 우리가 받은 한 통 한 통의 편지 뒤에는 말없이 바로 행동으로 옮기는 수십 명의 다른 고객들이 있는 것이 틀림없었다.

나는 사내의 최고 경영진 10명에게 이런 상황을 알리면서 중요한 질문을 던졌다. '앞으로도 이런 현상이 지속될까요? 이런 체계를 계속 유지할 수 있다고 생각합니까?' 이런 체계가 아예 전례가 없었던 것은 아니다. 캠리와 렉서스를 생각해보라. 이 차는 둘 다 토요타가 생산하지만 가격대가 다른 별도의 브랜드다. 즉, 기본적인 성능은 비슷하지만 추가적인 기능이나 쾌적함, 브랜드 입지 등이 서로 다른 것이다. 이 두 차는 오랫동안 그런 방식으로 번성했지만 소비자들에게서 눈에 띄는 반발은 없었다. 하지만 당시 우리가 슈왑에서 하던 일과 캠리·렉서스 전략 사이에는 엄연한 차이가 있었다. 우리는 기본적으로 동일한 핵심 서비스에 대해 서로 다른 수수료를 부과한 반면, 토요타는 품질이 뛰어난 차를 더 비싸게 판매하는 새로운 자동차의 브랜드 입지를 탄탄하게 구축한 것이다. 그렇다면 우리의 상황을 토요타와 비교하는 것이 사리에 맞는 일일까?

양측에서 모두 격렬한 논쟁이 벌어졌다. 수많은 논의 끝에 우리에게 변화가 필요하다는 데 다들 동의했다. 하지만 그 변화는 얼마나 시급한 것인가? 내 동료들 가운데 일부는 되도록 빨리 변화를 시행하자는 쪽을 지지했다. 오래 기다릴수록 고객만 계속 잃게 될 뿐이었으니까. 당시 우리 회사는 온라인 거래 부문의 리더였지만 기존 모델을 계속 유지할 경우 그런 선도적인 위치를 빼앗길 것이 뻔했다. 그리고 그런 상황이 닥치면 수많은 경쟁자들 속에서 차별화된 모습을 보이기 위해 고군분투해야 했다.

하지만 생각이 다른 동료들도 있었다. 그들은 가격 정책을 대폭적으로 바꿀 경우 회사의 전반적인 시장 가치가 크게 떨어지고 우리 회사에 대한 대중들의 신뢰에까지 영향을 미칠 가능성이 있다고 우려했다. 그들은 가만히 기다리면서 일이 어떻게 진행되는지 지켜보는 것이 신중한 방법이라고 여겼다.

다함께 모여서 일을 진행하는 최선의 방법에 대해 합의하는 것이 리더십 팀의 중요한 과업이 되었다. 전체 변화 과정의 핵심적인 부분에 대해서는 3단계에서 좀 더 자세히 살펴볼 예정이다. 예상되는 결과를 분석해보니 우리가 이 변화를 실행에 옮길 경우 1년 뒤에 슈왑의 수익성이 큰 타격을 입을 가능성이 있다는 것을 알게 되었다. 주주들과 월스트리트 분석가들은 가격 체계 변화(특히 수익이 수억 달러나 감소할 수도 있는 변화)를 비즈니스 모델의 약점을 알려주는 조기 경보로 받아들이고는 그 즉시 주식을 파는 경우가 많기 때문에 주식 시장에서 기업 가치가 더 떨어지는 결과를 낳는다.

하지만 결국 우리는 변화를 단행해 가격을 낮추기로 결정했다. 이는 진정 '회사의 사활을 건' 변화였다. 만약 이 방법이 효과를 거두지 못한다면 회사는 큰 타격을 입을 것이고 어쩌면 그 타격에서 영영 회복하지 못하게 될 수도 있었다. 그리고 그렇게 되면 리더십 팀에 속한 이들 가운데 몇 명도 그와 비슷한 운명을 맞게 될 것이다. 모두에게 두려운 시간이었지만 특히 리더십 팀의 경우 더욱 큰 두려움을 느꼈다.

리더들은 위험한 변화와 저항에 맞닥뜨리게 되어 있다. 최근 이베이의

CEO인 존 도나호와 이야기를 나누었을 때, 도나호는 고정 관념에 사로잡힌 경영진들에게 대대적인 변화의 필요성을 설득하느라 고생했던 일을 떠올렸다. "제가 처음 이베이에 입사하자마자 '맙소사, 이 회사에는 변화가 필요해'라는 생각이 들더군요. 하지만 그런 생각을 밀어붙일 수 있는 것은 일부분에서뿐이었습니다. 이 회사가 과거에 엄청난 성공을 거둔 적이 있다는 사실이 변화를 시도하는 데 불리하게 작용했습니다. 가장 유능하고 자신만만하고 기량이 뛰어난 리더들조차도 항상 과거의 영광이 다시 찾아오기만을 바라고 있었으니까요. 전 '좋았던 옛 시절'이 돌아오길 내심 바라는 것은 인간의 본성이라는 것을 깨달았습니다. 그리고 대대로 전해지던 성공담이 더 이상 진실이 아니라는 것을 인정하고 싶어 하는 사람은 아무도 없다는 것도요. 사실 우리가 스트레스를 심하게 받으면 받을수록 예전에 효과를 발휘했던 행동이나 접근 방식으로 회귀하려는 경향이 강하게 나타납니다."

도나호가 맞닥뜨린 반응은 내게 친숙하게 느껴졌고 다음에 이어진 이야기도 마찬가지였다. "우리에게 정말 필요한 변화는 그런 생각에 커다란 구멍을 뚫는 것이었습니다. 뭔가가 잘못되었고 과거는 다시 돌아오지 않는다는 것을 인정해야만 했으니까요. 제가 CEO로 취임한 2008년 즈음에는 현실을 직시하고 우리에게 전면적인 재건이 필요하다는 사실을 공공연하게 선언하는 것 외에는 다른 도리가 없었습니다. 아주 위험한 일처럼 느껴졌지만 대담한 변화를 위해 전력투구해야만 했죠."

어떤 기업이든 간에 혁신에 대한 필요성은 항상 있다. 스타벅스의 회장 겸 CEO인 하워드 슐츠와 만나 이 커피업계의 대기업이 기존에 거둔 어마어마한 성공에도 지속적으로 혁신을 추진하는 과정에서 부딪힌 문제들에 대해 이야기를 나누었을 때 슐츠는 이렇게 말했다. "혁신은 제품 라인을 확장하는 것이 아닙니다. 혁신은 분열적이어야 합니다. 그리고 직원들이 호기심을 품고 모퉁이 너머를 바라보도록 가르치고 각인시켜야 합니다."

슐츠는 스타벅스가 업무와 관련해 몇 가지 혁신을 이루었다고 하면서 계속해서 이런 이야기를 들려주었다. "문제는 이렇게 엄청난 수준의 성공을 거두었을 때 오만한 생각이 들지 않도록 하는 것입니다. 위기에서 벗어나려고 온갖 노력을 다 기울였던 2008년처럼 지금도 그런 헝그리 정신을 가질 수 있을까요? 전 성공 가도를 달리고 있을 때도 그 정도의 야심과 투지를 유지하도록 하는 것이 기업 리더들의 역할이라고 생각합니다. 하지만 사실 정말 어려운 일이죠."

■ ■ ■

변화를 미룰 수는 있지만 꾸물거리다가는 몇 가지 중요한 이점을 놓치게 되는 상황을 종종 만나게 될 것이다. 문제 해결을 미루거나 남에게 떠넘겨서 다른 사람이 해결하게 하는 것도 가능하다. 하지만 남들보다 빨리 움직일수록 손에 들어오는 보상도 큰 법이다. 경쟁자들보다 한발 앞서서 새로운 기회의 바람을 감지한다면, 경쟁자들이 이에 대응해 여러분을 따라잡기까지 몇 년의 시간이 걸릴 수도 있다. 여러분이 이미 새로운 길을 만들어놓은 상황에서는 경쟁자들이 각자 획기적인 변화를 꾀하기가 더 쉬워진다. 하지만 여러분이 계속 앞서 나가면서 여기에 가속도까지 붙게 되면 경쟁자들이 여러분을 따라잡기 힘들어진다. 시간과 돈은 사업을 할 때 중요한 세 가지 변수 가운데 두 가지에 해당하는데, 경쟁자들이 여러분이 도달한 새로운 수준까지 다가가기 위해서는 이 두 가지가 다 필요하다.

그렇다면 가장 중요한 세 번째 변수는 무엇일까? 바로 사람이다.

슈왑의 사례에서 봤듯이 내부에서, 그러니까 여러분이 의존하는 리더십 팀에서 엄청난 저항이 발생할 수도 있다. 그들을 여러분의 편으로 끌어들이거나 생각을 바꾸게 해야 하는데, 이때 그들이 시간을 벌려고 이런저런 핑계를 대거나 변화의 필요성에 대해 입 발린 소리만 늘어놓게 해서는 절대 안 된다. 대담한 계획을 실천하려면 강인하고 헌신적인 팀이, 함께 힘을 모아 추진력을 키우고 강화하고 유지할 수 있는 팀이 필요하다.

변화에 대한 요구와 긴박감 조성 (매력적인 미래 비전 개발)

1. 여러분 회사의 기업 강령은 무엇인가? 직원들은 회사가 그 강령에 따라 행동한다고 생각하는가?

2. 해결해야 할 문제나 포착해야 할 기회에 대한 여러분의 관점은 어떠한가?

3. 이런 문제나 기회와 관련해 어떤 증거가 있는가?

4. 이런 문제나 기회는 회사의 목적·사명과 어떤 연관성이 있는가?

5. 여러분 회사의 이해 당사자(고객, 직원, 리더, 주주, 협력업체)들을 정의해보라.

6. 현재의 비즈니스 상황에 대해 주요 이해 당사자들은 어떤 시각으로 보고 있는가? (각 유형의 이해 당사자들에 대한 실제 사례를 찾아보면 많은 도움이 될 것이다.)

7. 고객이나 직원에게 들은 이야기 가운데 이런 관점이 드러난 이야기는 어떤 것이 있는가?

8. 회사가 이런 변화를 추진해야 하는 이유는 무엇인가?

9. 이 변화를 뒤로 미루지 말고 지금 당장 실행하는 것이 왜 중요한가?

10. 경쟁자들도 비슷한 변화를 꾀하고 있는가? 그들은 누구인가?

11. 이 변화를 추진하지 않을 경우 발생할 수 있는 영향(긍정적인 것과 부정적인 것 모두)으로는 어떤 것이 있는가?

12. 진행되어야 하는 변화와 그 변화가 시급한 이유를 설명하는 간략한 설명서를 작성하라.

13. 설명서 내용을 회사 내부 사람들과 함께 논의하고 그것이 일으키는 반향을 시험하라. 설명서가 사람들의 행동을 유도하는가? 만약 아니라면, 설명서 내용을 어떻게 고치면 좋은가?

14. 그 설명서를 더 많은 사람들과 공유하고 그들의 반응을 평가하는 방법에 대해 *생각해보자.* (하지만 3단계를 끝내기 전까지는 실제로 설명서를 남들과 공유해서는 안 된다.)

리더십 팀을
구성하고 통합하라

여러분이 조직 내에서 대규모의 변화를 제안하는 경우에는, 그런 변화가 얼마나 필요한지 역설하고 미래에 대한 획기적인 비전을 만드는 데 열정을 발휘하게 될 것이다. 하지만 이는 힘든 싸움이 될 것이며, 여러분이 예상하는 것보다 훨씬 어렵고 또 실패할 가능성도 높다. 변화에 대한 요구가 아무리 절박하고 변화를 추진하려는 여러분의 열정이 아무리 강하다고 해도 획기적인 변화를 달성해서 유지하려면 단순한 열정보다 훨씬 많은 것이 필요하다.

리더 한 명의 힘만으로 위대한 변화가 이루어진 예는 지금껏 없다. 한 사람의 기술과 카리스마, 순수한 기운만으로는 충분치 않다는 이야기다. 리더들은 양식 있는 리더십 팀에 의지해야 한다. 어떤 이들은 자기 손으로 직접 이런 팀을 구성할 수 있는 사치와 책임을 누리기도 한다. 몇몇 리더는 진작부터 하나의 팀으로 기능하고 있었거나 아니면 최근에 조직된 기존 그룹과 함께 일해야 하는 상황에 처하기도 한다. 자기 팀원들을 직접 모집하건, 기존 팀을 물려받건, 아니면 이 두 가지가 조합된 팀을 만나건 간에, 여러분이 추진하는 변화를 실현하기 위해 조직 전체를 이끌어갈 수 있는 그룹을 적극적으로 키우고 통합하는 것이 여러분이 할 일이다. 이번 장에서는 바로 그 방법을 알려줄 것이다.

이 책은 이미 나름의 역사와 프로세스를 지니고 있는 기존 조직 내에서 변화를 이끌어가는 일에 초점을 맞춘다. 그러나 갓 창업한 기업이건 확고하게 자리를 잡은 조직이건 간에, 가장 성공적으로 변화에 착수하는 사람들은 뭔가 새롭고 도전적이고 중요한 일에 참여하게 되었다는 사실을 통해 의욕과 성취감을 얻는 이들이다. 인간을 달에 보내는 데 성공한 팀도 수십억 달러의 보너스를 받지는 않았다. 그만한 보상을 받을 자격이 있었는데도 말이다. 그들이 프로젝트에 착수한 것은 많은 보너스를 기대했기 때문이 아니다. 이들이 그 일에 헌신한 것은 달 프로젝트 자체가 상상력을 자극하는데다가 뭔가 본인보다 훨씬 크고 위대한 일의 일부가 된 듯한 느낌이 들었기 때문이다.

획기적인 변화를 이루려면 모든 가능성을 상상해서 미래를 정의해야 한다. 이는 지금의 현실을 점진적으로 변화시키는 것과는 완전히 다르고, 편안하고 쾌적한 현 상태에서 완전히 벗어나야 하는 경우도 종종 있다. 여러분의 리더십 팀에는 변화를 진행하는 과정에서 마주치게 될 온갖 장애와 어려움에도 불구하고, 변화가 경제적·전략적인 면에서 매우 중요하다고 확신하는 이들이 포함되어 있어야 한다.

사람들에게 변화에 참여해 달라고 부탁하는 것은 본질적으로 어려운 어떤 일에 뛰어들어 달라고 요청하는 것과 마찬가지다. 큰 변화는 언제나 여러분이 이용할 수 있는 것보다 많은 자원이 필요하다. 엄청나게 많은 시간과 에너지가 소요되기 때문에 오랜 기간 동안 많은 어려움을 뚫고 이것들을 모아야 한다. 그러니 개척 정신이 강하고 보통 사람보다 높은 수준의 위험도 능히 감수할 수 있는 사람들을 찾을 필요가 있다.

개척자를 발견하고
양성하라

여러분은 팀원들에게 열정을 불어넣을 수 있어야 하고, 팀원들은 또 다른 이들의 마음속에 그런 정열과 헌신의 불꽃을 피울 수 있다는 확신을 가져야 한다. 모든 사람이 일에 참여해야 한다. 스타벅스의 CEO인 하워드 슐츠의 말처럼, 조직 내에 변화의 목적에 의구심을 품거나 자기가 어떤 아이디어나 해결책, 전술, 그리고 최종적인 결정에 관여하지 못했다고 느끼는 직원들이 있는 경우에는 대담무쌍한 변화를 이룰 수 없다. 혼자 힘만으로는 과감한 변화를 이끌 수 없다는 이야기다. 따라서 '일정 수준의 합의와 변화에 대한 생각을 지지하면서 기꺼이 한 편이 되어줄 많은 사람들이 필요하다'고 슐츠는 강조한다. 다시 말해 사람들이 여러분의 말을 믿고 '다 함께 참여'하도록 하는 것이 핵심이다.

여러분이 리더십 팀을 구성하고 변화가 이루어지도록 도와줄 사람을 찾을 때는 다음과 같은 네 가지 핵심 요소를 고려해야 한다.

- 기술
- 경험
- 열의
- 팀 적합성

물론 여러분은 수행 중인 프로젝트에 적합한 전문적인 기술과 경험을 갖춘 인재를 선발하고 싶을 것이다. 성격에서 드러나는 태도와 열의, 팀 적합성은 변화를 이루고자 할 때 매우 중요한 요소다. 그러나 놀라운 점은 일에 대한 열의가 있으면서 팀에도 적합한 인재를 찾아내기가 무척 어렵다는 것이다. 여러분은 전인미답의 영역에도 기꺼이 발을 들이고자 하는 이들을 원할 것이다. 이런 개척자들이 팀 전체를 이끌고, 변화를 실천에 옮기며, 조직을 대표하는 대사 역할을 한다.

기업 문화에 완전히 젖어 있는 기존 직원들 가운데 특히 열성적인 신봉자들을 핵심 그룹에 대거 참여시키면 많은 도움이 된다. 신봉자들은 이념적인 '얼리 어답터'로서 여러분이 추진하는 변화에 회의적인 생각을 품고 있을지도 모르는 일반 직원과 경영진 사이를 연결하는 매우 중요한 다리 역할을 할 수 있다.

팀을 구성할 때는 충분한 시간과 노력을 들여야 한다. 하루 빨리 변화가 진행되는 모습을 보고 싶다는 생각에, 팀 구성은 대충 얼버무리고 넘어가고 싶다는 유혹을 느낄 수도 있다. 하지만 자기가 시도하는 일은 뭐든지 다 성공시킬 수 있다고 생각하는 매우 똑똑하고 의욕 넘치고 더없이 헌신적인 이들 때문에 변화가 교착 상태에 빠지거나 완전히 실패한 사례가 무수히 많다. 우리는 현명한 방법을 써서 일만 열심히 하면 본인이 목표로 하는 일은 뭐든지 다 이룰 수 있다고 믿고 싶어 한다. 하지만 나 자신의 경험이나 내가 인터뷰를 하거나 평소 알고 지내는 모든 이들의 경험에 따르면 그것은 결코 사실이 아니다. 마음가짐이 중요하기는 하지만 그것만으로는 충분하지 않다. 리더들은 관련 업무 경험이 있는 사람들을 찾아야 하는데, 그러기 위해서는 필요한 핵심 인재를 채용하기 위해 회사 외부로 눈을 돌려야 하는 경우가 많다. 특히 획기적인 변화와 관련해서는 더욱 그렇다.

외부 경험자 영입

조직 외부에서 새로운 인재를 한두 명 정도 추가적으로 영입하면 팀의 역량을 강화할 수 있다. 새 인력을 통해 팀에 추가된 경험이 집단 전체에 이익을 안겨주고 변화를 촉진할 수도 있다. 하지만 새로운 인재, 특히 새 경영진을 영입할 경우 그에 따르는 위험도 물론 있다. 기업 문화에 적응하는 과정에서 미묘하고 위태로운 상황이 발생할 수도 있으므로, 여러분은 신규 채용한 이들의 태도뿐만 아니라 대인관계 면에서 발생할 가능성이 있는 문제들도 인지하고 있어야 한다.

나는 여러 해 전에 매우 유능한 인재를 채용해서 회사 내 고위직에 앉혔다. 직급이 워낙 높다 보니 단번에 리더십 팀의 일원이 될 정도였다. 나는 그가 과거에 눈부신 성과를 올렸다는 사실을 알고 있었고 그것은 사실로 입증되었다. 그가 획기적인 아이디어와 개념을 제시하는 데 있어서 정말 뛰어난 능력을 지녔다는 데는 반론의 여지가 없었다. 하지만 그의 좋지 못한 태도가 재능을 압도할 만큼 두드러졌다. 그는 협력업체와 직원들을 무례하게 대했다. 정말 참을 수 없이 싫은 사람이었다. 회사 내에 그를 좋아하는 사람은 아무도 없었고 다들 그럴 만한 이유가 있었다.

처음에는 상담을 통해 문제를 해결할 수 있을 것이라고 생각했다. 그래서 그를 앉혀놓고 그의 행동 때문에 다른 직원들과의 사이가 소원해지고 있는데 이는 일터에 적합하지 않을뿐더러 우리 모두의 사명을 약화시키는 태도라고 설명했다. 몇 번이고 되풀이해서 그에게 필요한 지시를 내리고 조언을 해주었지만 그는 그중에 하나도 받아들이지 않는 듯했다.

외부인의 시선으로 사태를 명확하게 파악한 아내는 늘 그를 내보내야 한다고 말했다. "그 사람은 멍청이예요!" 아내는 이렇게 말했다. "그를 계속 곁에 두면 당신의 가치까지 하락한다고요. 다들 당신의 행보를 주시하고 있으니까요." 난 아내의 말이 옳다는 것을 부인할 수 없었다. 그를 채용할 때는 서로 공통된 가치관이 많을 거라고 생각했는데 그것은 내 착각으로 드러났다. 그를 계속 그 자리에 둠으로써 나와 슈왑의 가치가 하락했다. 지금 와서 생각해보면, 너무 오랫동안 그가 부정적으로 행동하면서 주변에 악영향을 미치도록 방치한 것이 분명하나. 결국 나는 그를 해고하는 올바른 결정을 내렸다.

그로부터 1년쯤 지난 뒤, 어느 포춘 500대 기업의 고위 경영자에게 전화가 걸려왔다. "몇 달 전에 한 남자를 채용했는데 그가 슈왑에서 당신 밑에서 일한 적이 있다고 하더군요."

"아, 그 사람 말이군요." 내가 대답했다. "그는 어떻게 지냅니까?"

"흠, 일은 아주 잘해요. 하지만……." 거기까지만 듣고도 그다음에 하려는 말이 뭔지 정확히 알 수 있었다. 그는 일은 잘하지만 함께 일하는 이들이 모두 그를 싫어한다는 것이다. 무슨 일이건 할 때마다 사방에 적을 만들고, 팀의 사기를 저하시켰다. "그런 상황에 어떻게 대처하셨습니까?" 그의 새로운 상사가 물었다.

"대처 방법이 없죠." 내가 말했다. "제 예상을 말씀드리자면, 당신은 그를 변화시키려고 여러모로 애쓰겠지만 그는 결코 변하지 않을 것입니다. 조직 내의 불만이 엄청나게 커져서 당신의 신뢰도마저 깎일 위험에 처할 때까지는 어떻게든 그런 상황을 참아보려고 하겠지요. 직원들은 당신이 왜 그를 바로 해고하지 않는지 의아해하기 시작할 거고요. 그리고 당신 자신도 그 이유가 궁금해질 것입니다. 바로 제가 그랬던 것처럼요. 그리고 너무 오래 참고 기다려준 것을 후회하게 되겠지요."

이 대답이 전화기 건너편의 내 동료에게 별로 위안이 되지 못한 것은 당연한 일이다. 유능하지만 까다로운 임원을 내가 원하는 팀원의 모습으로 만들려고 몇 달이나 시간을 들여 코치했다. 하지만 그는 주변의 모든 사람을 괴롭히는 독불장군이었고 자기가 변해야 할 필요성을 전혀 느끼지 못했다. 다들 예상하는 것처럼, 몇 달 뒤에 그는 새로운 직장에서도 해고당했다.

리더라면 누구나 때때로 이런 식의 힘겨운 상황에 부딪히게 된다. 우리가 꿈꾸는 이상적인 세상에서라면 어떤 사람을 채용하기 전에 그의 성격을 확실하게 파악할 시간을 가질 수도 있을 것이다. 하지만 안타깝게도 우리에게 필요한 기술과 훌륭한 성품, 좋은 성격, 팀을 우선시하는 사고방식이 완벽하게 조화를 이루는 인재를 늘 만날 수 있는 것은 아니다.

규모가 크고 힘겨운 계획을 실행에 옮겨야 하는 시기가 임박하면, 구하기 힘든 기술을 보유한 사람이라면 누구든 상관없이 채용하고 싶다는 유혹을 느끼면서 미심쩍은 성격적 특성은 간과하게 된다. 이는 당연한 일이다. 여러분에게 절박하게 필요한 기술을 갖춘 후보자를 발견하면, 그 사람을 채용하지 말아야 할 이유 같은 것은 눈여겨보고 싶지 않을 것이다. 그리고 만약 새로 채용한 사람과 기존 팀과의 관계가 불안한 출발을 보이면 자기가 사람을 잘못 고용했다는 사실을 인정하기보다는 그가 제대로 적응하지 못한 탓이라고 핑계를 대기 쉽다. 하지만 언제나 그렇듯이 이런 문제는 옆에서 중재하지 않으면 갈수록 악화되기만 할 뿐이므로 손쓸 수 없을 정도로 곪아터지기 전에 미리 파악해서 해결하는 편이 낫다.

주변에 악영향을 미치기는 해도 일은 썩 잘하는 이런 사람들은 한동안 여러분을 돋보이게 해줄 수도 있다. 하지만 이들은 아무리 상담과 교육을 받아도, 압박감이 심한 상황에 처하면 다시 예전의 부정적인 습관으로 돌아가는 경우가 많다는 것을 기억해야 한다. 이런 상황을 너무 오래 방치하면 곧 여러분의 리더십에 의문을 제기하는 목소리가 나오게 된다. 대체 어떤 리더가 팀의 단합과 결속력을 희생시키면서까지 저런 사람을 그냥 놔

두는 것인가? 기업의 가치관은 중요한가, 중요하지 않은가? 결국 그 사람이 변화의 필요성을 진심으로 인정하고 변화에 필요한 많은 노력을 자발적으로 기울이지 않는 한, 이런 유형의 사람이 팀과 조직에 미치는 피해를 감수해가면서까지 계속 곁에 둘 만한 가치는 없다. 필요한 기술을 손에 넣기 위해 성격적인 결함을 눈감아주는 방법은 별로 효과적이지 않다. 누군가를 채용하기 전에 그 사람의 성격을 제대로 파악해두어야 한다. 그리고 만약 실수를 저질렀다면 신속하게 대처하는 것이 좋다.

필요하다면 팀을 재편하라

물론 애초에 남과의 협업이 불가능한 사람과 단순히 본인에게 맞지 않은 팀에 들어간 사람 사이에는 차이가 있다. 예를 들어, 새로 영입한 직원을 10년 동안 계속 함께 일해온 사람들이 모인 그룹에 집어넣는다고 가정해보자. 처음에는 팀의 업무 진행에 약간 차질이 생기고 새로 들어온 구성원과의 성격 차이 때문에 얼마간 충돌도 빚어질 것이라고 예상할 수 있다. 하지만 스포츠 계에서 진행되는 선수 트레이딩처럼, 사람들을 다른 그룹으로 이동시키면 새로운 환경에서 다시 시작하면서 재능이 꽃피는 경우도 있다. 따라서 자신의 능력을 제대로 발휘하지 못하는 사람이 있을 때, 그의 기본적인 태도와 노력하는 정도, 업무 생산성 등이 그래도 믿을 만한 수준이라면 새로운 상황에서 다시 시도해보도록 해주는 것이 합리적이다.

　프로젝트 대부분에 대한 책임을 지거나, 요구가 많고 남에게 적대적인 상사를 참아낼 수 있는 전문적인 팀을 구성해야 하는, 힘겨운 과제를 떠맡은 사람들이 있다. 이런 사람들은 대부분의 경우 성공을 거두지 못하는데, 그 이유는 그들이 맡은 일을 처리하기 위해서는 이렇게 독특한 분위기가 조성되어야 하기 때문이다. 리더로서 우리가 맡은 역할이 대개 다 그렇듯이 성격이 까다로운 사람들을 관리하는 것은 미묘한 균형의 문제다.

팀을 통합하기 위한
조치를 취하자

팀 구성원들이 다 모난 데 없이 괜찮은 경우에도 올바른 방식으로 팀을 통합하고 사람들을 관리하는 작업이 필요하다. 진정한 팀워크, 다시 말해 팀원들끼리의 실제적이고 효과적인 협업과 의사소통은 매우 보기 힘들지만, 획기적인 변화 계획에 착수할 때 이런 팀워크를 발휘할 수 있다면 상당한 우위를 차지하게 된다. 여러분이 세우는 계획이나 원하는 대로 쓸 수 있는 금전적인 자원보다 함께 일하는 직원과 그들을 이끄는 방식이 진정한 차이를 낳는다.

리더로서 그리고 팀원으로서의 행동 방식이 모두 중요한데 이를 너무 쉽게 간과해버린다. 하지만 팀이 간과하는 것은 아니다. 대부분의 사람들은 자기가 단체 활동을 잘한다고 말하지만, 그것은 대개 '난 팀플레이를 좋아해요. 사람들이 내 제안을 모두 따라주기만 한다면 말이죠'라는 의미다. 인정하기는 싫지만 나도 예전에 일을 대부분 혼자 처리할 때나 경영진의 입장에서 팀을 이끌 때 그런 생각을 종종 했다. 그러나 팀 하나를 이끄는 단독 관리자에서 그보다 규모가 큰 사업부를 담당하는 자리로 옮기는 것은 사업부를 관리하면서 경영 팀의 일원이 되는 엄청난 변화에 비하면 사소한 일이다. 동료들과 함께 경영 팀에서 일하는 경우, 이런 새로운 수준은 지금까지와 완전히 다른 유형의 도전을 의미하기도 하며 새로운 기술과 능력이 필요하다.

다행스럽게도 우리 팀에 도움이 필요하다는 사실을 인정하자, 상사가 팀 전체와 협력할 리더십 코치를 주선해주었다. 나는 자신에게 그런 도움이 얼마나 절실했는지를 곧 깨달았다. 변화는 쉬운 일이 아니며 중요한 계획의 모든 요소들을 일일이 통제하고자 하는 욕구를 떨쳐버리는 것도 물론 쉽지 않다. 테리 피어스 같은 경영 코치들은 이런 약점에 정면으로 맞서라고 독려했고 나는 문제를 개선하기 위해 많은 노력을 기울였다. 이런 경험을 통해서 주변에 많은 인재를 두기 위해 끊임없이 노력하는 것과, 그 과정에서 나 자신과 다른 이들의 능력을 향상시키는 일의 중요성을 이해하게 되었다.

팀원들에게 주기적으로 다음 질문에 대해 답해달라고 부탁하는 것도 본인의 능력을 측정하는 한 가지 방법이 될 수 있다.

1. 내가 하는 업무 가운데 특히 성과가 좋아서, 지금보다 더 많이 하면서 다른 일의 기반으로 삼아야 하는 것은 무엇인가?
2. 내가 제대로 못해서 팀에 피해를 주기 때문에 많은 주의와 노력을 기울여 고쳐야 하는 부분은 무엇인가?
3. 어떻게 하면 일을 더 잘할 수 있을까? 어떤 조치를 취해야 나 자신과 우리 팀의 성과를 개선하는 데 도움이 될까?
4. 내가 시간을 쏟는 일 가운데 더 많이 해야 하는 것은 무엇인가?
5. 내가 시간과 노력을 쏟는 일 가운데 할애하는 시간을 줄이거나, 남에게 위임하거나, 완전히 중단해야 하는 일은 무엇인가?
6. 나 자신과 팀의 성과를 개선하기 위해 또 어떤 일을 할 수 있을까?

팀원들에게 답변은 철저하게 익명이 보장될 것이고 건설적으로 활용되리라는 것을 알려야 한다. 직원들이 그런 사실을 인지하고 있으면 놀라운 답변이 나올 수도 있다. 팀원들과 함께 피드백을 검토하고 그들의 제안에 따라 어떤 일을 할 계획인지 알리는 자리를 마련해야 한다. 이렇게 사람들에게 도움을 요청한 경우에는 그에 대응하는 과정에서 나타나는 여러분의 겸손하고 솔직한 태도와 마무리 작업에 따라 신뢰도가 좌우된다.

팀원들이 답변한 내용을 제대로 파악하기 힘든 경우에는 이런 피드백 회의를 준비할 때 특히 신중해야 한다. 팀원들은 여러분이 자신의 피드백을 어떻게 처리하는지 보려고 기다릴 것이다. 피드백 내용이 어려우면 어려울수록 상황을 개선하고자 하는 진정한 열의와 팀원들의 솔직함에 대해 감사하는 마음을 표시하는 것이 더욱 중요하다. 대화를 시작하는 방법, 자신의 생각을 드러내는 태도, 여러분이나 팀원들이 내놓은 후속 질문을 표현하는 방식, 심지어 여러분의 처신에 이르기까지 사소한 부분 하나하나가 많은 것을 시사한다. 리더십 코치나 다른 외부 자원을 이용할 수 있다면 사전에 이 회의에 대해서 자세히 이야기를 나누어보자. 이런 후속 회의는 자신을 향상시키고, 솔직한 태도의 가치를 인정하며 모범을 보이고, 신뢰를 쌓을 수 있는 기회라는 것을 알아야 한다. 이 대화를 품위 있게 진행하는 것이 여러분과 팀 전체에 중요하다.

자신을 지속적으로 개선하는 것이 여러분의 목표 중 하나라면, 비즈니스 경영과 리더십에 관한 최신 정보를 꾸준히 파악하고 오래도록 그 가치를 인정받는 책을 읽어보자. 현재 리더이거나 장차 리더가 되고자 염원하는 이들을 위해, 페트릭 렌시오니가 쓴 베스트셀러 『탁월한 조직이 빠지기 쉬운 5가지 함정』을 추천한다. 렌시오니는 팀을 망가뜨릴 수도 있는 심각한 함정에 대해 설명하면서 그것이 서로 미치는 영향을 폭포에 비유한다. 첫 번째 함정인 신뢰의 부재가 두 번째 함정인 충돌에 대한 두려움을 부채질하고, 충돌에 대한 두려움은 헌신 부족에 기름을 끼얹는다. 결국 이 흐름은 책임 회피로 이어지고 최종적으로 결과에도 태만하게 되면서 여러분의 팀과 팀이 맡은 임무는 난장판이 되어버린다.

이런 식의 연쇄적인 진행은 나도 여러 번 경험했고 내가 수년간 가르쳤던 수백 명의 경영진들도 마찬가지였다. 이런 기능 장애가 발생한다고 해서 그것이 반드시 여러분이 사람을 잘못 뽑았다거나 일을 진행하는 과정에서 뭔가를 망쳤음을 나타내는 경고 신호인 것은 아니다. 어쩌면 이는 절대적으로 필요한 기본 요소인 신뢰를 배워가는 과정의 자연스러운 일부일지도 모른다.

신뢰 구축

신뢰의 부재는 수많은 팀에 생기는 기능 장애의 근본적인 원인이므로 팀을 처음 구성할 때부터 신뢰를 쌓기 위한 작업을 시작해야 한다. 사실 이것은 고기능 팀을 만들기 시작하는 방법이기도 하다.

내가 처음으로 사외에서 열린 임원 모임에 참가했을 때, 참가자들은 모두 자기소개를 하고 본인의 인생 경험과 열정, 희망, 꿈 등에 대해 이야기해달라는 요청을 받았다. 난 속으로 '이런 터무니없는 일에 시간을 낭비하다니 말도 안 돼. 회사가 지속적으로 성공을 거두려면 어느 부분에 공을 들여야 하는지에 대해서나 논의하자고!'라고 생각했다. 이런 조급한 기분을 느끼는 것이 특이한 일이라고는 생각하지 않았다. 열성적인 임원들은 대부분 이런 일을 엄청난 시간 낭비로 여길 것이라고 생각했다. 하지만 내 생각이 틀렸다. 알고 보니 내가 다른 사람들에 대해 추측한 내용은 대부분 정확하지 않았고 심지어 180도 다르게 판단한 부분도 있었다.

사람들을 모아놓고 자신에 대한 이야기를 털어놓도록 독려하는 것은 실제로 잘만 하면 신뢰를 구축하는 데 큰 도움이 된다. 리더의 역할은 전적으로 사람들이 서로 이해하고 다른 사람들의 동기와 성격을 이해할 수 있게 해주는 데 달려 있다. 팀원들은 이야기를 하면서 자신을 드러낸다. 자신의 출신 배경을 설명하고 지금의 모습이 되기까지 쌓은 경험을 대개 이야기한다. 이 과정에서 신뢰와 협업 정신이 자랄 수 있다. 반면 어떤 사람들은 이렇게 자신의 경험담을 나누는 시간에 허풍스러운 이야기를 늘어놔서 다른 이의 화를 돋우기도 한다.

이때 나누는 이야기가 사람들 사이에 벽을 쌓는 것이 아니라 서로의 화합을 도모하는 방향으로 진행되도록 상황을 조성하고 이끌어가는 것이 중요하다. 모든 임원이 이런 토론을 이끌 수 있는 능력을 갖춘 것은 아니므로 돈을 들여서라도 노련한 진행자를 투입하는 편이 가치 있는 투자가 될 것이다.

팀원들은 서로에 대해 잘 알고 있어야 한다. 회사 밖에서 함께 시간을 보내다 보면 다른 사람들의 기술과 관점이 어떤 경험을 통해 형성되었는지 알게 되고 그들의 개인적인 가치관도 이해할 수 있다. 때로는 사외 모임이 그저 사무실에서 잠시 벗어나 한숨 돌리기 위한 시간 정도로 느껴질 수도 있다. 하지만 시간을 들여서 팀워크를 쌓고 팀의 활력을 높이며 특정한 계획이 팀원들의 시간과 노력을 들일 만한 가치가 있는 이유에 대해 배우는 것은 결코 쓸데없는 일이 아니다. 우리가 서로의 동기를 이해하고 각자가 하는 일의 이유를 깨달을 때 비로소 변화를 추진하는 데 필요한 신뢰가 생긴다. 이런 이해가 없으면, 타인이 하는 말과 행동의 동기를 오해하는 경우가 자주 생겨서 결국 변화에 저항하게 된다. 함께 시간을 보내면 서로 이해와 친목이 쌓인다. 렌시오니의 책은 팀워크를 구축할 수 있는 방법을 몇 가지 제시하고 있다. 시중에 나와 있는 다른 책들을 통해서도 그 방법을 배울 수 있다. 팀워크를 구축하기 위한 노력은 중요한 투자이며 이 과정을 통해 신뢰가 쌓여간다.

갈등 직시

먼저 신뢰가 확실하게 자리 잡지 않은 상황에서 갈등을 직시한다는 것은 쉽지 않은 일이다. 신뢰는 안전하다는 느낌이나 두려움을 느끼지 않는 것과는 다른 그 이상의 감정이다. 신뢰는 타인의 성격과 능력, 강점, 동기, 정직성을 확실히 믿을 수 있게 해준다. 여러분 자신과 팀, 그리고 각 팀원들 사이에 신뢰가 형성되어 있지 않으면 팀원들이 소통하는 과정에서 충돌이 빚어질지도 모른다는 두려움이 두드러지게 드러난다. 신뢰와 두려움은 특히 밀접한 관계가 있고, 두려움 때문에 중요한 대화가 방해를 받을 수도 있다.

진짜 문젯거리를 해결하기 위해서 진지하게 논의하려면 팀원들이 기꺼이 서로의 모습을 직시하면서 갈등을 해결해야 한다. 여러분이 할 일은 직원들이 개인적인 보복이나 처벌을 두려워하지 않고 안전하게 갈등을 해결할 수 있다고 느낄 수 있는 환경을 조성하는 것이다. 신뢰가 자라나고, 타인의 동기와 성격, 의도를 편안하게 받아들이려면 사람들이 함께 지내면서 서로의 경험을 공유할 수 있는 시간이 필요하다. 그런 안전한 환경을 조성하지 못한다면 팀원들 모두 갈등을 피하기 위해 노력해야만 하고, 발생할 수 있는 문제를 철저히 검토하기보다는 평지풍파를 일으키지 않는 데 더 많은 관심을 쏟게 된다.

대화하기에 안전한 환경을 조성할 수 있는 유일무이한 방법 같은 것은 없다. 각 기업마다 문화가 서로 다르기 때문이다. 어떤 기업에는 활기가 넘치다 못해 거의 호전적으로까지 느껴지는 토론 문화가 형성되어 있기도 하고, 다른 기업에서는 정중한 태도를 높이 평가할 수도 있다. 물론 그 외에도 생각할 수 있는 문화적 차이는 매우 다양하다. 예컨대 미국 기업과 중국 기업의 경우에는 두려움과 갈등의 문제, 그리고 거기에 대처하는 방법이 근본적으로 다르다. 여러분 앞에 가로놓인 모든 문제마다 상황에 맞는 해결책을 찾아내야 한다. 일단 신뢰와 건설적인 갈등의 토대가 구축되면 저항이 줄어들고 변화 과정이 좀 더 원활하게 진행된다.

리더십 팀이 집중해야 하는 부분

팀 통합이 하룻밤 새에 이루어지는 것은 불가능하다. 한 번의 회의나 한 차례의 팀워크 강화 활동을 통해 팀원들이 서로에 대해서나 변화 계획에 대해 영원한 헌신을 맹세하게 할 수는 없다는 이야기다. 그러나 이런 과정을 시작하면서, 논쟁과 토론이 개인적인 공격이 아니라 문제를 해결하고 개선하기 위해 꼭 필요한 부분이라는 것을 이해시킬 수는 있다. 그리고 그 과정에서 변화의 장기적인 성공을 보장하기 위해 우리의 모든 노력을 모아 헌신과 책임, 결과에 집중하게 된다.

이는 대다수의 리더들이 품은 생각의 전면에 자리 잡고 있는 주제들이다. 데비 홉킨스가 시티에서 직면한 과제들 중에는 세계 최대 규모의 은행 가운데 하나인 시티가 세계 각지의 다른 은행들이나 규모가 작고 민첩한 경쟁자들보다 한발 앞서서 혁신을 이룰 방법을 찾아내는 것도 있었다. 홉킨스의 말처럼 10년 전의 상황과 지금을 비교해보면, 기술 발전, 규제 변화, 세계화로 인한 분열의 영향 때문에 과거보다 훨씬 복잡해진 지형을 가로질러야 하는 상황이 되었다.

우리의 대화를 통해 사람들이 개인적으로나 팀의 일원으로 일하는 방식에 대한 이해가 깊어졌다. 우리는 같은 과녁을 겨냥하고 있다. 다만 사용하는 도구가 약간 다를 뿐이다.

업무 스타일 이해

홉킨스는 자신의 리더십 팀에게 팀의 결속력을 높이고, 그들이 더 효과적으로 작업할 수 있도록 조치를 취하고 싶으며, 각 구성원이 개별적으로 일하는 방식에 대해서도 생각해보고 싶다고 말했다. 홉킨스는 "고전적인 마이어스-브릭스 평가를 이용하는 방법도 있지만, 너무 시대에 뒤떨어진 도구 같아서 미심쩍은 생각이 들었다"고 말했다. 홉킨스는 회사의 채용 담당자들이 이제 막 사용하기 시작했고 그 결과 매우 유용하다는 것을 알게 된 비교적 새로운 시스템에 대한 정보를 입수했다. "'영향력 스타일'이라는 시스템인데, 이걸 가지고 여러 부분에 영향력을 발휘하는 모습을 보는 것입니다. 아주 짧은 시간 안에 마칠 수 있는 엄청나게 인상적인 방법이에요. 실제로 인터넷에 접속해서 10~12분 만에 끝낼 수 있으니까요."

홉킨스의 설명에 따르면, 이 새로운 도구는 사람들이 선호하는 운영 방식을 되풀이해서 확인시켜주기 때문에 팀 전체가 이 효과적인 활동에 참여하게 되었다고 한다. 팀에 소속된 모든 유형의 사람들에 대해서 더 이해할 수 있음에 따라 성공으로 향하는 도중에 겪는 극복하기 힘든 역경을 이겨낼 수 있게 된다. 이런 노력 하나하나가 미래로 가는 길을 성공적으로 찾아낼 수 있는 가능성을 높여주는 것이다.

팀의 역학 구조 이해

물론 팀을 통합하고 개선할 방법을 찾는 사람은 홉킨스 혼자만이 아니다. 팀의 역학 관계가 중요한 영향을 미칠 수 있다. 팀의 역학 관계를 중점적으로 다루는 시스템과 기관의 수가 얼마나 많은지만 봐도 그런 역학 관계를 제대로 이해하는 것이 결코 쉬운 일이 아니라는 것을 알 수 있다. 팀원들은 그냥 함께 일하기만 해도 관계가 호전된다는 생각이 반드시 옳다고는 할 수 없다. 혼자 실천한다고 해서 목표 지점에 도달할 수 있는 것도 아니다. 적합한 기술을 적절한 수준으로 실행해야 한다. 잘못된 역학 관계 속에서 잘못된 기술을 실행할 경우 난관에 부딪힐 수도 있다.

팀 리더들은 팀원들의 역학 관계를 측정하고 가늠해서 현명하게 자기 팀의 지속적인 개선을 추진한다. 태도를 바꾸는 것은 어려운 일이며, 행동에 옮길 수 있는 강력한 피드백이 없는 경우에는 사실상 불가능에 가깝다.

리더들이 업무 성과와 결과물에 가장 큰 영향을 미치는 대인관계의 역학에 집중할 수 있게 도와주는 다양한 시스템이 존재한다. 팀원들이 팀 리더에 대해 피드백을 하고, 신중하게 정의된 고기능 팀의 속성을 기준 삼아 자기 팀을 평가하는 경우가 종종 있다. 그런 평가 결과는 리더와 팀원들이 개선해야 할 부분을 파악하고 개선하는 데 도움이 된다. 나는 최근에 팀의 협력, 참여, 사기, 신뢰 수준을 측정하고 팀원들이 약한 부분에 노력을 집중할 수 있게 해주는 팀 인사이트 TM라는 툴을 사용했다.

■ ■ ■

리더십 팀을 모으고, 구성하고, 강화할 때는 항상 무슨 일을 하려고 팀을 소집했는지를 명확하게 밝혀야 한다. 이들이 맡지 않은 임무가 하나 있다면 그것은 바로 최종적인 결정을 내리는 것이다. 이 팀은 변화를 완벽하게 수행하기 위해 존재하는 것이지만 아무리 유능한 최고의 팀이라도 중요한 결정은 여러분이 직접 내려야 한다. 지금도 내 머릿속에는 멘토가 들려준 '발언권은 표결권과 다르다'라는 간단한 문장 하나가 메아리치고 있다. 발언권은 이의를 제기하고 의견을 제안할 수 있는 기회를 의미한다. 이것은 표결권이 아니며 리더십 팀은 다수결로 움직이는 민주주의 체계가 아니다.

바로 여기에서 헌신이라는 개념이 등장한다. 여러분은 자신이 내린 결정을 모두 지지하고 자신이 세운 모든 계획을 꾸준히 수행해야 한다. 헌신은 맨 윗자리를 차지하고 있는 여러분에게서 시작되어 팀 전체로 퍼져나가는 것이다.

최종적인 결정권은 여러분에게 있고, 팀원들도 그 사실을 분명히 알고 있어야 한다. 그러나 팀원들이 계획을 달성하는 데 많이 기여하면 할수록 그들의 개인적인 투자도 늘어나게 된다. 그리고 여기에서 책임감이 생겨난다. 팀이 변화를 위한 계획을 세우고 그것을 실행하기 위해 노력한다면, 모든 팀원들에게 그 일과 관련된 나름의 이해관계가 생긴다. 논의 과정에서 주인 의식을 키우면 논의에 따른 결정을 내릴 때 각자의 책임감이 커진다. 그리고 장기적으로는 모든 사람이 결과에 주목하게 된다.

이제 리더십 팀을 구성해 통합했으니 앞에서 기다리는 힘든 일을 시작할 준비가 된 것이다. 1단계에서는 변화에 대한 요구와 긴박감을 조성했고, 2단계에서는 리더십 팀을 구성하고 통합하는 일을 시작했다. 이제는 미래에 대한 매력적인 비전을 만들어내야 한다. 그것이 바로 3단계의 주제다.

리더십 팀 구성과 통합

1. 변화를 성공적으로 이끌기 위해 여러분에게 개인적으로 필요한 기술은 무엇인가? 그 기술을 갖추고 있는가? 자신에게 부족한 기술을 대체하기 위해 어떤 전략을 세워두었는가?

2. 리더십 팀의 구성원들이 어떤 기술과 경험, 배경을 갖고 있기를 바라는가?

3. 팀원들이 어떤 성격적 특성(예: 분석적, 활동적, 업무 감독)을 지녔기를 바라는가?

4a. 원래 존재하던 팀을 이어받은 경우

   i. 이전 책임자는 어떤 식으로 팀을 이끌면서 팀원들에게 동기를 부여했는가? 전임자의 스타일이 여러분과 어떻게 다른가?

   ii. 위의 2번과 3번 항목과 관련해 이 사람들의 상황은 어떠한가?

   iii. 그들의 약점을 어떻게 보완할 것인가? 신규 채용? 내부 인재 영입? 승진? 교육? 상담?

4b. 자기 팀원들을 직접 뽑을 수 있다면, 위 2번과 3번 항목의 속성들을 갖춘 후 목록을 작성해보자.

   i. 변화 계획에 대한 각자의 열의 수준을 보여주는 증거로 들 수 있는 것은 무엇인가? 각자가 책임져야 하는 변화의 각 측면을 이끌 수 있는 능력이 있다는 증거는?

   ii. 그들을 팀에 참여시키기 위해 어떤 가치를 제안하고 설명할 것인가?

   iii. 이제 인재를 선발할 수 있다. 선발 과정에서 잠재적인 팀원들이 말한 긍정적이거나 부정적인 답변에 주의 깊게 귀를 기울이자. 그들의 제안과 염려가 여러분의 생각을 세부적으로 조정하는 데 도움이 될 것이다.

ⅳ. 팀원 선발이 끝나면, 그들을 갈고 닦아야 한다. 먼저 변화의 필요성을 강조하면서 팀 역학 관계에 관심을 집중하자.

5. 팀의 목표와 비전은 무엇인가? 이들에게 어떤 업무를 맡기려고 팀을 구성했는가? (이것은 획기적인 변화 프로그램을 진행하는 동안 계속해서 다시 생각해봐야 하는 중요한 질문이다.) 1단계부터 시작해서 변화의 필요성에 대한 자신의 생각을 검토해보자.

6. 팀원들과 함께 사외에서 킥오프 회의를 개최해 팀의 임무, 팀에 거는 기대, 그리고 렌시오니가 말한 다섯 가지 기능 장애 등에 대해 자세히 논의하자. 사람들이 모든 기능 장애와 그것을 완화하는 방법을 숙지하도록 해야 한다. 서로에 대해 파악하고, 기대치를 정하고, 신뢰를 쌓는 데 중점을 두자. 토론을 진행하는 동안 팀워크와 신뢰를 구축할 수 있는 전략을 개발하게 될 것이다.

7. 팀원들이 팀에 기여하는 가치를 높이고 여러분이 주창하는 변화를 뒷받침하도록 하기 위해 어떤 교육이나 기회를 제공할 수 있는가?

8. 본인의 성과에 대한 팀원들의 생각과 관련된 데이터를 주기적으로 수집할 수 있는 방법을 찾아서 시간이 흐름에 따라 팀의 성과가 개선되도록 한다.

9. 여러분의 성과와 관련해 팀원들에게 익명으로 피드백을 받아서 본인을 향상시키는 자료로 이용한다. 팀원들과 함께 피드백 내용을 논의하면서 팀원들의 건설적인 비판에 효과적으로 귀 기울이고 조치를 취할 수 있도록 집중한다. 그리고 결코 쉬운 일이 아니라는 것을 알아두어야 한다.

명확하고 매력적인 미래 비전을 개발하고 전달하라

리더십 팀의 구성이 끝났으면, 이제 여러분과 팀원들은 주변 모든 사람들이 여러분의 비전을 이해하고 그 열정을 공유하도록 하기 위한 채비가 되어 있어야 한다. 이 시점에서 여러분은 이미 획기적인 변화의 필요성을 깨닫고 확신하고 있다. 그러나 다른 사람들을 납득시키는 것은 처음에 예상했던 것보다 훨씬 어렵고 시간도 많이 걸리는 작업이다. 변화를 주도하는 일을 흔히 탐험을 준비하고 이끄는 작업과 비교하는 경우가 많은데 이는 다 이유가 있어서다. 모든 사람이 힘을 합칠 수 있고 다 같은 목표를 바라보고 있다는 사실을 확신할 수 있어야 한다.

   그리고 여기서 '모든 사람'이란 리더십 팀만 말하는 것이 아니라 여러분 주위에 있는 사람 모두를 뜻하는 것이다. 이 단계는 대화 한두 번 나눈다고 해서 완수할 수 있는 것이 아니다. 신중하게 고안한 메시지를 이해관계가 있는 모든 그룹에 전달해야 하는데, 이 메시지에는 핵심적인 내용뿐만 아니라 독자적인 대상 각각에 맞추어 조정된 추가적인 내용도 들어 있어야 한다. 기술 팀에 메시지를 전할 때는 사업부에 전달할 때와 다른 부분을 강조해야 하고, 이는 일선 영업, 마케팅, 인사, 기타 모든 이해관계자 그룹의 경우에도 마찬가지다. 어쩌면 어느 날 오전에는 한 무리의 사람들에게 여러분의 미래 비전이 어떻게 수익을 증가시킬 수 있는지 설명하고, 그날 오후에는 다른 사람들을 대상으로 제시된 변화가 운영 효율에 박차를 가하거나 고객 서비스를 개선하는 방식을 설명할 수도 있다.

여러분이 자신의 비전을 설명할 때마다 다른 이들에게 중요한 메시지를 전달하게 되는데 이는 여러분에게도 도움이 되는 과정이다. 다양한 부류의 사람들을 대상으로 비전의 다양한 부분을 강조하는 동안 자신이 제안하는 변화에 대해 더 정확하고 전체적인 그림을 그릴 수 있기 때문이다. 여러분이 전달한 모든 메시지는 더 훌륭하고 성공적인 미래를 위한 비전의 일부가 된다.

이런 개념은 변화에 대한 요구를 확립한다는 1단계의 개념과 매우 비슷해 보일지도 모르는데, 몇 가지 면에서는 실제로 그렇다. 두 단계 모두 근본적으로는 현재의 상태에 대한 불만을 조성하거나 드러내기 위한 것이다. 하지만 이전 단계에서는 그냥 현재의 상황을 용납할 수 없고 오늘날 우리가 일을 처리하는 방식이 더 이상 효과를 발휘하지 못하므로 미래로 나아가는 과정에서 뭔가 지금까지와는 다른 일을 해야 한다는 사실을 다른 사람들에게 납득시키려는 시도만 했다.

3단계에서는 그 '뭔가 다른 일'에 대한 매우 구체적인 아이디어를 구상해서 제시한다. 대개의 경우 이는 현재와 매우 다른 모습일 미래를 비교한다는 뜻이다. 여기서 관건은 현재의 상태에 만족하고 있는 사람들을 고무시켜서 그런 미래를 향해 나아가고 싶다는 생각에 흥분하고 몰두하게 하며, 새로운 곳으로 향하는 이 탐험에 간절히 참여하고 싶어지게 하는 것이다.

이 시점에 이르기까지 조직 내에서 급박한 변화의 필요성에 대한 여러분의 프레젠테이션에 귀 기울인 사람은 불과 몇 명밖에 안 된다. 바로 여러분의 변화 계획을 승인할 수 있는 권한을 가진 이들과 미래에 대한 비전 구상에 도움을 받기 위해 여러분이 모집한 사람들이다. 사실 회사 안을 돌아다니면서 모든 경영진과 직원들을 일일이 만나, 앞날에 대한 전망이 매우 어둡고 끔찍한 위협이 곧 닥쳐올 예정이라서 변화가 시급한 상황이기는 하지만, 변화를 실행하는 방법은 고사하고 아직 어떤 식으로 변화해야 하는지 단서조차 찾지 못했다고 말할 수는 없는 노릇이다. 그랬다가는 엄청난 혼란이 야기될 것이다. 따라서 변화의 필요성에 대해서는 비교적 소수의 사람들하고만 이야기를 나누게 되는데, 그들 대부분은 여러분과 협력해 미래에 대한 획기적인 비전을 구상하고 그곳에 도달하기 위한 계획을 짜는 업무를 맡게 된다.

미지의 세상으로
향하자

때로는 획기적인 변화가 기존 조직의 문제점을 고치거나 새롭게 적응시키는 것이 아니라 완전히 새롭고 신선한 뭔가를 만들어내는 것을 의미할 수도 있다. 그러려면 완전한 무에서 미래를 창조하려는 자세가 되어 있어야 한다. 1999년에 항공사 제트블루가 그랬던 것처럼 말이다. 마이크 바거와 데이비드 바거는 제트블루를 창업한 팀의 일원이었다. 마이크는 전에 제트블루의 운항 책임자로 일했고 동생인 데이비드는 현재 이 회사 CEO직을 맡고 있다.

이 저가 항공사는 미래에 대한 매우 생생한 상상력을 바탕으로 탄생했으며, 특히 이 회사가 출범하던 당시 다른 항공사들이 제공하던 서비스에 대한 불만이 그 상상력을 더욱 부채질했다. 당시 대부분의 항공사들은 고객들이 어떤 경험을 하든지 별로 관심이 없었고 직원들의 사기를 진작하는 데도 신경을 거의 쓰지 않았다. 대부분 다른 항공사 임원들로 구성된 제트블루 설립자들은 '오늘날의 항공사들은 뭐가 문제인가?'라는 한 가지 중요한 질문을 통해 생각을 모았다. 나중에 밝혀진 바에 따르면 문제가 하나둘이 아니었다.

현재의 항공사 운영에서 마음에 들지 않는 부분들을 명확하게 펼쳐놓자, 제트블루 리더들은 자신들의 목표를 좀 더 정확하게 파악할 수 있다는 사실을 깨달았다. 초기에는 주요 관계자들이 뉴욕에 모여서 다음과 같은 세 가지 질문에 집중했다.

1. 사람들이 정말 좋아할 만한 항공사를 만들 수 있을까?
2. 사람들이 일하고 싶어 하는 회사를 만들 수 있을까?
3. 이런 고비용 시장에서 저가 항공사를 설립할 수 있을까?

첫날에는 브레인스토밍을 하면서 커다란 종이에 항공 산업과 관련해 마음에 들지 않는 점들을 전부 적었다. 여기에는 고객과 관련된 문제, 직원 대우와 전반적인 운영, 그리고 그 밖에 부족하다고 생각되는 부분이 모두 포함되었다. 그날 밤의 숙제는 그런 문제들을 살펴보면서 해결책을 찾는 것이었다.

리더들은 곧 '근본적인 상식 적용'이라는 방법을 이용하면 거의 모든 문제를 해결할 수 있다는 것을 알아냈다. 몇몇 사람들은 고객들이 게이트에서 기다리고 있는데 출발 시간이 지나도록 탑승도 안 시켜주고 왜 그런지 이유를 알려주는 사람도 없으면 얼마나 짜증이 나는지에 대해 이야기했다. 제트블루 설립자들은 비행기 출발 시간이 늦어질 경우 무슨 일 때문에 그렇게 되었는지를 승객들에게 솔직하게 이야기하는 것을 회사 정책으로 삼기로 했다. 지금은 그것이 매우 당연한 해결책처럼 보이지만 당시 항공 업계에서는 일반적인 관행이 아니었다.

이 팀은 본인들이 작성한 목록을 살펴보는 과정에서 '근본적인 상식' 선의 해결책을 안전, 배려, 진실성, 재미, 열정 같은 여러 개의 아이디어로 나누었다. 이 단어들은 기존 비행기 여행의 음울한 풍경에 대응하는 방법을 나타내는 동시에 새로운 회사의 이념적 틀과 기업 가치관을 형성했다. 제트블루 팀은 이런 시간을 보내면서 기존 항공 산업의 결함이 매우 뿌리 깊다는 사실을 깨달았고 거기서 더 나아가 이런 문제들이 해결된 미래의 항공 산업의 모습을 생생하게 그릴 수 있게 되었다.

이 사례에서 리더십 팀은 기존 회사를 변화시켜야 하는 난제에 부딪힌 것이 아니라 완전히 새로운 뭔가를 시작했다. 이윽고 그들이 제안하고 추구한 극적인 변화가 항공 산업 전체에 영향을 미쳤다. 제트블루의 미래를 만드는 일은 처음부터 공동 작업으로 시작되었다. 새로운 항공사가 맞닥뜨리게 될 모든 저항이나 반발은 기분이 상한 직원이나 예전에 불만을 느낀 고객이 아니라 주로 시장에서 나왔다. 제트블루 리더십 팀은 어떤 엄청난 일의 일부가 되고 싶다는 참된 열망 때문에 서로 힘을 모았던 것이다. 이들은 이미 적극적인 변화의 동인이 되려고 결심한 상태였기 때문에 현 상태를 전복시키라고 설득할 필요도 없었다.

현 상태에서 벗어나
미래를 창조하라

자신이 속한 업계에 대해 재고하고 매력적인 미래의 비전을 만들어내기 위해 반드시 창업 팀에 소속될 필요는 없다. 제트블루가 이용한 브레인스토밍 기술은 현실을 고려하지 않고 이상적인 아이디어를 내놓는 '창공 사고 blue-sky thinking'라고 하는 방법인데, 사실상 어느 비즈니스 상황에서나 훌륭하게 사용할 수 있다. 이해 당사자들이 벌써 현 상태를 유지하는 쪽에 많은 투자를 한 상태라면 저항에 부딪히겠지만, 결국 어떤 상황에서든 변화의 의식 구조를 저지하는 것은 불가능해진다.

새로운 사업을 시작하건 아니면 기존 조직에 변화를 일으키건 간에, 사람들에게 미래에 대한 명확한, 그리고 더없이 매력적인 비전을 제시해서 조직이 어떤 방향을 향하고 있고 그들은 새로운 미래에 어떤 역할을 맡게 될지 알려주어야 한다.

획기적인 변화의 초기 단계에서는 추진력이 중요하다. 그런 추진력을 쌓기 시작하려면 먼저 여러분의 비전을 회사 내의 모든 사람들에게 전달하는 일부터 시작해야 한다. 미래의 비전, 즉 여러분이 추진 중인 획기적인 변화에 대한 여러분의 헌신이 진짜라는 것을 사람들에게 보여주고 모두가 같은 생각을 가질 수 있도록 가능한 모든 일을 다 해야 한다. 그러나 여러분이 아무리 기운이 넘친다고 하더라도 그 일을 혼자 힘으로 해내는 것은 불가능하다. 먼저 리더십 팀 전체가 적극적으로 참여하도록 해서 그들도 새로운 미래를 창조하는 데 적극적으로 나서게 해야 한다.

명확한 비전 수립

1단계에서 이야기한 것처럼 슈왑이 인터넷 고객을 위해 가격 체계를 바꾸었을 때는 회사 내의 모든 사람들이 변화의 필요성을 명확하고 즉각적으로 느끼지 못했다. 우리에게는 사람들이 변화를 받아들이도록 설득할 수 있는 '불타는 갑판burning platform'이 없었다. 당시 우리 회사는 엄청난 수익을 올리고 있었는데, 제안된 변화를 수용하면 적어도 단기적으로는 상당한 금전적 손해를 감수해야만 했다.

그렇다면 사실 나중으로 미룰 수도 있는 이런 변화가 시급하다는 생각을 심어주고 직원들을 결속시키려면 어떻게 해야 할까? 당시 미래를 예상해본 결과 가격 체계를 바꾸지 않으면 시장에서의 선두 자리를 곧 빼앗길 것임을 알고 있었다. 그러나 그 수치만으로는 사람들을 설득하거나 흥분시키기에 역부족이었다. 미래에 대한 서로 다른 두 가지 비전을 만들어내려면 그 외에도 뭔가가 더 필요했다. 슈왑의 위치가 일부 직원들이 생각하는 것만큼 안정적이지 않다는 것을 납득시키기 위해, 당시 우리 회사가 사용하던 단계별 인터넷 가격 체계에 대한 불만을 편지에 자세히 적어 보낸 고객 네 명에게 연락을 취했다. 그들에게 우리 리더십 팀과 만나달라고 부탁한 뒤 그들이 느끼는 불만에 대해서 같이 이야기했다.

회사에 높은 수익을 가져다주는 이 고객들이 직원들 앞에 앉아서 회사가 자기들에게 피해를 입힌다고 생각되며 그 과정에서 회사에 대한 신뢰가 깎이고 있다고 자세히 설명하자, 이 문제를 무시하기가 힘들어졌다. 우리 회사와 장기간 거래해온 이 우량 고객들은 회사가 자신들의 요구를 충족시키지 못하는 것은 물론이고 고객과의 계약까지 위반하고 있다고 여겼다. 만약 우리가 가격 체계를 조정할 수 없다면 이들은 다른 회사와 거래할 준비가 되어 있었다. 이 정보를 팀에 직접 전달하는 것이 변화에 대한 절실한 필요성을 느끼게 하는 데 있어서 중요한 부분이었다. 우리 고객들의 생생한 증언은 이런 유쾌하지 못한 미래가 이미 뿌리를 내리기 시작했다는 것을 리더십 팀에게 증명했다. 바로 눈앞에서 열정적으로 전달된 그들의 이야기는 스프레드시트에 깔끔하게 정리된 숫자들보다도 훨씬 설득력이 있었다.

우리는 신속하고 단호하게 행동해야만 이런 고객의 불만을 해소하고, 예전에 늘 그랬던 것처럼 빠르게 대응하며, 고객을 최우선으로 여기는 회사의 모습을 회복할 수 있다는 것을 깨닫기 시작했다. 이런 변화로 인해 매출이나 수익이 일시적으로 폭락하더라도(이 경우 슈왑의 수익률이 약 25퍼센트 정도 감소하게 된다) 거래량과 계좌 수 부문에서 차지하고 있는 선도적인 시장 점유율은 사실상 급등하게 될 것이다.

인터넷 거래 중개 환경이 빠르게 성장하면서 하루하루 경쟁이 심화되고 있는 상황이기 때문에 이에 대한 조치가 필요하다는 것을 알고 있었다. 우리가 예측한 대로 변화를 단행하자마자 주가가 떨어지기 시작해 며칠 만에 거의 50퍼센트나 급락했다. 우리는 이런 상황이 발생할 것을 미리 예상하고 있었고 향후 몇 년간 이어질 저조한 주가 수익률을 헤쳐나가기 위한 대책도 마련되어 있었다. 이사회와 애널리스트, 투자자들에게 변화의 이런 측면에 대해 솔직하게 털어놓았고 위험성을 대충 얼버무리지도 않았다. 변화가 한동안 우리의 수익을 심각하게 감소시킬 거라는 사실을 다들 알고 있었다.

우리가 예측했던 대로 고객의 이탈이 멈추었다. 고객들은 갈수록 우리 회사와 자주 거래하기 시작했다. 고객의 요구를 충족시키기 위해 신속하게 시스템을 조정한 덕분에 우리 회사는 타사와 차별화된 모습을 보이고, 고객을 우선시한다는 평판이 더욱 높아졌으며, 거래량이 대폭적으로 증가했다. 그리고 그런 상태가 되자 그에 따라 매출과 수익도 함께 증가했다. 새로운 잠재 고객들이 우리 회사의 새 가격 책정 방식에 관심을 보이기 시작했다. 우리는 가장 희망적인 관측에서 예상했던 것보다 빠른 속도로 회복했다. 주가도 변화를 단행하기 전 수준으로 회복되었다가 그해 말까지 다시 두 배나 뛰었다. 같은 해에 우리 회사의 주식 평가액이 메릴 린치를 넘어섰다. 시장 선두 자리를 자기 손으로 포기한 미친 회사가 단 12개월 만에 다가오는 재난을 멋지게 피해낸 천재적인 회사가 된 것이다.

건설적인 논쟁을 통한 리더십 팀의 역량 강화

사실을 직시하고 대안을 논의하는 것 자체가 우리 리더십 팀에게는 매우 건전한 팀 역량 강화 활동이었다. 처음에는 이런 변화의 필요성에 대해 모든 사람이 확신하지는 못했다. 하지만 고객 지표를 자세히 살펴보고 거래 동향을 조사하고 변화 진행 방식에 대한 재무적인 예상을 분석하는 동안, 변화의 필요성을 다들 받아들이고 각자 우리가 나아갈 방향에 대한 비전을 갖게 되었다. 그 비전이란 바로 '매우 경쟁력 있는 온라인 거래 가격 체계를 갖춘 찰스 슈왑'이었다.

우리가 변화의 필요성을 충분히 이해하고 변화에 대한 열의를 품게 되자 다음 단계의 리더들과 회사의 모든 부분을 운영하는 수백 명의 관리자들, 그리고 1만 1,500명의 직원 모두에게 가격 체계 변경의 필요성을 납득시킬 수 있었다. 이 변화가 시급하고 꼭 필요하며 회사의 사명과 연결되어 있고 결국 찰스 슈왑이 흥미로운 미래로 도약하도록 이끌어줄 것이라는 사실을 모든 사람, 즉 메시지를 전달하는 이들과 그 메시지를 듣는 이들이 명확하게 이해하고 있었다.

자신의 열정을
증명하라

여러분이 만들려는 것이 훌륭한 항공사건 아니면 새로운 가격 체계건 간에, 변화의 필요성을 열렬히 신봉하고 그 열정을 오랫동안 남들과 공유해야 한다. 인텔의 르네 제임스는 사명에 대한 믿음에 변혁적 변화의 성공이 달려 있다고 굳게 믿는다. "기술 분야에서는 미래를 창안해내야 합니다. 가능한 일들을 상상한 다음 그게 현실이 되려면 어떤 일들이 벌어져야 하는지를 생각해야 하죠."

제임스는 변화를 실행에 옮길 때 개인의 성격과 열정이 하는 역할을 설명한다. "사람들은 리더의 열정을 보고 비전의 현실성과 그 실현 가능성을 판단합니다. 여러분이 하는 말도 중요하고 일상적으로 하는 행동은 더욱더 중요합니다." 입으로는 늘 옳은 말만 하면서도 정작 자기가 믿는다고 주장하는 대로 행동하지 않는 리더를 따르려고 하는 사람은 아무도 없을 것이다. 사람들은 리더들의 개인적인 헌신과 위험을 감수하는 모습을 보고 싶어 한다. 리더들은 본인이 옹호하는 아이디어를 위해 공개적으로 평판이 손상될 위험을 기꺼이 감수해야 한다.

열정은 누가 가르쳐줄 수도 없는 것이므로 항상 가득 지니고 있어야 한다. 제임스의 설명처럼, 여러분은 항상 변하는 상태에서 일하게 되는데 그러려면 많은 에너지와 반복 작업이 필요하다. 그리고 대화는 언제나 전략적인 맥락에서 나누어야 한다. 일이 다 마무리될 때까지 계속 그렇게 해야 한다. 아무리 많은 장소에서 아무리 여러 번 그 이야기를 하더라도, '사람들이 전에는 추상적으로만 이해했던 것들을 구체적으로 깨달을 수 있게 꾸준히 도와주어야 한다'는 이야기다. 그리고 일단 사람들이 상황을 파악하고 깨달음을 얻으면 여러분의 뜻을 받아들이게 된다. 여러분이 하는 말을 알아듣고 '우린 해낼 수 있어요!'라고 말할 것이다.

이런 깨달음 덕분에 제임스는 일을 계속 해나갈 수 있었다. 하지만 '야구에 열광하는 도시'가 아닌 샌프란시스코에 새로운 경기장을 짓고 최고의 팀을 키우겠다는 계획을 세웠던 래리 베어의 경우에는 사람들에게 비전을 설명하는 것만으로는 충분하지 않았다. 리더십 팀은 끊임없이 비전에 대해 이야기하는 대신, 계획을 세우고 비전을 발전시키는 동안에는 실질적으로 말을 삼갔다. 그러다가 사람들의 지지를 얻자 자신들이 구상한 개념을 테스트하고 비전을 공유할 수 있는 실속 있는 방법을 찾아냈다.

베어는 이렇게 말했다. "우리가 지금까지 쓴 돈 가운데 가장 알찬 것은, 새로운 야구장 모형을 만드는 데 5만 달러를 쓴 것입니다. 우리는 이 모형을 통근자들이 많이 이용하는 기차역과 중심가에 있는 고층 건물, 사무실용 빌딩 로비에 설치해 오가는 사람들에게 보여주었습니다. 이를 통해 사람들이 우리의 비전을 신뢰하게 되었지요. 심지어 반응이 어떤지 보려고 실물 크기의 스카이 박스 모형을 제작하기도 했습니다. 결과적으로 사람들이 우리의 비전을 믿는다는 것이 확실해졌습니다."

그 말은 사실이었다. 베어와 리더십 팀은 적절한 시기에 모형을 전시하고 홍보했다. 팀이 새로운 형태를 갖추는 동안 이 모형은 긍정적인 관심을 이끌어냈고 변화를 현실로 만들어갔다. 2000년에 새 야구장이 개장되자 관중석은 만원사례를 이루었고, 곧 여러 불리한 상황 속에서도 기록을 세운 야구장이 되었다.

■ ■ ■

내가 이 책을 쓰기 위해 진행한 모든 인터뷰에서 반복적으로 등장한 주제가 두 가지 있다.

1. 미래에 대한 매력적인 비전을 전달해야 하는 필요성
2. 그 메시지를 여러 번 되풀이해서 전달해야 하는 필요성

리더들은 여러 그룹에게, 같은 그룹을 상대로 여러 번 메시지를 전달해야 하고, 다양한 상황에서 다양한 방식을 활용해야 한다. 변화를 이끄는 능력은 리더가 의사 전달자로서 지닌 성격과 기술에 달려 있다. 이런 분야에서 자신의 능력을 개발하려면 최대한 몰입해야 하며 깊이 몰입할수록 효과가 커진다. 이는 '차근차근 쌓아올리기'의 모든 단계에서 매우 중요하며 그 전부를 초월한다. 자신의 커뮤니케이션 기술을 개발하는 일이 목록 최상단에 위치해야 한다.

이번 단계에서는 조직에 전달해야 하는 내용에 대해서 이야기했다. 제2부 2장에서는 그런 커뮤니케이션을 하는 방법에 대해 좀 더 자세히 살펴볼 것이다. 이것은 이 분야에서 기술 개발의 시작점에 지나지 않는다.

어떻게 생각하면, 획기적인 변화의 기반이 되는 비전을 전달하는 일은 결코 끝나지 않는 작업이다. 끝없이 반복하면서 내용을 보강해야 하기 때문이다. 이 일을 잘하려면 열정과 참을성, 이해심이 필요하다. 일을 해나가는 동안 계속 자신의 커뮤니케이션 기술과 경청 기술을 개발하고 또 연마해야 한다. 적당한 수준의 호기심은 새로운 것에 마음을 열고 기회가 있을 때마다 계속 배우는 데 매우 유용하다. 호기심을 품고 있으면, 변화하는 과정에서 부딪히는 모든 반대나 저항이, 여러분이 반드시 해결해야 하는 문제를 드러내준다는 사실도 알게 된다. 문제를 일찍 파악하면 중요한 우위를 차지하게 된다. 문제를 발견했을 때 여러분이 해야 하는 일들이 4단계의 주제다.

명확하고 매력적인 미래 비전 개발과 전달

매력적인 미래 비전 개발

1. 완료된 1단계 실행 항목으로 돌아가서 내용을 다시 검토한다. 그 이후로 여러분의 생각이 어떻게 바뀌었는가? 자신의 관점을 어떻게 다듬었는가?

2. 새로운 리더십 팀과 힘을 모아 문제를 해결하거나 기회를 포착하기 위한 대체 전략을 브레인스토밍한다. 어떻게 사람들의 지지를 얻을 것인가?

3. 즉시 이 일에 참여시켜야 하는 핵심적인 이해 당사자(개인과 집단)들은 누구인가?

4. 핵심 이해 당사자들 가운데 이 변화를 지지하고 비전을 전달할 수 있도록 도와줄 가능성이 가장 높은 이들은 누구인가?

5. 1단계 실행 항목 중에 핵심 이해 당사자(고객, 직원, 리더, 주주, 협력업체)들의 시각을 검토하는 내용이 있었다. 이들의 시각을 반영하려면 비전을 어떻게 개인화해야 하는가?

6. 변화가 핵심 이해 당사자들에게 어떤 이익을 안겨주는가? 제안된 변화가 회사의 사명과 어떤 연관성이 있는가?

7. 1단계 11번 항목인 '이 변화를 추진하지 않을 경우 발생 가능한 영향(긍정적인 것과 부정적인 것 모두)으로는 어떤 것이 있는가?'에 대한 답변을 다시 살펴보자. 여러분의 팀도 그 생각에 동의하는가? 만약 동의하지 않는다면 그 이유는 무엇인가? 그렇다면 답변 가운데 어떤 부분이 바뀌어야 하는가?

매력적인 미래 비전 전달

이 실행 항목을 세부적으로 파고들기 전에 제2부 2장 내용과 〈개인 리너십 커뮤니케이션 체계를 위한 가이드〉를 읽고 자신이 전달할 메시지의 틀을 잡은 뒤, 메시지 내용에 생기를 불어넣어줄 개인적인 경험이나 이야기를 연결시킬 방법을 생각해보자.

1. 변화의 영향을 가장 많이 받게 될 사람이 누구인지 파악하고, 여러분을 비롯한 조직 리더들 가운데 조직 전체에 변화에 관한 메시지를 전달하기에 가장 적합한 인물은 누구인지 생각한다. 이 역할의 중요성을 과소평가해서는 안된다. 자신의 거의 모든 시간을 이 일에 투자해야 할 수도 있다. 일관성에 문제가 생길 우려가 있기는 하지만 그래도 한 명 이상의 리더가 메시지를 전달하는 것이 가장 좋다.

2. 변화를 기업의 사명·가치관과 연결시킨 메시지 초안을 작성한다. 리더십 팀 사람들을 대상으로 반응을 테스트하면서 정성껏 메시지를 작성하고 다듬어 나간다. 가능한 경우에는 외부 컨설턴트를 활용한다.

3. 메시지 중에서 모든 청중에게 일관되게 전달되어야 하는 핵심적인 부분은 어디인가? 상황에 맞게 조정할 수 있는 부분은 어디인가?

4. 새로운 비전에 따라 청중들의 역할이 어떻게 변하는가? 변화가 그들에게 영향을 미치는가? 사람들에게 개인적으로 다가가서, 그들의 업무·행동·보상이 어떻게 바뀌고 그들이 어떤 모습을 보이고 어떤 감정을 느끼게 될지 이해한다는 것을 알려준다.

5. 이용할 수 있는 모든 기존 커뮤니케이션 수단의 목록을 작성한다(CEO가 매주 발송하는 이메일, 내부 웹사이트 홈페이지, 공용 구역의 TV 등).

6. 내부·외부의 이해 당사자들에게 일의 결과나 진행 상황을 얼마나 자주 전달할 예정인가?

7. 모든 커뮤니케이션 내역, 빈도, 콘텐츠 소유주, 승인 여부 등을 세부적으로 정해놓은 전체적인 커뮤니케이션 계획을 세운다.

8. 사람들과 직접 만나서 커뮤니케이션할 수 있는 기회를 모두 파악한다. 그것을 토대로 먼저 관계자들이 직접 참석하는 회의를 계획하고 실행에 옮기기 시작한다. 질문을 주고받으면서 사람들이 걱정하는 바에 대해 최대한 많은 정보를 알아낸다.

9. 커뮤니케이션 프로그램을 시작할 수 있는 작은 장소를 찾는다. 소규모 그룹부터 시작해서 메시지를 테스트한다.

10. 사람들이 던질 가능성이 있는 질문 목록을 작성하고 그에 대한 답변을 준비한다.

11. 메시지 전달에 도움을 받기 위해 동원할 수 있는 이들이 또 누가 있을까? 고객? 예전 고객? 은퇴했지만 여전히 존경받는 예전 리더들? 일선 직원들? 기타 다른 사람들?

12. 획기적인 변화와 관련해 좀 더 세간의 이목을 끌 만한 킥오프 행사를 계획하고 실행에 옮긴다(조직 전체를 대상으로 방송을 하는 방법도 고려해보자).

13. 내부·외부의 이해 당사자들에게 획기적인 변화의 시작을 직접적인 방법으로 알리기 위해 순회 홍보가 필요한가? 어떤 청중들을 대상으로 누가 순회 홍보를 해야 하는가? 홍보할 내용과 시기 등을 정하자.

14. 사람들이 지속적으로 질문을 던지고 관심을 높일 수 있는 방법을 마련한다.

15. 사람들이 던지는 질문과 관심을 배움의 기회로 받아들인다. 가장 보편적으

로 등장하는 질문과 우려를 바탕으로 더 많은 청중들에게 전할 답변을 만들고 그것을 전달할 방법을 고안한다.

16. 개인적이고 직접적인 커뮤니케이션을 통해 토대를 마련한 뒤, 전자적인 커뮤니케이션 방식(이메일, 홈페이지 등)을 활용하기 시작한다.

17. 이런 노력을 기울이는 내내 계속 개인적으로 사람들과 접촉해야 한다. 직원들과 카페테리아에서 대화를 나누거나 각 사무실을 돌아다닌다.

18. 긍정적인 추진력을 얻고 일이 잘 진행되고 있다는 인식을 심어줄 기회가 생기면 무조건 거기에 집중한다.

19. 소그룹과 계속 만나서 그들이 우려하는 내용에 귀를 기울인다. 과장된 보고서에만 의존해서는 안 된다. 자기 눈과 귀로 직접 보고 들어야 한다.

20. 기본적인 메시지를 몇 번이고 되풀이해서 전달하기 위한 계획을 세운다. 직원들이 이 메시지를 반복해서 들어야만 한다. 여러분이 전하는 메시지는 기본적으로 변한 것이 없더라도 직원들이 받아들이는 방식이 발전할 수 있다.

알려진 장애물과
알려지지 않은 장애물에 대비하라

어느 프로젝트든 성공하기까지는 많은 잠재적 장애물이 따라오기 마련이다. 확실한 실행 계획을 세울 때는 이런 걸림돌과 마주치기 전에 미리 충분히 생각해야 한다.

'차근차근 쌓아올리기' 프로세스의 네 번째 단계는 각종 문제가 발생해 여러분의 노력이 수포로 돌아가기 전에 계획 과정에서부터 이런 문제들을 예상하고 미리 정면으로 맞서는 것이다. 이것도 기획 과정의 일부가 아닌가 하고 의아하게 여길지도 모르지만, 답은 긍정도 부정도 아니다. 그보다 좀 더 복잡한 문제다.

기획 과정에는 매우 열성적인 사람들이 모인 팀, 2단계에서 이야기한 내부 팀의 범위를 넘어서기 시작하는 팀이 필요하다. 또 대담하고 획기적인 변화를 위한 완벽한 설계안을 개발할 시간도 필요하다. 하지만 프로젝트 초기 단계에서 가장 명백하고 까다로운 장애물을 미리 고려하고 대처하지 않는다면 일을 시작하기도 전에 계획이 약화되거나 수포로 돌아갈 수도 있다.

가장 좋은 방법은 잠재적인 문제들을 원래 비전의 연장선상에서 생각하는 것이다. 획기적인 변화는 대개 우리가 동향을 관찰하고 어떤 일을 지금까지와 다르게 해야 한다는 사실을 깨달았을 때 시작된다. 그런 중요한 사고의 범위를 넓혀서 우리가 제안하는 변화가 미칠 가능성이 있는 영향까지 고려해야만 한다. 안타깝게도 모든 문제를 미리 예상하는 것은 불가능하다. 하지만 일반적으로 여러분이 획기적인 변화를 진행할 때 초기에 혹은 첫 번째로 부딪히게 될 어려움은 크게 네 개의 범주로 나뉜다. 내가 '버뮤다 사각지'(이는 버뮤다 삼각지를 슬쩍 비틀어서 만든 표현인데, 버뮤다 삼각지란 미국 플로리다 주와 버뮤다, 푸에르토리코 사이에 있는 북대서양 서쪽 지역으로 선박과 항공기, 사람들이 알 수 없는 이유로 사라지는 곳임)라고 부르는 이런 곤란한 문제 때문에 훌륭한 변화 계획 가운데 상당수가 길을 잃거나 좌초되어버렸다.

버뮤다 사각지
지도 제작

우리는 앞서 리더들이 변화 과정의 모든 단계에서 대처해야 하는 감정적·사회적·심리적 문제들 가운데 몇 가지를 살펴봤다. 그러니 사람과 관련된 문제가 버뮤다 사각지의 모든 꼭짓점의 기저를 이루는 것도 놀라운 일은 아닐 것이다. 버뮤다 삼각지의 위험한 현상을 일으키는 이유 중 하나가 수면 아래의 얕은 여울 때문인 것처럼, 버뮤다 사각지를 구성하는 문제들(저항, 기술, 프로세스, 기업 문화)도 반드시 명확하게 드러나거나 파악할 수 있는 것은 아니다. 하지만 그것들이 다양한 모습으로 존재하는 것은 분명한 사실이다. 게다가 사각형의 각 꼭짓점이 가리키는 위험에 변화가 생겨서 아무런 경고도 없이 더 강력해지고 심각해질 수도 있다. 여러분이 제안하는 변화를 계획하고 실행할 때는 이런 문제들을 미리 자각하고 경계해야 한다.

변화에 저항하는 사람들

사람들은 무엇에 반대할까? 무엇을 받아들일까? 변화에 대한 사람들의 두려움을 누그러뜨리기 위해 무슨 일을 할 수 있을까? 이것은 대답하기 어려운 질문이므로 일찍부터 열린 마음으로 고심해야 한다. 변화에 매력을 느끼는 한 사람으로서, 나는 각자가 서 있는 위치에 따라 변화의 모습이 다르게 보인다는 것을 인정하는 것이 얼마나 중요한지를 배웠다. 어떤 관점에서는 미래로 향하는 전도유망한 길처럼 보이는 것이 다른 관점에서 보면 극도로 위험한 도약처럼 느껴질 수도 있다. 사람들이 앞으로의 여정에 대비할 수 있게 해주는 것이 리더가 할 일이다. 이는 결코 만만한 작업이 아니며 이 일을 제대로 해내려면 다른 이들의 관심사와 견해를 파악할 수 있는 공감 능력과 인내심이 필요하다.

기술 보호 서비스 회사인 아서리온의 CEO 스티브 엘리스는 변화에 대한 저항과 직원 문제에 관한 자신의 이론을 들려주었다. "변화 과정에서 세 가지 다른 그룹의 사람들을 대하게 되는데, 그들은 고르게 분포되어 있지 않습니다. 처음부터 변화를 수용하는 사람이 5퍼센트쯤 되고 절대 받아들이지 않는 사람이 15퍼센트가량 됩니다. 그리고 그 중간이 80퍼센트쯤 되는데, 이들은 변화를 이룰 수는 있지만 그 과정에서 약간의 도움이 필요한 사람들이죠."

"처음부터 변화를 수용하는 사람들에게 리더의 역할을 맡겨서 변화 과정을 추진하게 해야 합니다." 엘리스가 본 최고의 획기적인 변화 과정은 5퍼센트 그룹이 신속하게 '개념 증명' 파일럿을 만드는 데 집중한 것이다. 이윽고 그 5퍼센트의 에너지와 비전, 열정이 전체에 영향을 미치면서 변화가 시작되었다.

"어떤 상황에서도 변화에 저항하는 사람들이 있는 경우에는, 그들이 누구인지 재빨리 파악해야 한다." 엘리스는 이것이 정말 어려운 일이라는 것을 인정한다. "대개의 경우 기업들이 이런 현실을 직시하기까지 시간이 너무 오래 걸립니다. 왜냐하면 경영진들은 기업의 미래에 장기근속 직원들을 위한 자리를 마련해놓고 싶어 하거든요. 회사에서 오래 근무한 직원일수록 여러분이 원하는 변화를 이루지 못하는 경우가 많은데, 그렇게 되면 이들을 다른 인력으로 대체해야 합니다. 이는 조직이 여러분에게 기대하는 힘겨운 작업이죠."

그러나 이렇게 힘든 일에는 그만한 보상이 따른다. "5퍼센트의 열정에 불을 붙이고 필요한 권한을 부여하는 동시에 변화의 발목을 잡는 15퍼센트를 제거하면, 나머지 80퍼센트가 놀라운 속도로 움직이게 됩니다."

우리는 모든 사람들을 참여시키는 것이 얼마나 중요한지 잘 알고 있다. 그 80퍼센트가 여러분과 협력하지 않는다면, 조직 전체에 변화를 전파하기 위해 필요한 것이 뭔지를 현실적으로 평가할 수 없고 원하는 목표 지점에 도달할 수도 없다.

부족한 기술

변화를 시행하는 데 필요한 인재를 보유하고 있고, 그들이 변화에 필요한 새로운 기술과 시각을 갖추고 있다는(혹은 그것들을 손쉽게 획득할 수 있다는) 확신이 있어야 한다. 훌륭한 마음가짐이 필요하지만 아직 충분하지 않다는 것을 인정해야 한다. 따라서 사전 계획에는 향후 필요한 기술에 대한 신중한 평가, 그 기술을 내부에서 개발할 수 있는 방법과 외부에서 찾을 수 있는 방법 등이 포함되어야 한다. 따라서 다음과 같은 사항들을 고려해야만 한다.

- 이 프로젝트를 진행하는 데 필요한 기술은 무엇인가?
- 우리는 현재 이 프로젝트를 성공적으로 완수하는 데 필요한 구체적인 표적 기술과 경험을 갖춘 인력을 보유하고 있는가?
- 이런 기술과 경험을 갖춘 인력이 변화를 시행할 수 있을 만큼 충분한가?
- 앞의 두 가지 질문 가운데 '아니오'가 하나라도 있는 경우, 필요한 인력을 전부 충원하기까지 시간이 얼마나 있는가?
- 조직이 기존 직원을 교육하거나 신규 인력을 채용할 때까지 걸리는 시간을 참고 기다릴 수 있는가?
- 현재 조직 내에 필요한 기술을 갖춘 사람이 없는 경우, 필요한 기술과 경험을 지닌 사람을 찾아서 프로젝트가 성공할 수 있다고 확신하기까지 시간이 얼마나 걸릴까?
- 필요한 지원 인력을 어디에서 어떻게 찾을 수 있는가?
- 회사가 기존과 완전히 다른 기술을 지닌 사람들을 채용했다면, 우리가 이용할 수 있는 다른 전략으로는 어떤 것이 있는가?

사람들이 적응할 수 있는 방법을 찾거나 아니면 적극적으로 새로운 사람들을 모집해야 한다. 아마 이 두 가지 방법을 모두 쓰게 될 것이다. 이 상황에서 가장 어려운 일은 현재 보유한 인력이 여러분이 가고자 하는 목표 지점까지 도달하는 데 필요한 기술을 갖추고 있거나 배울 수 있는지를 현실적으로 평가하는 것이다. 만약 그 답이 부정적이라면 새로운 인력을 채용할 자리를 만들기 위해 오랫동안 함께 일해온 직원들을 해고하는 고통스러운 과업을 수행해야 한다. 뒤에 이어질 내용에서도 계속 이야기가 나오겠지만, 획기적인 변화를 이끌 때 가장 불행한 현실은 모든 사람이 다 여러분을 따라오지는 못한다는 점이다.

융통성 없는 프로세스

다음 문제는 지나치게 융통성이 없는 프로세스와 업무 절차다. 프로세스와 절차를 확립하기 위해 변화를 제안하는 경우, 오랜 시간에 걸쳐 자리 잡은 제도적 습관과 사고방식에 부딪히게 될 수도 있다. 회사가 완고하게 기존 방식을 고집하는 부분이 어디인지 밝혀내고 그런 절차와 사고방식을 바꾸려면 무엇이 필요한지 판단해야 한다. 이 문제의 심각성을 얕봐서는 안 된다. 여러분의 상사나 이사회 위원 등 윗자리에 있는 사람들이 여러분이 제안하는 변화를 이해하고 확실하게 지원하도록 해야 한다.

조직은 신뢰성, 일관성, 예측, 통제가 가능하도록 구축되고 체계화된다는 것을 기억하자. 회사의 프로세스와 업무 절차는 이런 결과를 전달하기 위해 고안된다. 대다수 직원들의 자기 이미지와 본인의 개인적 가치에 대한 인식은 그런 프로세스에 대한 지식에 뿌리를 내리고 있으며, 그 프로세스가 회사에 매우 중요하다는 믿음을 통해 더욱 강화된다.

그러나 획기적인 변화는 믿을 만하지도 일관성이 있지도 예측할 수 있지도 않다. 새로운 현실에 대처하기 위한 새로운 통제 절차가 시행되어도 여러모로 미숙한 점이 많은 탓에 아직 업무를 감당하지 못할 수도 있다. 그리고 이것은 그저 시작일 뿐이다. 변화 그 자체로 인해, 오랫동안 신뢰하며 사용해왔지만 일반적으로 융통성이 부족한 프로세스의 근본적인 필요성이나 타당성에 의문이 제기되는 경우도 종종 있다. 요즘 같은 첨단 기술과 모바일 연결, 글로벌 경쟁 시대에는 오래된 프로세스가 모두 철저한 검토 대상이 되어 어느 정도 변화를 겪게 된다. 고객 서비스 제공, 광고 효과 측정, 기술 개발과 시험, 회의 일정 조정과 운영, 직원 복리후생 설계, 직원 의욕 측정 방식 등도 그런 예에 속한다.

유연하지 않은 기업 문화

여러분의 상사나 이사회가 내리는 결정은 버뮤다 사각지 위험 지표의 마지막 카테고리인 기업 문화의 영향을 많이 받는다. 자신이 제안하는 획기적인 변화를 기업 전체의 맥락 속에서 생각해봐야 한다. 이 변화가 기존의 기업 문화가 내세우는 가치관과 일치하는가? 만약 그렇다면 그런 연결 고리를 가장 명확하게 드러낼 수 있는 방법은 무엇일까?

슈왑에서 지점 직원들의 직무 내용에 내가 '고객 관계 발전'이라고 지칭하는 사항을 추가하겠다는 결정을 내렸을 때는, 이는 '슈왑의 기업 문화 DNA에는 영업이 존재하지 않는다'라는 기업 문화의 가치관을 침해하는 행동처럼 보였다. 사람들은 내게 "CEO는 당신이 그 아이디어를 밀어붙이고 있는 것을 압니까?"라고 자주 물었다. 결국 이 변화는 엄청나게 힘겨운 싸움이 되었고 시간도 원래 예정했던 것보다 훨씬 오래 걸렸다.

그에 반해, 이처럼 대담한 계획 중에는 우리 지점에서 받는 착신 전화 중 일부를 콜센터 쪽으로 옮기는 작업도 포함되어 있었다. 이것도 당시의 우리에게 매우 큰 투자였고 직원들의 업무에도 상당한 혼란을 야기했다. 하지만 이 작업을 가장 바쁜 시간대의 고객 통화 처리 능력을 대폭 개선하기 위한 조치라고 표현하고 선전한 덕분에, 직원들은 이를 '향상된 고객서비스'라는 기업 문화 가치관과 일맥상통하는 것으로 인식했고 덕분에 그 변화를 선뜻 받아들였다.

때로는 여러분이 던지는 질문 때문에 차이가 생기기도 한다. "이 계획이 우리 회사의 문화와 가치관에 부합하는가?"라고 묻는 것과 "이 계획이 우리의 기존 문화나 가치관과 상충되는 것이 아니라 그저 새로운 표현뿐이라는 것을 알 수 있도록 둘을 연결시킬 수 있는 방법이 있을까?"라고 표현했을 때의 차이를 생각해보자.

변화가 너무 극적이라서 현존하는 기업 문화의 가치관과 부합시키는 것이 불가능하다면, 길고 힘든 싸움을 각오해야 한다. 프로젝트의 위협을 가장 크게 느끼는 직원들은 이런 가치관이나 전통과의 충돌을 이용해 여러분의 리더십 기반을 약화시키려고 시도하거나 프로젝트가 회사 상황에 적합한가 하는 논쟁에 종지부를 찍으려고 할 것이다. 물론 여러분은 이런 방해도 이겨낼 수 있겠지만 그러려면 많은 노력이 필요하고 프로젝트에만 집중할 수가 없게 된다. 따라서 이 문제를 피할 수 있는 방법, 즉 프로젝트를 기업 문화·가치관과 일치시킬 방법을 찾는 편이 낫다. 문제가 발생하는 것을 미연에 방지하면 계획을 진행하는 데 가속도가 붙는다.

악화되는
위험

마치 버뮤다 사각지를 헤쳐나가는 데 따르는 이런 어려움만으로는 충분치 않다는 듯이, 사각지의 네 꼭짓점이 가리키는 문제들은 다른 문제들과 뚜렷하게 구별하기가 힘들다. 심지어 이 네 가지 장애물 중 하나로 분류할 수 없는 경우도 많다. 예컨대 인력 문제는 곧 기술 문제인 동시에 기업 문화와 관련된 문제다. 또 프로세스 문제는 기업 문화의 문제이기도 하다.

이베이의 CEO인 존 도나호가 변화의 필요성을 보여주고자 할 때 부딪힌 난관들(1단계에서 설명한)도 대부분 사람들의 반대와 견고하게 자리 잡은 기업 문화 때문에 생겨난 것이다. 이 두 가지가 합쳐지자 현명하고 유능한 운영자들도 놀랍도록 힘을 발휘하지 못했다. 그 결과 도나호는 처음에 이베이 임원 100명 가운데 80명을 교체해야만 했다.

도나호는 진행 중인 변화를 1년 전 혹은 2년 전의 회사 모습과 비교하려는 사람들의 경향이 결코 건설적이지 못하다는 것을 금세 깨달았다. 회사 내부 사람들이 "이베이 실적이 전에는 25퍼센트 더 높았다"고 말할 때마다 도나호는 같은 기간 동안 아마존은 50퍼센트 더 뛰어난 실적을 올렸기에 이베이는 목표 지점의 절반밖에 가지 못했다는 사실을 상기시켜야만 했다. 도나호는 말했다. "결국 우리 회사와 일한 적이 없는 사람들을 외부에서 영입해야 했습니다. 이 사람들은 회사 상황을 보더니 '아, 우리가 경쟁사보다 50퍼센트 뒤처져 있군요!'라고 말하더군요. 이들은 개인적인 부담감을 별로 느끼지 않고 이전 사람들보다 훨씬 적극적으로 변화에 달려들 수 있었습니다. 이제 기업 문화 내부에 존재하는 변화의 동인을 찾아야 했습니다. 그리고 변화를 가로막는 사람들이 누구인지 파악해야 했죠. 안타깝게도 변화를 방해하는 사람들 가운데 일부는 가장 유능한 인재들이었습니다."

도나호가 묘사한 직원들의 반대와 견고하게 자리 잡은 기업 문화는 우리가 슈왑 지점망에 변화를 시도했을 때 맞닥뜨린 문제들과 유사하다. 우리가 고객 개발(영업) 쪽으로 방향을 옮기기 시작했을 때는 아직 직원들이 이 변화의 일환으로 하게 될 고객과의 전화 통화나 소통에 필요한 기술을 개발하거나 육성하지 않은 상태였다. 직원들이 자신의 역할을 바라보는 관점을 바꾸라는 요구를 받자마자 이런 기술 공백이 발견되었다. 결국 5년 동안 약 80퍼센트의 지점 직원들이 우리의 새로운 서비스 모델에 맞추어 업무 전환을 하지 못했다. 이 변화 과정에서 버뮤다 사각지의 모든 꼭짓점과 관련된 문제들을 느린 속도로 다 겪었다. 그야말로 더할 수 없이 나쁜 상황이었던 것이다. 우리 모두 이 경험을 통해 교훈을 얻었고 사전 계획과 장애물을 미리 예상하는 것의 중요성을 새삼 느꼈다.

뜻밖의 상황에
대비한 계획

버뮤다 사각지를 헤쳐나갈 때는 사전 계획을 세우는 것은 물론이고 미처 예상하지 못한 장애물이나 문제가 생길 수 있다는 사실을 인정하면서 늘 융통성 있게 대처해야 한다. 훌륭한 계획에는 무엇보다 예상이 중요하다. 당면한 사안들뿐만 아니라 변화가 효력을 발휘한 뒤에 돌연히 발생할 수 있는 문제들도 살펴봐야 한다.

예기치 않은 상황에 대비하는 방법은 그 문제를 자기 머릿속에서만 생각하는 것이 아니라 남들과 철저하게 논의하는 것이다. 혼자서는 할 수 없는 일이다. 경영진과 여러 책임을 맡고 있는 비즈니스 파트너, 그리고 여러분이 제안한 변화에 꼭 참여해야 하는 다른 이들을 모아놓고 조직 내부와 외부에서 변화를 어떻게 받아들일 것인지, 그리고 잘못될 가능성이 있는 부분은 무엇인지에 대해 다함께 진지하게 생각해달라고 부탁한다. 획기적인 변화를 위한 아이디어를 개발하면서 변화의 범위를 넓히고 저변을 확대할 방법을 궁리할 때는, 최대한 빠른 시간 안에 다양한 이들의 관점을 파악해서 초반 반응이 어떨지 제대로 이해하고 있어야 한다.

비전에 감화되어 거기에 자신의 시간과 노력, 열정을 기울일 가치가 있다고 완전히 확신하는 상태가 되면, 거기에서 한발 물러나 다른 사람들은 자기와 완전히 다른 관점에서 이 문제를 바라볼지도 모른다는 사실을 제대로 이해하기가 힘들 수도 있다. 새로운 발견과 상상의 과정에 다른 이들을 참여시키면, 그들과 함께 힘을 합쳐서 사람들이 변화를 바라보는 방식과 여러분이 아이디어를 제시하는 최선의 방식에 대해서 좀 더 현실적으로 생각할 수 있다.

잠재적인 반대 조사

리더들은 반대를 예상할 뿐만 아니라 반대의 구체적인 사안에 대해서도 미리 알고 있어야 한다. 리더십 팀의 첫 번째 과업은 직원들의 변화를 거부하는 방식에 대한 포괄적인 목록을 작성하고, 계획이 성공하는 데 필요한 시간과 자산, 인력을 판단하며, 변화가 현재의 기업 문화와 어떻게 갈등을 빚을지, 혹은 빚는 것처럼 보일지에 대해 신중하게 숙고하는 것이라는 것을 경험을 통해 배웠다.

앞날의 위험과 불확실성에 대해 충분히 시간을 들여서 자세히 조사하고 곰곰이 생각해서 결국 그런 문제들을 사전에 관리하고 완화시킬 수 있는 종합적인 방법을 고안해내야 한다. 위험과 불확실성을 하나로 묶어버리고 싶다는, 그래서 결과적으로 두 가지를 모두 과소평가하고 싶다는 유혹을 느끼기도 하지만, 둘 사이의 차이를 알아내려면 신중해야 한다.

위험은 측정할 수 있다. 앞으로 정확하게 무슨 일이 일어날지를 확실하게 예측할 수는 없을지 몰라도 프로젝트가 성공할 가능성과 잘못될 가능성을 합리적으로 추정할 수는 있다. 반면 불확실성은 미지의 대상이고 아무리 애써도 미리 알 수가 없다. 아무런 경고도 없이 불시에 나타나기 때문에 일이 닥쳤을 때 비로소 적응하거나 조절할 수 있다.

슈왑에서 인터넷 수수료 체계를 변경하기 위해 준비할 때, 우리는 모든 위험성과 잠재적인 문제를 파악하려고 가능한 모든 노력을 다 기울였다. 그래서 최상위 경영진과 차상위 경영진들을 모아놓고 회의를 열었다. 이들을 10명 내외로 팀을 나눈 뒤 자기보다 한 단계 아래의 임원들과 회의를 한다고 상상해보라고 했다. 어떤 부분에서 프로젝트를 거부하거나 반대하는 의견이 나올 것이라고 예상하는가? 방해가 되리라고 생각하는 것은 무엇인가? 어떤 질문이 나올 것 같은가? 다음 단계의 임원들에게 필요한 기타 정보로는 어떤 것이 있을까?

우리는 이런 자리를 통해 이들이 다음에 벌어질 일들을 예상하고 거기에 더해 자신이 가진 반대 의견과 두려움, 즉 자기 입으로 완전히 혹은 솔직하게 털어놓지 못하는 두려움에 대해 깨닫기를 바랐다. 실질적인 변화의 리더가 되려면 진정한 호기심을 안고 대화에 임해야 한다. 대화를 하면서 단순히 자기 의견을 주장하고 설득해 확신을 안겨주기만 하는 것이 아니라 남들의 말에 귀 기울이면서 새로운 정보를 얻을 자세가 되어 있어야 한다는 뜻이다. 여러분이 전적으로 자신의 방식만 고집한다면 완전히 열린 마음으로 남들의 말을 듣거나 교훈을 얻을 수가 없다.

호기심을 품고 대화에 임하는 것은 대충 시늉만 하는 것과는 전혀 다르다. 이를 위해서는 개방적인 태도와 적극적인 참여가 필요한데 어쩌면 일부 리더들에게는 낯선 일일지도 모르겠다. 자신을 불편하게 만들거나 자기가 택한 방식을 깎아내리는 듯한 반응과 질문에 귀를 기울이는 것은 매우 어려운 일이다. 하지만 그런 비판과 의문, 문제들은 우리 일터의 일부로 분명히 존재한다. 그것을 인정하지 않는다고 해서 사라지는 것은 아니다. 사실 이런 문제를 회피하면 리더로서의 신뢰성만 손상될 뿐이다.

이렇게 직원들의 구체적인 반대를 예상하는 과정에서는 반드시 다른 사람의 입장이 되어 생각해야 한다. 문제가 생겼을 때 깜짝 놀라는 이유는 자신의 관점에서만 상황에 접근하면서 다른 이들의 관점은 전혀 고려하지 않기 때문이다. 여러분에게는 사소한 변화처럼 보이는 일이 다른 누군가에게는 잠도 못 자고 걱정할 만큼 큰 사건일 수도 있다. 최고 경영진들을 모아서 공개 토론회를 여는 것은, 그들이 어떤 생각을 하고 있는지를 위협적이지 않은 분위기에서 알아볼 수 있는 매우 좋은 방법이다. 개인이 1 대 1 상황에서 이런 문제를 제기하는 것은, 자기 혼자만 그런 두려움이나 반대 의견을 갖고 있는 것은 아닌가 하는 우려 때문에 마음이 불편할 수 있다. 이론상의 반대 의견이 있는지 물어보자. 내가 슈왑에서 그렇게 하자 금세 다음과 같은 이야기들이 나왔다.

- 회사 주가가 급락할 것이다.
- 콜센터가 고객 전화에 제대로 응대하지 못해 중요도가 떨어질 것이다.
- 우리의 스톡옵션이 없어져버릴 것이다.
- 지점이 문을 닫게 될 것이다.

- 대규모 해고 사태가 발생할 것이다.
- 우리 회사의 핵심적인 비즈니스 모델과 수익성이 위기에 처할 것이다. 이윤의 폭이 영구적으로 줄어들고 결국 회사 가치까지 떨어지게 될 것이다.

질문의 형태로 반대 의사를 피력하는 경우도 있었다.

- 새로 등장한 온라인 중개업체들과 경쟁하려고 가격을 낮추면 우리 회사의 이미지가 손상되지 않을까?
- 우리보다 인지도가 낮은 신생 중개업체들의 신뢰도를 높여주는 격이 되지 않을까?
- 우리보다 낮은 수수료를 받는 신생 중개업체들이 경쟁상의 위협이 되어 우리도 여기에 대응해야 하는 상황이라는 것을 인정하는 것처럼 보이지 않을까?

이런 걱정들, 그리고 그와 동시에 수면으로 떠오른 다른 많은 우려들을 통해 직원들의 관점을 더 넓고 깊게 이해하게 되었다. 이 모든 것들이 진정한 관심 사안이며 일단 이것을 실제로 논의석상에 꺼내놓으면 문제를 해결하는 시발점이 될 수 있다.

이 단계를 건너뛰거나 여러분이 추진하는 변화로 향하는 도상에서 신속하게 처리하고 싶은 마음도 들겠지만, 이 기회를 놓치거나 실제적인 방법으로 문제를 제시하고 솔직한 피드백을 받지 못할 경우 그로 인해 생긴 이해의 격차가 획기적인 변화 계획의 전반적인 성공에 비참한 결과를 가져올 수도 있다. 그리고 피드백을 수집해서 계획 전반에 통합시킨다고 하더라도 미처 밝혀내지 못한 사안이 남아 있을 가능성을 고려해야 한다. 직원들이 과거나 기업 문화에 너무 얽매여서 그들에게 정말 필요한 관점을 취하지 못할 수도 있다. 어떤 상황에서는 외부에서 완전히 새로운 관점을 빌려와야 하는 경우도 있다.

외부 전문가가 문제의 초점을 명확히 할 수 있다

외부 인력을 이용하면 장차 맞닥뜨리게 될 장애물들을 더 확실하게 예상하거나 벌써 자기 앞에 와 있는 기회를 파악하는 데 도움이 된다. 2000~2004년에 주식시장에 거센 역풍이 몰아쳐서 회사 매출이 계속 줄어드는 바람에 슈왑은 이 시기에 몇 차례 조직 규모를 축소했다. 우리는 외부의 도움 없이 직원들을 해고했는데, 이런 강제 해고는 우리의 기업 문화에 정말 적합하지 않은 것이었기 때문에 계속 시행착오를 저질렀다.

조직을 축소하려고 거의 4년 가까이 노력했지만 별다른 성과를 거두지 못한 끝에, 결국 외부 컨설턴트를 영입하기로 했다. 그들은 우리가 놓쳤던 수억 달러의 비용을 절감할 수 있는 방법을 즉각적으로 알아차렸다. 이와 비슷한 예로, 인텔이 2005~2007년에 조직을 축소해야 했던 일도 기업 문화에 어울리지 않았다. 인텔의 CEO와 CFO는 결국 슈왑처럼 외부 컨설턴트에게 일을 의뢰했고, 결국 수십억 달러의 비용을 절감하는 데 성공했다. 나중에 인텔 CFO는 이런 노력이 성공한 것은 컨설팅 팀을 통해 얻은 새로운 관점 덕분이라고 말했고, 결국 이 컨설턴트들은 거의 10년 동안 함께 다양한 업무를 수행했다.

독자적인 운영 방식이 단단히 자리 잡고 있는 회사에서, 우리는 우리와 다른 이례적인 경험을 한 조언자들에게 큰 도움을 받을 수 있다는 것을 배웠다. 그 예를 몇 가지만 들어보면, 기업의 기능을 적정한 규모로 꾸준히 유지한다는 기본적인 철학, 기업 인수 분석과 거래 후 평가를 중심으로 한 프로세스 개선, 자본 구성에 대한 새로운 사고방식, 부채의 합리적인 배치 등이 여기 포함된다.

나와 내가 인터뷰한 이들의 경험에 따르면, 외부 컨설턴트는 획기적인 변화를 성공시키는 데 엄청나게 중요한 역할을 한다. 이들은 새로운 경험, 새로운 지혜, 도전적인 관점(기존의 기업 신화가 잘못되었음을 밝혀낼 수 있는 비판적인 관점을 비롯해)의 귀중한 보고다.

■ ■ ■

4단계에서는 획기적인 변화를 위한 계획을 세우고 시행하는 과정에서 부딪힐 수 있는 중요한 문제들을 다루었다. 버뮤다 사각지가 가리키는 위험들을 명심하면서, '우리가 3단계에서 결정한 새롭고 획기적인 변화를 시행할 경우 어떤 반대나 기술 공백, 프로세스 문제, 기업 문화 문제가 발생할 가능성이 있는지' 자문해보자.

획기적인 변화를 이끌 때는 인간의 본성과 시장 상황, 그리고 관성이 이미 여러분에게 불리한 방향으로 작용하고 있다는 것을 깨닫는다. 자신에게 유리한 쪽으로 다시 일을 진행시키는 가장 좋은 방법은 미리 시간을 내서 발생 가능성이 있는 문제들에 대해 충분히 생각해두는 것이다. 자기가 나아갈 길을 내다보면, 그런 문제들이 실제로 발생하지 않도록 방지하거나 문제가 더 악화되어 조직 전체로까지 퍼지지 않도록 효과적으로 대응하기 위한 계획을 세울 수 있다. 기획 과정의 이 부분이 바로 5단계에서 논의할 주된 내용이다.

알려진 장애물과 알려지지 않은 장애물에 대한 대비

1. 변화에는 항상 반대가 따른다. 여러분과 리더십 팀은 이런 경우에 누가 반대할 것이라고 생각하는가? 외부 이해 당사자들(고객, 협력업체, 애널리스트)? 내부 이해 당사자들(재무팀, 인사팀)? 기타?

2. 각 그룹에서 그들이 반대하는 논리적 근원과 감정적 근원은 무엇인가?

3. 이런 반대에 대처해 이를 불식시키거나 완전히 반전시키기 위한 개별적인 계획은 무엇인가?

4. 여러분과 리더십 팀이 각 그룹을 상대로 그들의 반대를 극복하려고 애쓰는 동안, 전에는 몰랐다가 새롭게 알게 된 사실이 있다면 무엇인가? 그중 도움이 되는 것이 있는가?

5. 1~4번 항목의 결과 전부를 리더십 팀과 공유한다. 배운 것들을 활용할 수 있도록 계획을 세워서 반대를 극복한다. 6단계와 7단계를 이용하는 것도 도움이 될 것이다.

6. 계획 실행에 필요한 기술들 가운데 현재 조직 내에 없거나 부족한 기술은 무엇인가?

7. 필요한 인재를 선발하고 기술력을 모집할 계획을 세우기 시작한다(8단계 참조).

8. 변화 노력을 억제하거나 속도를 둔화시킬 수 있는 기존의 프로세스와 절차를 개략적으로 설명한다(예: 재정 지원에 대한 승인을 받기까지 거쳐야 하는 승인자의 수와 단계, 또는 프로젝트 팀원들에게 적용되는 보너스 프로그램의 기본적인 요소 등).

9. 진행을 가장 많이 방해하는 프로세스를 완화시키기 위해 어떤 일을 할 수 있

는가?

10. 현재의 조직 문화가 대체직으로 획기적인 변화를 포용하는 편인가? 그런 생각을 뒷받침하는 증거는 무엇인가?

11. 조직의 가치관에 대한 문화적인 신념이나 전통적인 업무 관행 때문에 이런 특정한 변화를 이루기가 더 어려워질 것이라고 생각하는가? 만약 그렇다면 그것이 어떤 신념인지 구체적으로 파악해야 한다.

12. 조직 역사상 현재의 지각 가치나 문화를 거역하고 제안된 변화를 지지했다는 이야기나 경험담이 있는가? 문화적인 저항을 극복하기 위한 커뮤니케이션 계획에서 이것을 어떻게 이용할 수 있을까?

13. 리더십 팀을 소집해서 이 변화 노력이 부딪힐 가능성이 있는 다른 장애물은 또 무엇이 있는지에 대해 브레인스토밍을 하는 시간을 가진다. 그 장애물 목록을 작성한 뒤 그것을 완화시키기 위한 계획을 세운다.

14. 여러분과 팀의 변화 노력을 사람들이 좀 더 기꺼이 받아들이게 하려면 어떤 식으로 변경하는 것이 좋을까?

실행할 수 있는 계획을
수립하라

'차근차근 쌓아올리기'의 처음 세 단계는 일의 본질과 사람들의 감정을 결합시킨다는 개념에 집중했다. 변화에 대한 요구를 확립하고, 리더십 팀을 구성해 전력을 집중하며, 사람들의 마음을 움직여서 미래에 대한 역동적인 비전을 받아들이도록 하고, 상황이 힘들어질 때에도 격려해주는 것이다. 이런 모든 일에는 프로세스와 조직의 구성 체계에 대한 지적인 이해력과 더 나은 미래를 상상할 수 있는 창의력, 다른 이들의 관점을 인정하는 정서 인식력, 타인의 재능과 역량을 빌어 자신의 능력을 보완하는 기술이 요구된다. 4단계에서는 장애물을 파악하고 피하는 데 필요한 실제적인 조치를 소개했다. 5단계에 진입하면서부터는 획기적인 변화를 위한 세부적인 계획의 핵심으로 접어들게 된다.

현재 이 책을 읽으면서 실제 변화 계획을 이용해 프로세스를 진행하고 있다면, 여러분이 시도하는 변화가 주변에 어떤 영향을 미칠지 이미 알고 있을 것이다. 또 변화를 시행하는 과정에서 부딪힐 가능성이 있는 문제와 장애물이 뭔지도 안다. 이제 여러분과 팀원들이 발전시킨 고무적인 미래의 비전을 실행 가능하고 현실적인 계획으로 옮겨야 한다. 여기에서는 여러분의 실용적이고 전략적인 관리 경험에 많이 의존해야만 한다.

계획 수립과
예산 편성

혹시 여러분이 계획 수립과 예산 편성의 기본 요소들을 알고 있다면(혹은 공부했다면), 이번 단계는 현재의 이해 수준을 한 수준 높여준다. 여기에서는 획기적인 변화의 범위를 늘려서 착수할 때 계획 수립과 예산 편성이 어떻게 변하는지 살펴본다.

물론 대담하고 획기적인 변화는 고전적인 의미로 예측하거나 신뢰하거나 통제하는 것이 불가능하다. 하지만 대부분의 조직 체계는 조직이 어느 정도 안정적인 범위 안에 있다는 것을 보여주는 모든 지표(예측 가능성, 신뢰성, 위험, 위험 최소화)를 무사히 유지하는 일에 집중한다. 그런데 획기적인 변화 계획은 이런 특성들에 모두 위배된다.

시티뱅크에서 일하던 시절부터 알고 지낸 딕 코바세비치와 나는 변화 주도에 관한 대화를 나누다가 선뜻 이 주제에 뛰어들었다. 코바세비치는 1998년부터 2007년까지 웰스 파고의 회장 겸 CEO로 일하면서 이 회사가 성장하는 데 중요한 역할을 했다. 코바세비치는 조직들이 획기적인 변화를 위한 계획을 세우고자 할 때 저지르는 실수에 대해 매우 강력하게 논평했다. "기업은 다양한 종류의 계획을 세워야 합니다. 단기적인 양적 예산, 단기적인 실행 항목, 전략적 계획 등이 그것이죠. 앞의 두 가지(단기적인 양적 예산과 단기적인 실행 항목)는 일상적인 업무를 수행하고 다양한 지지자들에게 보고하기 위해 준비하고 이용하는 것들입니다." 코바세비치 본인은 획기적인 변화를 이런 범주에 집어넣지 않는다고 강조했다. 우리 두 사람은 획기적인 변화 계획이 위험을 최소화하기는커녕 조직에 새로운 위험을 야기한다는 사실을 잘 알고 있다.

코바세비치는 계속 말을 이었다. "흔히 3개년 혹은 5개년 계획이라고 부르는 전략적 계획은 별로 정량적이거나 세부적인 계획이 아닙니다. 여기에서 가장 중요한 것은 정량화할 수 있는 측정치가 아니라 여러분이 회사를 위해 세운 고귀한 목표와 비전, 그리고 대대적인 변화입니다. 전략적인 계획을 세우면 프로젝트를 관리하기 위한 프로세스가 마련되고 향후 5년간 해야 할 일과 지출될 비용도 알아낼 수 있는데, 이는 예산과는 완전히 별도로 분석하는 것입니다."

기획, 예산 편성, 업적 평가 등을 위한 전통적인 기업 경영 체계는 애초에 획기적인 변화를 수용하도록 되어 있지 않으며 실제로 이런 변화의 목표나 요구에 반대되는 작용을 한다. 따라서 획기적인 변화를 제안할 때는 이런 기본 프로세스의 본질적인 작동 방식을 극적으로 바꾸거나 재고해야 하는 경우가 종종 있다.

코바세비치는 계속해서 이렇게 말했다. "전략적 계획에서 예산과 관련된 유일한 부분은 우리가 추진하는 프로젝트 자금을 대기 위해 예산에 포함시켜야 하는 비용뿐입니다. 하지만 신중을 기해야 하죠. 변화를 진행할 때 사람들이 저지르는 가장 큰 실수 중 하나가 바로 자기가 실제로 이야기하는 대상이 뭔지도 잘 모르는 상태에서 양적인 렌즈(측정 기준이나 일정표)를 통해 프로젝트를 바라보는 것이니까요." 또한 "우리는 획기적인 변화를 통해 미지의 세계로 들어가는 것이기 때문에, 경제 상황을 정확하게 추정하거나 수량화할 수 있을 만큼 알지 못합니다. 따라서 세부적인 예산안도 세울 수가 없는 거죠"라고 말하면서 이런 방식에 내재되어 있는 위험성을 강조했다.

예를 들기 위해 코바세비치는 결국 유명한 일화를 꺼내놓았다. "제가 웰스 파고의 CEO로 재직하던 시절에, 우리 회사는 고객들이 보유하고 있는 금융 상품의 평균 개수를 늘리고자 했습니다. 우리가 측정 기준으로 삼은 14개 상품 가운데 고객이 보유한 평균 상품 개수는 1.7개였는데 이걸 8개로 늘리고 싶었죠. 왜 목표를 8개로 잡았냐고요? 그야 8^{eight}은 엄청난^{great}이란 단어와 운^{rhyme}이 맞는 숫자니까요! 이유는 매우 단순했습니다. 어떻게 달성해야 하는지도 모르는 채로 그저 엄청난 목표만 세워둔 것입니다. 그리고 일단 그런 목표가 생기면 그걸 이루기 위한 전략적인 계획을 짜야하죠."

우리가 인터뷰를 했던 2013년 8월 당시, 코바세비치는 웰스 파고의 전체 고객 가운데 31퍼센트가 8개 이상의 상품에 가입해 있다고 설명했다. 아마도 코바세비치의 사고방식과 그가 장려한 기업 문화가 세계에서 가장 기업 가치가 높은 금융기관이라는 웰스 파고의 현 상태를 일구는 데 필수적인 기여를 한 것이다.

평가 내리기_
현재부터 미래까지

제트블루 설립자들이 자신들이 만들 새로운 항공사의 모습을 처음 구상할 때, 난상토론을 벌여 현실을 고려하지 않고 자유롭게 아이디어를 내놓으면서 백지 한 장을 앞에 놓고 장차 이루고 싶은 일들을 한껏 대담하게 그려나갔다. 새롭게 장기 계획을 시작할 때에도 이와 아주 유사한 부분이 있다. 자신의 현재 위치와 앞으로 가고자하는 목표 지점, 그리고 그곳에 도달하는 방법을 평가해야 한다는 것이다. 아무것도 없는 상태에서 처음부터 시작하든, 기존 사업체의 일부를 재편하든, 신규 시장에 진입하든, 사업 분야를 확장하든 상관없이 이런 평가는 획기적인 변화 선도에 필수적이다.

초기 평가_우리의 현재 위치

2007년에 론 그레이브스가 핑크베리의 최고 경영자 자리에 올랐을 때, 이 냉동 요구르트 회사는 이미 로스앤젤레스와 뉴욕에서 20개가 넘는 점포를 운영하고 있었다. 그레이브스는 이 브랜드를 열성적으로 좋아하는 추종자들을 볼 때, 핑크베리가 글로벌 브랜드로 성장할 잠재력이 있다고 느꼈다. 하지만 재빨리 더 많은 점포를 여는 대신, 1년에 걸쳐 조직 상황을 평가했다. 그레이브스의 말처럼, 우리 회사가 빠르게 성장했다는 것을 알기 때문에, 그런 빠른 성장을 뒷받침할 수 있는 인프라를 갖춘 견고한 토대를 확립하는 것이 다른 무엇보다 중요했다. 그레이브스의 평가 과정은 3단계로 진행되었다.

- 투자자와 이사, 그리고 회사의 글로벌 확장을 이끌 능력이 있는 경영진들을 모아 팀을 구성했다.
- 그레이브스와 그의 팀은 기업가 정신, 타협하지 않는 품질, 고객의 기쁨 등 핑크베리의 사명과 핵심 가치를 명확히 밝혔다. 이런 원리 원칙이 핑크베리가 성공을 거두는 기본적인 토대가 되기 때문에 모든 신입 사원과 신규

가맹점들에게 직접 이 원칙들을 가르쳤다.

- 그런 다음 성장 전략의 개요를 정했는데, 이 전략에는 회사와 같은 가치관을 가지고 있고, 여러 개의 점포를 운영한 경험이 있으며, 해당 지역에 깊이 뿌리를 내리고 있어 관련 지식이 풍부하고, 재정 상태가 건전한 가맹점들도 포함되어 있다.

이렇게 토대가 확립되자, 핑크베리는 총력을 다 기울여 국내와 해외 시장을 공략했다. 이 회사는 2009년에 중동 지역에 진출해 그곳에 50개 이상의 점포를 개설했다. 그 후 국내와 해외에서 꾸준히 사세를 확장해 2014년, 미국 내 27개 주와 전 세계 19개 나라에 250개 가까운 매장을 운영하고 있다. 조기 평가는 가치관을 손상시키지 않고 성장에 필요한 체계와 규율 사이에서 균형을 이루는 이 회사의 능력에 중요한 요소로 작용했다. 이것이 바로 그레이브스가 "회사가 과거에도, 지금도, 앞으로도 날마다 추진해야 한다"고 말한 갈등 조정 절차다.

어떤 사업이나 환경에서든, 사실상 모든 계획은 '자신의 현재 위치'에 대한 빈틈없는 평가에서 시작된다. 이 평가를 실시할 때는 운영과 프로세스뿐만 아니라 회사나 조직이 시장에서 차지하는 위치에 영향을 미치는 다른 요소들도 모두 고려해야 한다. 경쟁적 입지, 고객 만족도와 제품 품질, 생산성과 효율성, 인력 관련 사항 등도 모두 살펴보고 싶을 것이다. 여러분의 비전이 순조롭게 목표 지점으로 향하려면 이런 요소 가운데 일부 혹은 전부가 바뀌어야 할 수도 있다.

또 계획이 진행되는 과정에서 필요하게 될 모든 기술, 즉 마케팅, 영업, 운영 효율성, 소셜 네트워크 친숙도, 그리고 여러분의 구체적인 변화 계획에 필요한 모든 것도 평가를 거쳐야 한다. 여러분 팀이 이런 기술을 보유하고 있는가? 만약 아니라면 어디에서 그런 기술을 확보할 수 있는가? 컨설팅 회사나 인력 채용업체, 혹은 그냥 회사 내의 다른 부서에서 찾을 수 있는가? 필요한 전문 기술을 확보하기 위한 계획을 세워두어야 한다(이 중요한 사안은 8단계에서 다시 다룰 예정이다).

경험이 부족하거나 자신감이 지나치게 넘치는 리더가 실수를 저지르는 시기가 여러 차례 있다. 일례로 초기 기획 단계에서 현재 상황을 그대로 미래에 투영해서 생산성이나 품질도 그다지 나아지지 않을 것이라고 예상하는 관리자들이 많다. 점진적인 변화를 계획하는 경우에는 단순하고 일차원적인 예상을 하는 것도 괜찮다. 실제로 이 방법은 예측할 수 있고 믿을 수 있으며 위험성도 낮다. 또 상황에 따라서는 이쪽이 올바른 행동 방침인 경우도 종종 있다. 하지만 획기적인 변화를 목표로 한다면 그보다 훨씬 많은 일을 해야 한다.

획기적인 변화를 위한 평가_가고자 하는 목표 지점

획기적인 변화는 선형적으로 진행되지 않는다. 점진적으로 가속도가 붙는 계획이 아니라는 이야기다. 그보다는 본질적으로 다른 새로운 위치로 도약할 것을 요구한다. 우리가 획기적인 변화를 추구한다면, '가고자 하는 목표 지점WWWTB; Where We Want To Be'을 중심으로 두 번째 중요한 평가를 진행해야 한다. 미래의 개념을 분명하게 표현하는 것이 획기적인 변화의 리더인 여러분이 해야 할 일이다. 지금까지 받은 교육이나 습관, 혹은 안전한 길을 택하고자 하는 욕구 때문인지, 리더들은 WWWTB를 WWAWhere We Are(우리의 현재 위치)의 단순한 투영으로 정의하면서 여기에 온건하거나 공격적인 수준의 개선 사항을 덧붙이려는 경향을 강하게 드러내기도 한다. 그러나 진정으로 획기적인 변화는 미래를 매우 새롭고 색다른 무엇인가로, 어쩌면 경쟁적인 약진의 기회로 완전히 다시 정의할 수 있는 기회다. 이런 새로운 환경에서는 성공이 어떻게 비추어질까? 우리는 그 성공을 어떻게 측정하게 될까?

시티의 데비 홉킨스와 나는 현재 우리가 하는 일을 기준으로 삼아 미래를 정의하지 않도록 처음부터 대화의 폭을 확대하는 것에 대해 논의했다. 홉킨스는 말했다. "미래의 경로를 결정하는 대화의 방향을 바꾸고 싶을 것입니다. 선택에 관한 대화에 사람들을 참여시킬 때는 모든 가능성의 범위를 생각해야 합니다. 그래야만 선형적인 사고방식에서 벗어날 수 있습니다. 비즈니스 모델이 빠르게 변하고 끊임없는 재창조가 이루어지는 세상에서는 그런 것이 특히 중요하죠."

WWWTB를 생각할 때는 여러분이 장려하고 싶은 대화, 즉 창의적이고 더없이 열정적인 토론이 그 시작이다. 이것은 아무런 제약도 없는 진정한 대화로서 단순한 쌍방 대화의 수준도 뛰어넘는다. 여러분과 직원들 모두 가장 시기적절하고 잠재력 높은 혁신을 상상해야 한다. 사람들이 현재와 똑같은 것을 좀 더 많이, 빠르게 얻을 수 있는 미래를 그리는 것은 바라지 않을 것이다. 이 단계에서는 상상력을 발휘해서 지금과 완전히 다른 미래를 구상하기를 바란다. 그런 미래의 화려한 면면을 생각해보자. 선택의 순간이 오면 수많은 가능성 중에서 하나를 고를 수 있다. 그리고 WWWTB가 구체적인 목표이기는 해도 변화, 특히 획기적인 변화는 도중에 수많은 탐험과 발견이 이루어지는 과정이라는 사실도 인정해야 한다. 따라서 새로운 것을 배울 수 있는 여지와 목적지를 다시 정의할 수 있는 융통성이 있어야 한다. 물론 그로 인해 경제적인 부분에 악영향이 미치는 일은 없어야겠지만 말이다.

WWWTB를 현실화하는 방법을 결정하는 프로세스 후반부에는 전략적인 기획 과정과 의사 결정을 통해 범위를 좁히기 때문에 목표가 좀 더 정확해진다. 다음에 살펴볼 이 단계와 관련해, 인텔의 르네 제임스는 자기가 지금 있는 실제 위치와 가고자 하는 목표 지점이 현실적이어야 한다고 강조했다. 또한 성공을 거두게 해준 어떤 일을 중단하고, 이 미래를 향한 도약에 자신의 모든 것과 어쩌면 회사의 모든 것까지 걸어야 하는 데 따르는 개인적인 위험과 두려움을 인정했다.

행동에 대한 평가_목표 지점에 도달하는 방법은?

앞의 두 가지 평가는 논리적으로 "목표 지점까지 어떻게 가야 하는가?"HDWGT; How Do We Get There라는 세 번째 평가로 연결된다. 그러니까 우리의 현재 위치WWA에서 가고자 하는 목표 지점WWWTB까지 어떻게 가느냐는 이야기다. 두 번째 평가인 WWWTB는 우리가 3단계에서 처음 논의한 비전 문제다. 그때와 달라진 점이 있다면, 이제 실제 계획을 세우는 중이기 때문에 여기에서는 미래에 대한 크고 개괄적인 그림을 그리는 것이 아니라 일련의 구체적인 목표와 산출물, 측정 기준을 가지고 미래를 정의해야 한다는 것이다. '방법'을 묻는 질문에 온전히 대답할 수 있는 경우에는, 그 질문을 분할, 측정 기준, 인력, 시범 단계(6단계부터 9단계까지)로 구분한 뒤에 비로소 의미 있는 행동 계획을 세울 수 있다. 이 단계가 일반적인 기획 단계와 다른 점은 예측 불가능성을 더욱 확실하게 인정한다는 것이다. 미래로 향하는 길은 일직선으로 쭉 이어지지도 않고 예측할 수도 없기 때문에 계획을 세울 때는 실수나 곤경, 일정 지연이 발생할 수도 있고 그런 과정에서 많은 것을 배운다.

르네 제임스는 하나의 집단을 현재 위치에서 여러분이 원하는 목표 지점으로 옮기는 데 따르는 어려움에 대해 이야기하다가 이런 말을 했다. "여러분이 '교량' 역할을 하지 못한다면, 사람들이 현재 있는 위치에서 앞으로 나아갈 목표 지점을 보도록 하지 못한다면, 그들은 결코 여러분이나 프로젝트를 신뢰하지 않을 것입니다. 그들이 첫발을 내딛도록 히지 못한다면, 그리고 그 첫걸음이 어떻게 가능한 미래로 바뀌는지 설명하지 못한다면 그들은 전혀 움직이려고 하지 않을 것입니다." 이 세 가지 평가에 내재된 질문 하나하나를 신중하고 철두철미하게 숙고해야 하는 것도 바로 이런 이유 때문이다.

획기적인 변화를 위한
기획 요소

다른 많은 사업 계획과 마찬가지로 획기적인 변화를 위한 계획에도 다음과 같은 핵심 요소들이 존재한다.

- 목표와 산출물
- 과업
- 기한
- 자본과 기타 자원
- 인력

획기적인 변화를 위한 계획을 세울 때는 이런 요소들을 평소와 다르게 다루어야 하는 경우가 많다.

목표와 산출물

목표와 산출물을 정의하는 첫 번째 요소는 계획이 진행되는 내내 여러 번 되풀이해서 나타난다. 점진적인 변화를 계획할 때와 달리, 획기적인 변화 계획이 시작될 때는 향후 결과가 어떻게 될지 정확히 알 수 없다. 하지만 '차근차근 쌓아올리기' 프로세스를 이용한다면 꽤 좋은 아이디어를 얻을 수 있다. 지금 여러분은 변화에 대한 명확한 요구와 미래에 대한 매력적인 비전을 갖고 있을 것이다. 하지만 그것은 여러분이 지향하는 실행 가능한 구체적인 목표와는 다르다. 대개의 경우 획기적인 변화는 정해진 산출물이 있는 여러 개의 개별적인 계획으로 분할할 수 있다. 전체적인 목표를 그보다 규모가 작은 단계별 목표로 나누면 자기가 일을 제대로 진행하고 있는지 판단하는 데 사용할 일련의 확인점이 생긴다. 하나의 커다란 목표를 그보다 작은 목표로 세분하면 관리하기가 더 쉽고 추진력도 붙는다.

계획을 여러 개의 목표로 나누는 것은 시간과 돈이 부족한 경우에 대처할 수 있는 유용한 방법이기도 하다. 자원이 부족하거나 시간이 촉박할 때는 산출물의 정의를 축소하는 것이 해결책이 될 수도 있다. 예컨대 제품을 처음 출시할 때 전면적으로 공개하는 대신 제한된 지역에서만 출시하는 것도 여기 포함된다. 그러면 그 최초의 소규모로 시험 적용한 것이 새로운 산출물이 되고, 그 부분이 완료된 뒤에 전체 계획을 재평가한다(시험 적용에 관한 자세한 내용은 9단계에 나온다).

과업

대략적인 계획을 세운 뒤에는 완수해야 하는 과업들을 잘 정리해야 한다. 기획 과정의 이 부분은 변화가 점진적이건 아니면 혁신적이건 상관없이 거의 모든 프로젝트와 운영 계획에서 동일하다. 대부분의 변화에는 저항과 반대가 불가피하게 뒤따르며 이로 인해 일정이 지연되고 비용이 발생한다. 기한을 어기거나 예산 부족으로 고생하면서 상사를 실망시키거나 그와 곤란한 대화를 나누게 되는 사태를 최소화하려면 미리 예상하고 계획을 세워두어야 한다.

기한

이런 성격의 프로젝트에서는 기한을 맞추는 것이 무엇보다 중요하다. 핵심 산출물과 관련된 최종 기한의 중요성을 끊임없이 강조해야 한다. 획기적인 계획의 경우에는 유동적으로 움직이는 부분이 많은데 그것들은 서로 밀접하게 연관되어 있다. 그중 하나를 정지시키거나 제거하면 나머지도 전부 멈추어버리고 만다. 중요한 일을 진행하던 중에 한 가지 일이 지연되면 다른 것들도 모두 뒤로 밀린다. 일정 지연은 야심 찬 계획의 적이다. 일이 지연되면 자원과 팀의 신뢰성, 추진력이 피해를 입는다. 리더들이 다른 문제에 대처할 때와 같은 방식으로, 즉 예측하고, 예측하고, 또 예측하면서 일정 지연과 맞서 싸워야 한다. 예상되는 일정 지연을 계획에 포함시키고, 일정을 너무 촉박하게 잡지 말자.

　중요한 기한은 전부 어떻게든 맞추어야 한다는 생각을 심어주어야 한다. 그러자면 주말 근무와 야근까지 불사해야 할 수도 있지만, 팀원들은 위기 앞에서 어떻게든 수완을 발휘해야 하고 또 그렇게 될 것이다. 이런 사고방식과 실천, 노력이 없으면 일이 끝없이 미루어지고 또 미루어지게 된다. 몇 차례의 사소한 기한 초과는 그 자체로는 별로 상관없어 보일지 모르지만 그것이 계속 쌓이다 보면 계획 전체를 망칠 수 있다. 의욕적인(그리고 현실적인) 계획을 세우고 팀이 목표를 향해 나아갈 수 있게 이끌어주어야 한다. 그 과정에서 헌신과 투지의 정신이 생겨나고 유지되어야 한다. 아홉 단계의 '차근차근 쌓아올리기' 과정과 리더십 커뮤니케이션에 대한 설명이 끝나면 제2부 2장에서 이 문제를 더 자세히 논의할 예정이다.

자본과 기타 자원

자신의 현재 위치와 앞으로 도달하고자 하는 목표 지점 사이의 격차를 검토할 때, 리더들은 목표 지점에 도달하는 데 필요한 자원이 무엇인지 알아보기 시작한다. 이런 자원에는 일련의 경제적·제도적 한계가 있기 마련이다. 그 결과, 실제 결과물을 책임져야 하는 사람이 보기에는 프로젝트에 지급되는 예산이 너무 빠듯한 경우가 많다. 변화를 위한 최상의 틀을 확보하려면 모든 역량과 지식이 집결되어 있는 곳에서 교섭을 진행해야 한다. 계약을 체결하기 전부터 자신의 요구 사항을 솔직하게 털어놓고 협상을 진행하는 것이 훨씬 현명한 방법이다. 그러면 프로젝트의 약점과 장점을 본인에게 투영하지 않고도 그에 대해 논의할 수 있기 때문이다.

데비 홉킨스와 나는 획기적인 변화, 특히 결과를 알 도리가 없는 완전히 새로운 영역으로 진입하게 되는 변화를 위해서 수립하는 재정 계획의 어려움에 대해 이야기를 나누었다. 홉킨스는 대규모 변화를 이루기 위해서는 '변화, 즉 우리가 가야 하는 목표 지점과 단계적인 접근 방식에 열정을 품은 독립적이고 열성적인 사람'이 필요하다는 신념을 명확하게 밝혔다. 홉킨스는 시티가 혁신 프로젝트에 필요한 자금을 마련하기 위해 '스테이지 게이트stage-gated 프로세스'를 이용했다고 설명했다. 시티는 이를 통해 '제안된 변화에 대한 핵심적인 관점'을 유지할 수 있었다. "그것은 이 변화가 엄청난 결과를 가져올 수 있고, 금융 서비스 분야에 아직 정의되지 않은 완전히 새로운 시장을 만들 수 있다고 생각했습니다. 우리는 이제부터 증명해야 하는 가설을 세웠습니다." 홉킨스는 이어서 자신들이 "관문을 지나 시장에 가까워지면서부터는 좀 더 전통적인 방법과 목표를 도입했다"고 말했다. 스테이지 게이트 시스템을 이용한 덕에 시디는 많은 돈을 들이지 않고도 중요한 아이디어를 분석할 수 있었다.

재원 마련을 제한하는 홉킨스의 프로세스는 현실을 확인하고 재평가할 수 있는 시간을 마련해준다. 이는 매우 타당한 방법이다. 리더들은 프로젝트의 비전에 대한 자신의 열정 때문에 잠재적인 어려움과 난관을 과소평가하기도 한다. 프로젝트 진행이 실제보다 덜 어렵고 비용도 덜 들 것이며, 할당된 자본과 기타 자원이 프로젝트를 끝마치기에 넉넉하리라고 생각하는 것은 정말 쉬운 일이다. 우리가 이렇게 생각하는 이유는 변화가 '간단하고' 확실해 보이기 때문이기도 하고, 또 인간은 뭐든지 희망적으로 생각하려는 경향이 있기 때문이기도 하다.

나는 변화가 얼마나 힘겨운 과정이 될 수 있는지 알지만, 그래도 변화 중독자처럼 집요하게 군다. 내 머릿속에서는 '그 일이 과연 얼마나 어려울까?'라는 질문이 메아리친다. 그리고 그 질문에 솔직하고 진지하게 답하기가 어려운 경우가 많은데 이는 심각한 문제다. 필요한 시간과 자원(돈과 인력 등) 요건을 너무 적게 추산하려는 성향이 있다. 획기적인 변화 계획은 예측할 수 없다는 사실을 생각하면, 예산 초과가 반드시 프로젝트의 실패를 의미하는 것은 아니다. 계획을 철저하게 세우고 정보를 미리 공유하면 일반적으로 끔찍한 결과를 초래할 것처럼 보이는 문제들도 극복할 수 있다.

존 도나호는 미래에 대한 솔직한 계획과 평가의 필요성을 강조하는 이베이의 일화를 하나 들려주었다. "우리 회사 CFO가 내놓은 최고의 방책은 우리의 재정적 미래를 아주 솔직하게 평가하자는 것이었습니다. 글로벌 경제가 급락했던 2009년의 극심한 암흑기에 투자자 회의를 열었습니다. 당시에는 상황이 너무 안 좋고 전망도 암울했기 때문에 분기별 지침을 내놓는 회사도 전혀 없었죠. 우리 CFO는 저한테 회의에 참석해서 투자자들에게 향후 3년 동안의 재정 목표를 제시하게 했습니다. 요컨대 전 투자자들 앞에서 이렇게 이야기한 것입니다. '1년째에는 우리 회사 주가가 더 하락하고 상황도 더 안 좋아질 것입니다. 2년째에는 아주 조금 나아질 전망입니다. 그리고 지금부터 3년 뒤에 저희는 이런 상황이 되기를 바라고 있습니다.'"

난 그의 말에 사람들이 어떤 반응을 보였을지 상상할 수 있었고 도나호는 내 생각이 맞았다는 것을 확인시켜주었다. "물론 투자자와 애널리스트들은 이런 예상을 전혀 마음에 들어 하지 않았습니다. 첫 번째 해와 두 번째 해는 물론이고 세 번째 해의 전망에 대해서도 썩 내켜하지 않았죠. 하지만 그런 수치들을 솔직하게 제시한 덕분에 다들 마음이 편해졌습니다. 우리는 발생할 수 있는 일들과 있음직한 일들을 사실대로 말했습니다. 덕분에 상황이 호전되기 전까지 더 나빠질 수 있다는 각오를 하게 되었고 성공을 측정할 수 있는 기준선도 마련되었습니다." 도나호는 정해진 목표보다 뛰어난 성과를 올렸기 때문에 회사 내부·외부에서 성공에 대한 감각을 키울 수 있었다고 설명했다. CFO가 조언한 방법에 따라 회사의 미래 모습을 설명했다. "그것을 외적 맥락으로 표현하는 것이 정말 중요합니다. 일이 제대로 진척되지 않을 때는, '상황이 이렇게 될 거라고 미리 말씀드리지 않았습니까. 그래도 제 궤도에서 벗어나지 않고 있으니까 곧 이 상황을 뛰어넘을 것입니다'라고 말할 수 있었습니다. 그리고 우리 공을 칭찬하거나 인정해주는 외부 세력이 없는 경우에도 이 방법을 통해 우리의 성공을 평가할 수 있었죠. 그리고 그걸 기반 삼아 발전할 수 있었습니다.”

도나호의 이야기는 미래에 대한 예상을 솔직하고 명확하게 전달하는 것이 얼마나 강력한 힘을 발휘할 수 있는지를 보여준다. 당시의 암울한 재정 상황을 생각하면 좀 더 희망적인 그림을 제시하고 싶다거나 다른 회사들처럼 그냥 침묵을 지키고 싶다는 유혹을 분명히 느꼈을 것이다. 하지만 미래에 대해 계획을 세우려면 앞으로 상황이 호전되기 전에 더 악화될 수도 있다는 사실을 인정해야 한다는 도나호의 CFO가 내린 판단은 더할 나위 없이 정확했다.

게다가 도나호는 자신의 미래 비전을 이런 식으로 전달함으로써 가장 큰 위험 요소 몇 가지를 피하고 자신의 신뢰도를 높였다. 또한 소요되는 시간과 수익성을 보수적으로 예측해 기한을 넘기거나 재무 계획이 빗나갈 가능성을 낮추었다. 게다가 이베이가 예상보다 좋은 실적을 올리자 평소보다 더욱 큰 성공으로 거둔 것으로 보여 축하받기도 했다. 한마디로 말해, 위험과 도전을 인정하는 것은 불확실한 상황에서 세울 수 있는 매우 훌륭한 계획이었던 것이다. 여러분도 이런 계획을 세워보자. 필요한 시간과 자원을 너무 적게 추산하지 말고 이 계획을 실행에 옮길 사람들을 결집시키자.

도나호의 이야기는 빈틈없는 예상과 사람들이 큰 그림을 보도록 돕는 것이 중요하다는 것을 알려준다. 모든 획기적인 변화 계획은 불확실성으로 가득하다는 사실을 늘 기억해야 한다. 여기에서 적절한 균형을 잡으려면 변화 계획이 조직에 큰 이익을 안겨주어야만 한다. 투자한 자본에 대해 상당한 이익이 돌아와야 한다. 다시 말해, 어떤 대담하고 위험한 프로젝트에 1천만 달러를 투자해서 겨우 1,200만 달러나 1,500만 달러 정도의 수익이 예상된다면 그 프로젝트는 시도하지 말아야 한다는 이야기다. 그 정도 수준의 투자라면 2,500만~3천만 달러 정도의 이익이 생길 것으로 예상되어야 투자할 마음이 들 것이다. 그래야 시간과 비용이 예상치 못하게 초과되어 프로젝트 투자비용이 1,400만 달러로 늘어나는 경우에도 여전히 투자할 만한 가치가 있다는 합리적인 개연성이 생기기 때문이다. 벤처 투자가들이 내부 수익률이 30퍼센트 이하인 프로젝트는 쳐다보지도 않는 것도 이런 이유 때문이다. 이들은 뜻밖의 소식들이 대부분 수익의 경제성을 높이지 못하고 오히려 부진하게 만든다는 사실을 알고 있다. 여러분도 이와 비슷하게 생각해야 한다. 잠재적인 최종적 성공이 투자한 시간과 에너지, 자원, 위험을 정당화하기에 충분할 만큼의 보상을 약속하지 않는 한 획기적인 변화의 길에 발을 들여놓아서는 안 된다.

마지막으로 모든 획기적 변화는 자본 이외의 다른 자원이 필요할 가능성도 있다는 것을 기억하자. 이런 자원(예: 비어 있는 시설, 여유 작업 공간, 기술 지원, 회계 등)이 조직 내에 있다고 있더라도 이들 또한 예산에 포함시켜서 설명해야 한다.

인력

인력은 다른 물질적인 자원과 함께 움직인다. 자금이나 노동력이 부족한 상황에 대처할 수 있는 유일한 방법이 넘치는 열정뿐인 경우가 많다. 그러려면 다시 내부에서 개척자들을 찾아 이들을 신속하게 업무에 참여시켜야 한다. 열성적이고 활기차며 기꺼이 추가적인 시간과 노력을 기울이고자 하는 사람들이 필요하다. 8시간치 임금을 받고 12시간 넘게 일하는 사람, 주 5일치 급여를 받고 7일 내내 일하는 그런 사람들이 필요하다. 금전적인 보상만을 위해 일하는 것이 아니라 이 프로젝트의 본질적인 가치를 아는 사람들을 끌어들여야 한다. 왜냐하면 안타깝게도 획기적인 변화 계획이 성공한다고 하더라도 대개의 경우 참여한 직원들에게는 경제적인 이익을 안겨주지 못하는 경우가 많기 때문이다. 하지만 팀원들이 계속 일에 몰두할 수 있게 해주는 심리적인 보상은 매우 큰 편이다.

회사나 직원들의 재정 예산이 얼마이든 간에 주어진 임무와 사람들과의 연계성은 큰 자신이 될 수 있다. 이 부분과 관련해 르네 제임스는 조직에서 금전적인 성공을 거둔 이들이 많지만 일에 대한 이들의 넘치는 열의는 월급 때문이 아니라는 사실을 잘 알고 있다. 그들이 계속 회사에 나오는 이유는 자기가 다니는 회사가 '세상을 바꿀 수 있고, 본인에게도 매일매일 세상을 바꿀 수 있는 가능성이 있다'는 것을 알고 있기 때문이다. 테리 피어스가 내게 자주 상기시키는 것처럼, 사명이 주는 자극도 중요하다. "사람들이 돈을 벌기 위해 노력하는 것은 사실이지만, 그들은 의미 있는 일을 위해서라면 목숨도 바칠 것입니다."

위험에 대비한 계획과 필연적인 의문

획기적인 변화에는 시간이 걸리는 것이 사실이며 혹시 중간에 일이 잘못되기라도 하면 더 오랜 시간이 소요된다. 4단계에서 설명한 것처럼, 미리 생각하고 계획을 세우면 많은 장애물을 헤쳐 나가는 데 도움이 되지만 그렇다고 모든 문제를 다 해결할 수 있는 것은 아니다. 5단계는 위험 요소들을 미리 살펴보고 분석하며 일이 벌어지기 전에 완화시키기에 가장 좋은 타이밍이다. 위험 요소는 회사 내부와 외부 어디에서나 나타날 수 있다. 규제 변화나 경쟁사들의 전략적인 움직임도 여러분의 앞길에 걸림돌이 될 수 있다. 이런 장애물들은 대개 리더들이 계획을 세상에 알릴 때 부딪히는 내부 위험보다 예측하기가 더 어렵다(자세한 내용은 제2부 1장에서 설명할 것이다).

여러분의 조직에 영향을 미칠 수 있는 외부적 문제가 얼마나 많은지만 생각해봐도 모든 취약성에 맞설 수 있는 제2안을 만든다는 것은 사실상 불가능한 일이다. 그러나 항상 앞날을 내다보면서 그에 대한 대책을 세워야 한다. 동료들이 여러분에게 "어떤 부분에 문제가 생길 수 있고, 그럴 경우 당신은 어떻게 할 것인가?"라고 물어볼 경우를 예상해두자. 이런 질문에 답할 준비가 되어 있어야 한다. 발생 가능성이 가장 높은 문제들에 대해 사전 대책을 준비해둘 수 있다. 물론 여러분이 아예 통제할 수 없는 위험 요인도 매우 많지만, 그런 문제들에 대해 생각해봤고 논리적인 대응책도 마련했다는 것을 남들에게 입증할 수 있어야 한다.

위험성을 파악하고 그에 대처하기 위한 계획을 많이 세워놓더라도, 새로운 경지를 개척할 때에는 늘 불확실한 부분이 있기 마련이다. 우리는 그것을 감수하는 법을 배워야 한다. 사실 이 과정에서는 결과가 모두 보장되지 않은 상태에서 사람들을 이끌고 격려하는 우리의 능력이 매우 중요하다. 위험 요소들을 미리 생각하고, 긴급 대책을 마련해두고, 예기치 못한 상황을 예상하는 법을 배워두면 업무나 시장, 혹은 다른 환경의 변화로 인해 신속하게 행동해야 하는 상황이 닥쳤을 때 큰 도움이 된다.

루디 줄리아니는 9·11 사태가 발생했던 당시 뉴욕 시장이었다. 이 도시는 과거에도 테러리스트의 공격을 받은 적이 있지만 이때와 같은 대규모 공격은 아니었다. 그리고 뉴욕 정도 규모의 대도시에서는 잘못될 수 있는 일들이 엄청나게 많다. 지하철 운행이 정지되거나, 전력망이 고장 나거나, 병원 전기가 끊기거나, 폭풍우로 인해 큰 피해를 입을 수도 있다. 9·11 사태는 아무도 예측하지 못한 상황이었지만 공격의 여파로 발생할 수 있는 일들은 대부분 예측할 수 있었기 때문에 후폭풍을 완화하기 위한 계획이 이미 마련되어 있었다. 그래서 줄리아니와 뉴욕 시 지도층이 테러 공격 발생 후 몇 시간 만에 내놓은 비상 계획은 예전에 다른 우발적인 사고들에 대비해 충분한 숙고를 거쳐서 만들어놓은 다양한 비상 계획을 효과적으로 연결시킨 것이었다. 이렇게 소규모 상황에 대한 위기관리 계획이 이미 존재했던 덕분에 상상조차 할 수 없었던 9·11 사태에 어느 정도 대처할 수 있었다.

■ ■ ■

물론 줄리아니와 그의 팀, 그리고 뉴욕 시 전체가 9·11 사태 이후에 겪었던 일들과 비교하면 획기적인 변화를 이끄는 일 같은 것은 상당히 수월하고 덜 어려운 것처럼 느껴진다. 하지만 목표가 뭐고 미래 상황이 어떻든지 간에 모든 일의 핵심은 사전 계획이다. 우리는 현재 상황을 평가하고 우리의 현 위치에서 목표 지점으로 나아가는 데 도움이 되는 계획을 세워야 하며, 그 과정에서 충분한 융통성을 발휘해야 한다. 그리고 NASA 엔지니어들이 수십 년간 그래온 것처럼 '전혀 예측할 수 없는' 일들을 위한 계획을 세워야 한다.

이들 계획의 세부적인 부분은 수정이 필요할 수도 있다. 그리고 다음 단계에서 살펴볼 내용처럼, 때로는 초기 성공 가능성을 높이고 프로세스를 시험하며 더 광범위한 변화를 위해 헌신하는 마음가짐과 추진력을 키울 수 있도록, 계획을 쉽게 관리할 수 있게 작은 단위로 분할하면 계획이 향상되기도 한다.

5단계 실행 항목

실행할 수 있는 계획 수립

1. 특히 경제 상황, 경쟁적 입지, 직원 성과, 미래 예상 등의 측면에서 우리의 현재 위치WWA를 정의한다.

2. 획기적인 변화가 이루어진 후 우리가 가고자 하는 목표 지점WWWTB이 어디인지 파악하는데, 이때 최대한 1번 항목만큼은 구체적으로 파악해야 한다.

3. 몇 가지 가능한 WWWTB가 있을 것이다. 팀원들과 함께 이 문제에 대해 대화를 나누어보자. 이 문제를 충분히 숙고하도록 도와줄 외부 자원이 있는지 고려하자. 프로젝트에 착수할 때 임의성을 유지하면서 일이 어떻게 전개되는지 지켜볼 수 있는 방법을 고려하자.

4. 성공과 실패를 이루는 요인들을 정의하고 경제적·재무적 성과, 경쟁적 입지, 성공 가능성 등 관련된 맥락의 측면에서 이런 요인들을 표현한다. 여러분이 최선을 다해 달성하고자 하는 결과와 최소한으로 허용해야 하는 것들에 대해 생각해보자.

5. 이제 목표 지점에 도달하는 방법HDWGT을 위한 주요 단계들을 구상한다. 이런 산출물을 주된 성공의 증거로 여기고 기념하게 되므로, 적어도 6개월에 한 번씩은 달성을 축하할 수 있는 주요 이정표가 있어야 한다. 이런 이정표를 조직 전체에 알려야 한다.

6. 각각의 주요 이정표에 도달하는 데 필요한 고난도 과업이 무엇인지 파악한다. 여러분이 만든 과업 계획을 고려할 때, 5번 항목에서 일정을 정한 고난도 단계를 달성할 수 있는가? 만약 불가능하다면, 일정을 조정하자.

7. 비용과 자본의 두 가지 측면에서 돈이 얼마나 필요할까? 알려지지 않은 문제와 실패에 대비해서 여유 자금을 충분히 추가하자.

8. 불확실한 부분이 매우 크다면 단계별 자금 지원을 고려해보자. 추후 재정 지원 결정을 검토해야 하는 중요한 단계나 지점이 어디인지 파악한다.

9. 이 변화를 통해 향후 5~10년 동안 어떤 이익을 기대할 수 있는가? (그 이익이 반드시 금전적인 것이 아닐 수도 있다는 사실을 기억하자.)

10. 그 밖에 또 어떤 자원이 필요한가(인력, 공간, IT 등)?

11. 여러분이 맞닥뜨리게 될 중요한 위험 요소는 무엇인가? (이 문제와 관련된 자세한 내용은 제2부 1장 참조)

12. 11번 항목에서 파악한 각각의 위험 요소를 완화시킬 수 있는 계획을 세운다. 격주로 열리는 운영 위원회 회의와 정의된 문제점에 대한 의사소통 확대 프로세스를 이용해서 도움을 받을 수 있는 방법을 생각해본다.

13. 추가적인 계획 두 가지를 세운다.

a. 3단계를 위한 지속적인 커뮤니케이션 계획

b. 리더십 팀이 주기적으로 결과를 검토하고 평가·조정할 수 있는 지속적인 계획

프로젝트 분할과 초기 성공을 통해 추진력을 형성하라

지대한 영향을 가져올 변화 계획을 사람들이 직접 머릿속에 그려보기가 힘들 수 있다. 특히 지금의 위치와 목표 지점 사이의 거리, 현재와 미래 사이의 격차가 엄청나게 커 보이는 경우에는 더욱 그렇다. 변화 자체도 충분히 힘든 일인데 추상적이고 먼 미래의 일처럼 보이는 변화는 이해하기가 더 힘들다. 혁신적인 변화를 이끈다는 것은 멀고 희미하게 보이는 목표를 향해 노력해야 한다는 뜻이기도 하다. '차근차근 쌓아올리기' 프로세스의 이전 단계에서 살펴본 것처럼, 직원들이 미래를 실질적인 모습으로 떠올리지 못한다면 변화에 대한 절박감을 느끼기 힘들 것이다.

여러분은 자신의 최종적인 목표에 전념해야 한다. 또한 달성이 불가능해 보일 정도로 멀고, 추상적이고, 애매하게 느껴질 때에도 그 목표를 명확하게 제시할 수 있어야 한다. 처음에는 모든 사람에게 열의를 불어넣기가 비교적 쉽다. 리더들에게 더 큰 어려움을 안겨주는 것은 프로젝트가 장기간에 걸쳐 진행되는 동안 계속해서 이들의 사기를 높게 유지하는 것이다. 혁신적인 변화를 성공적으로 이끌려면 당면한 업무 단계를 명확히 밝히고, 사람들, 특히 비전 개발에 참여하지는 않았을지 몰라도 그것을 실현하기 위해 꼭 필요한 이들이 미래로 향하는 길을 실제적이고 구체적으로 볼 수 있도록 도와야 한다.

'차근차근 쌓아올리기'는 우리 자신과 직원들이 변화 계획을 성공적으로 수행할 채비를 갖추기 위한 방법이다. 이는 하나의 프로세스인데, 여러분이 이 프로세스를 위협적인 느낌이 덜하고 더 흥미로우며 달성할 수 있는 것으로 만들면 만들수록 성공에 이를 가능성이 더 높아진다. 획기적인 변화를 시행하는 길고 고된 과정을 통과하는 동안 추진력을 키우고 유지하는 일의 중요성에 대해 앞에서 이야기한 바 있다. 5단계에서 진행한 세부적이고 장기적인 계획의 가치는 아무리 강조해도 부족하다. 그 계획이 지닌 힘과 세부 사항이 사람들을 동원하거나 참여시키는 데 도움이 될 것이다. 이번 장에서는 계획을 세분화해서 성공을 뒷받침하고 핵심적인 요소들을 지탱하며 많은 시간과 노력이 드는 획기적인 변화 과정 내내 모든 이들이 꾸준히 참여할 수 있도록 하는 방법을 살펴볼 것이다.

잠정적인 성공을 위한 계획

초기에 생겨난 열의를 계속 유지하는 가장 좋은 방법 가운데 하나는, 중요한 획기적인 변화 계획을 구체적이고 명확하게 정의된 이익을 가져다주는 단기·중기 목표가 있는 소단계로 나누는 것이다. 변화 계획을 작은 목표로 분할하면 '천천히 점진적으로' 접근하려는 태도가 생겨나 일을 관리하기가 한결 쉽다고 느껴지기 때문에 팀원들이 편한 마음으로 일에 전념할 수 있다. 이상적인 상황에서는 이런 각각의 작은 목표를 달성하는 데 12개월 이하의 시간이 걸리며, 가급적 6개월 이하면 더 좋다. 계획 분할을 통해 완전한 변화로 향하는 도중에 잠정적인 성공을 축하할 수 있는 일련의 체크포인트가 생긴다. 12개월 이하의 간격으로 주요 산출물을 제공하지 못하는 계획은 위험이 훨씬 더 크다. 왜냐하면 성공의 징후가 나타나기를 12개월 이상 기다리는 것은 금전적으로나 감정적으로나 극도로 힘든 일이기 때문이다. 중간에 최소 몇 차례 이상의 잠정적 성공을 맛보지 못한다면 팀의 추진력과 에너지가 소멸될 위험에 처하게 될 것이다.

많은 리더들이 강조하는 것처럼 잠정적 성공을 위한 계획에는 다양한 이점이 있다. 단계적인 접근 방식의 세부 사항을 철저하게 파고들면 사소한 사안이 심각한 문제로 발전하기 전에 찾아낼 수 있다. 시티의 데비 홉킨스의 지적처럼, 대체로 일을 단계별로 나누어서 접근해야 하는 품질 계획이 빠져버리면 결과적으로 프로젝트가 문제를 겪게 된다. 홉킨스는 그러지 말고 시간을 내서 '자신의 계획을 미리부터 세부적으로 검토하라'고 충고하며 말한다. "그러면 일의 다른 부분이 전부 쉬워지고 미래에 깜짝 놀랄 일이 생길 가능성도 줄어듭니다."

시간을 내서 세부적인 계획을 세우고 대규모 계획을 작은 단위로 나누면, 각 단계에 소요되는 시간을 예측할 수 있고 성공을 나타내는 핵심 산출물을 측정할 수 있다. 변화 계획을 단계적인 접근 방식으로 나누면 기획 품질이 개선되고, 여러분은 장기적으로 더 뛰어나고 섬세한 기획자가 될 수 있다.

또 일의 결과를 미리 볼 수 있고 계획에 대한 지원도 늘어난다. 단계적

접근 방식을 이용하지 않고 프로젝트를 분할하지 않으면, 직원과 팀원 혹은 상사들이 프로젝트에 대한 신뢰를 잃게 되는 위험이 생긴다. 여러분이 결과물(긍정적인 결과)을 내놓지 않으면 최고 경영진은 프로젝트에 할당한 자원을 줄이기 시작할지도 모른다. 자기 눈으로 긍정적인 결과물을 보지 못하면 밑 빠진 독에 돈을 퍼붓고 있는 듯한 기분이 들기 때문에 그들 입장에서는 자원 삭감이 타당하게 느껴질 수도 있다. 프로젝트에 시간과 자원, 인력을 들이고 있는데 실제 이익이 발생하지 않는다는 것은 바람직한 상황이 아니다. 신중하게만 계획하면, 작업 분할을 통해 정기적으로 결과를 보여줄 수 있을 것이다.

다른 단계에서 이미 확인한 것처럼, 획기적인 변화를 이끌 때는 미래에 대한 여러분의 비전을 납득시키는 작업이 끝없이 계속되어야 한다. 매우 현실적인 방식으로, 여러분과 여러분의 팀은 끊임없이 변화 계획을 홍보하고 그 존재의 타당성을 꾸준히 증명해야 한다. 여러분이 올바른 길을 가고 있다는 증거를 제시할 필요가 있다. 눈에 보이고 측정할 수 있는 성공의 증거가 있으면 반대론자들을 이기는 데 도움이 되고 여러분에게 매우 강력한 무기가 된다. 중간보고도 완료된 과업만큼 유용하기는 하지만 프로젝트 추진력을 키우고 유지하려면, 회사에 잠정적인 이익을 가져다주는 실제 중간 산출물을 제시하는 것이 가장 좋다.

인텔의 르네 제임스는 말했다. "수많은 사람들이 실패의 증거를 찾고 있을 때는 문화적 관성이 여러분에게 불리하게 작용합니다. 이에 대응하기 위해서는 항상 증거를 제시해서 사람들을 설득하고, 설득하고, 또 설득해야 합니다." 잠정적인 성공의 증거를 찾아내고 발전시키는 문제에 있어서 이 '설득'이라는 말이 키워드라는 것은 부인할 수 없다.

축하 분위기 조성

'축하'는 팀과 전체 계획에 중요한 또 하나의 키워드다. 사소한 잠정적 성공을 비롯해 어떤 성공이건, 아무도 알아차리지 못하고 지나가는 것은 누구에게도 이롭지 못한 일이다. 팀원들이 성취감과 달성감을 느끼지 못하면, 극도의 피로감을 느낄 수 있다. 아무리 사소한 성공이라도 인정하고 축하해주면 사기가 높아지고 팀을 유지하는 데도 도움이 된다. 업무 경력 면에서나 심리적인 부분에서나, 사람들은 자신이 뭔가를 성취한 것처럼 보이고 싶어 한다. 또 그런 축하 하나하나가 목표 전체를 강화하기도 한다. 특히 그 목표를 달성하기까지 아직 갈 길이 멀다면 계획의 모든 단계마다 작게 축하를 하는 것도 좋다.

장기적인 변화를 진행하는 일의 어려움에 대해 이야기하다가, 르네 제임스는 인내심을 발휘하려면 비전과 활기찬 모습을 유지할 필요가 있다고 강조했다. 제임스는 짐 콜린스가 『위대한 기업의 선택』에서 쓴 20마일 행진 이야기를 꺼냈다. "우리는 올해 이 길을 따라 20마일을 갈 것이고, 내년에 다시 20마일을 더 가고, 그 이듬해에도 그럴 것입니다. 그러면 5년 후에는 완전히 새로운 장소에 가 있겠지요." 또한 "목표 지점에 도달할 때까지 며칠, 몇 달, 몇 년이 지나는 사이에 사람들은 피로감을 느끼게 됩니다. 여러분은 팀원들이 계속 활기와 열정을 유지하도록 해야 합니다"라고 말했다.

제임스는 과거 자신이 거둔 성공과 실패를 비교해보았다. "둘 사이의 차이는 프로젝트를 연결하는 가교와 가교 전략의 실용성이었습니다. 우리는 현재의 활동을 어떻게 미래를 향한 추진력으로 바꿔놓았을까요? 목표를 좇아 일을 진행한 지 2년 정도 지나면, 우리 직원들이 어느 날 문득 '우리는 이제 완전히 다른 조직이 되었어!'라고 생각할 수 있기를 바랍니다."

하워드 슐츠가 2008년에 스타벅스 CEO라는 자신의 예전 역할로 돌아갔을 때(8년간 회장직을 역임한 뒤에), 자신이 할 일이 매우 많다는 것을 알게 되었다. 당시는 금융 위기가 한창일 때라서 스타벅스의 재정적 미래가 특히 암울해 보였기 때문에 회사를 살리기 위해서는 상당한 규모로 비용을 삭감하고 힘든 결정을 내려야 한다는 것을 깨달았다. 슐츠는 회사 상황이 호전되어 다시 전처럼 번창하려면 모든 이들이 변화에 동참해서 올바른 목표와 가치관에 집중해야 한다는 사실을 알았다. 그리고 관련자 모두를 설득하는 데는 많은 노력이 필요했다.

슐츠가 내게 "당신이 스타벅스 매장 관리자라면 세상에는 수많은 매장과 수백만 명의 고객들이 있다는 것을 알 것입니다. 회사가 그렇게 크니까 자신이 무슨 일을 하건 별 상관이 없을 거라는 생각이 들기 시작할 수도 있습니다"라고 말했다. 그러나 슐츠는 말에서 풍기는 사고방식과 목표, 문화가 매우 중요하다는 것을 알고 있었다. 또 조직 안에 여러분의 의도를 의심하거나 자기는 그 아이디어 혹은 해결책이나 전술, 결정과 아무 상관이 없다고 생각하는 이들이 있다면 대담한 변화를 달성할 수 없기 때문에 사람들에게 확신을 안겨주고 일에 참여시키는 것이 중요하다는 것도 안다. 슐츠는 스타벅스에 새로운 활기를 불어넣기 위한 계획을 세우면서 "개인적인 책임감을 가져야 하고 모든 고객, 모든 거래, 모든 상호작용이 그 어느 때보다도 중요하다"고 강조했다.

이 위기가 회사의 생존에 얼마나 실제적인 위협을 가하는지를 직원들에게 이해시키기 위해서는 설득하는 과정이 필요했다. 슐츠는 설명했다. "사고의 틀을 바꾸고, '일주일에 수백만 명의 고객을 상대한다고 생각하지 말고, 한 번에 한 명의 고객을 상대한다고 생각하자'고 말했습니다. 그 정도는 일개 관리자인 자신의 힘으로도 통제할 수 있다고 느끼게 됩니다." 스타벅스는 이런 생각을 품고 일하는 동시에 매장 관리자들과 매우 기본적인 산술 공식을 공유했다. "회사에 속한 매장 관리자들이 각자 하루에 고객 다섯 명씩을 더 끌어오고 그 고객들이 각자 평균 5달러의 매출을 올린다고 생각해보십시오. 그걸 우리가 보유한 전체 매장 수에 곱하면 사업에 얼마나 큰 영향을 미치겠습니까?"

슐츠가 『온워드』라는 책에서 좀 더 자세히 설명한 것처럼, 직원들이 변화의 필요성을 이해하고 전적으로 확신하게 되자 회사 재정이 회복되기 시작했다. 스타벅스는 새로운 고객이 한 명 늘어날 때마다 그 사실을 축하하기 시작했다. 또 매일같이 그 정보를 현장에 알리기 시작했고 지금도 그렇게 하고 있다. 이런 모든 노력을 통해 스타벅스는 새로운 활력을 얻었고 이제는 미래를 위해 적극적으로 혁신을 진행 중이다.

이런 개선 사항 가운데 우연이나 행운으로 이루어진 것은 하나도 없다. 전부 세부적인 계획과 적극적인 참여가 필요하다. 파트너(직원)에게 필요성을 납득시킨 다음 잠정적인 성공(신규 고객과 다시 찾아온 고객)을 축하하면 필요한 추진력을 키우는 데 도움이 된다.

고객에게 집중하라

슐츠는 자신이 변화와 혁신의 필요성을 '나란히 놓인 두 개의 길'로 생각했다는 사실을 재빨리 지적했다. "두 개의 길 중 하나는 고객을 향하고 있고 다른 하나는 파트너를 향하고 있습니다. 고객을 향한 길을 대폭적으로 변화시키고 혁신하려면, 직원들이 그런 노력을 기울이게끔 북돋아주는 기업 문화를 보유하고 있어야 합니다." 슐츠는 회사 재정을 살리려면 다음과 같은 노력을 기울여야 한다는 것을 알고 있었다. "먼저 회사 문화와 가치관 안에서 신뢰와 자신감을 회복해야 했습니다. 기업 문화가 모든 것, 그야 말로 모든 것을 움직인다는 사실을 제대로 이해하지 못하면 오래도록 유지되는 회사를 만들 수도 성공을 거둘 수도 없습니다. 그리고 어떤 어려움도 이겨낼 수 있도록 변화하려면 고객 중심의 계획과 파트너 문제에 동시에 집중해야 합니다."

팀원들과 경영진 등 여러분의 프로젝트에 지금 당장 가장 큰 영향을 미치는 사람들에게 관심을 집중하는 것은 매우 쉽다. 물론 이들에게 많은 관심을 쏟아야 하는 것은 사실이다. 하지만 스타벅스가 깨달은 것처럼, 고객은 그보다 더 중요한 존재이고 더 많은 관심을 기울여야 한다. 고객이 없으면 변화 계획이 이론적으로 아무리 획기적이고 긍정적이라고 하더라도 결코 실현될 수 없다. 최근 들어 고객 수가 줄었다면 신속하게 그 이유를 알아내고 고객들의 요구에 관심을 집중해야 한다. 이때 전체 변화 계획 가운데 고객을 되찾는 데 필요한 부분을 먼저 실행에 옮기는 것도 괜찮은 방법이다.

실제로 여러분 조직이 고객을 응대하는 방식에 존재하는 어떤 결함 때문에 대규모 변화가 시작되는 경우도 많다. 여기서 기억해야 하는 점은 그 결점을 고치려고 노력하는 동안에도 고객은 여전히 여러분의 예전 업무 방식대로 대우받고 있다는 것이다. 따라서 변화가 진행되는 동안에 향상된 응대 방식을 개발해야 할 수도 있다. 문제를 해결하기 위해 팀원 중 누군가를 동원하는 경우도 있지만, 외부 전문가를 영입하는 편이 팀원의 시간과 집중력을 빼앗지 않고 신속하고 원활하게 해답을 찾는 데 더 좋을 수도 있다.

프레드 매트슨은 1996년에 모건 스탠리의 고위 기술직을 사임하고 슈왑에 합류했다. 현재 매트슨은 알바레즈 앤드 마살 비즈니스 컨설팅의 파트너로 일하고 있다. 매트슨은 2012년에 내가 가르치는 경영진 MBA 강좌에서 자신의 경험과 통찰력을 나누어주었다.

매트슨은 당시 목표를 매우 높게 잡은 한 보험사를 위해 컨설팅을 해주고 있었는데, 전임자는 성공하려면 프로젝트 진행 방식을 완전히 뜯어고쳐야 하는 매우 공격적인 계획을 매트슨에게 물려주었다. 온라인 보험사로 알려진 그 회사는 전화상으로도 많은 업무를 처리했다. 그러나 매트슨은 다음과 같이 설명했다. "통화당 소요되는 비용이 많아서 담당자들은 전화 기반 업무의 많은 부분을 개조할 필요가 있다고 생각했습니다. 우리가 그 문제를 살펴본 결과, 프로젝트를 진행하는 단계의 순서를 바꾸고 미리 몇 가지 간단한 변화를 도입하면 경제적인 부분이나 프로젝트를 추진하는 데 많은 영향을 미칠 수 있으리라는 것을 알아냈습니다."

매트슨은 세 가지 변화 영역과 그것이 미치는 영향을 설명했다. "그들의 콜 트리call tree 체계를 바꿔서 셀프서비스 옵션을 앞쪽에 집어넣어야 했습니다." 그렇게 하자 전화를 건 사람들은 곧바로 모든 고객 옵션(영업, 서비스, 본인의 계좌 잔액 확인 등)을 이용할 수 있게 되었다. 이 보험사의 고객들은 납입 기한이 지나면 온라인으로 보험료를 입금할 수가 없었다. 왜일까? "타당한 이유는 없었습니다. 그저 아주 오래 전부터 그렇게 프로그램되어 있었고 그 이후로 아무도 그 문제를 다시 고려하지 않았던 것뿐이죠."

매트슨은 또 이런 사실도 알아냈다. "고객들이 전화를 걸어서 요청하는 사안들은 대부분 인터넷으로 쉽게 처리할 수 있는 것들이었습니다. 하지만 회사 웹사이트의 상단 오른쪽 구석을 보면 고객 서비스 센터 전화번호가 크고 선명하게 나와 있습니다. 그럼 사람들이 어떻게 하겠습니까? 그냥 전화부터 거는 거죠." 매트슨은 이렇게 설명했다. "대부분의 웹 중심 자료의 경우 고객 서비스 센터 번호를 조금만 눈에 안 띄도록 가리면 됩니다.

그렇다고 또 너무 찾기 어려우면 안 되죠. 다만 고객들이 굳이 전화를 걸지 않고도 웹사이트를 둘러보면서 자신의 문제를 해결할 방법을 찾을 수 있는 기회를 주는 것입니다."

"이런 간단한 해결책을 실행하는 데는 비용이 거의 들지 않았습니다. 이 방법을 시행함으로써 회사는 비생산적인 통화 수를 줄이고, 셀프서비스를 장려하고, 전화 업무 처리 시간을 줄였습니다. 덕분에 여유 인력이 생기고 비용도 절감되어 좀 더 전략적인 변화에 투자할 수 있게 되었습니다."

매트슨이 자신의 고객사를 위해 시행한 이 변화는 고객을 위한 가치를 생성하면서 그와 동시에 잠정적인 성공 기회를 찾아낸 완벽한 사례다. 콜센터 프로세스를 간소화할 수 있는 방법은 그것이 무엇이든 간에 고객의 생활을 편리하게 만든다. 효율화는 기업의 순익에만 도움이 되는 것이 아니다. 고객들도 효율적인 업무 처리를 원한다. 그리고 이런 모든 일의 목표는 고객이 느끼는 기쁨과 기업에 대한 지지도를 높이는 것이다.

잠정적인 성공을 이용해
시간을 벌자

경영진의 지원을 받고 있는 경우에도 언제나 잠정적인 성공을 유리하게 이용할 수 있다. 이를 통해 조직에 실재하는 가치를 제공해서 지원이 계속 유지되고 팀원들이 프로젝트에 대한 믿음을 잃지 않도록 할 수 있는 것이다. 장기적으로는 소소한 승리의 기회나 쉽게 달성할 수 있는 목표를 꾸준히 찾아보는 것이 도움이 된다. 그런 소규모의 중간 산출물들이 일이 진행되고 있음을 증명해주고, 구체적인 이익을 안겨주며 팀의 사기를 올리고 경영진의 지원을 뒷받침하기 때문이다.

마이크 벨은 복잡하고 빠르게 변화하는 기술 시장에서 오래 일해 온 사람이다. 현재 인텔의 부사장이자 이 회사 뉴 디바이스 그룹의 총괄 책임자인 벨은 과거 팜의 경영진으로 일했고 애플의 CPU 소프트웨어 부사장으로 재직하면서 초기 아이폰 출시를 돕기도 했다. 벨은 기술이 발전하는 속도는 매우 빠르지만 제품을 구상해서 출시하기까지는 몇 년이 걸린다는 사실을 잘 알고 있다. 잠정적인 성공과 축하는 프로젝트 추진력을 유지하는 데 매우 중요하다.

벨은 인텔에서 어떤 신기술을 출시하기 위해 세운 매우 복잡한 계획에 대해서 이야기를 들려주었다. "제가 해결하려고 애쓰던 기본적인 문제가 세 가지 있었습니다. 첫 번째 문제는 해당 기술은 이 분야에서 절대 효과를 발휘하지 못하고 따라서 인텔과도 무관하다는 대중의 인식이었습니다. 두 번째는 저희의 프로세스가 도입하려는 기술과 비교했을 때 하드웨어, 소프트웨어, 그리고 프로그램 관리의 관점에서 완전히 다르다는 거였죠. 그리고 세 번째 문제는 물론 때가 되면 이 분야에서 돈을 벌고 싶어질 것이라는 거였습니다."

문제는 이 사안들의 우선순위를 어떻게 정하느냐 하는 것이었다. 벨은 '기본적인 기술 도입 문제부터 해결하지 않으면 여기에서 돈을 전혀 벌 수 없으리라는 것'을 알고 있었다. "그리고 대중들의 인식을 바꾸지 않는다면 수익을 얻을 수 있을 만큼 제품을 팔지도 못할 테고요. 그러니 결국 세 가지 심각한 문제가 서로 완전히 뒤얽혀 있었던 셈입니다."

이 때문에 벨과 그의 팀은 소프트웨어와 하드웨어부터 시작해 전체적인 기술 도입 문제를 해결하기 위해 기본으로 다시 돌아가야 했다. 기존의 지침에 따라 일하던 방식을 바꾸고 성공적으로 개념을 증명하기 위한 칩 개발 계획을 세웠다. 그리고 거기서 거둔 성공을 이용해 회사가 모바일 장비 시장과 무관하다는 대중의 인식과 맞서 싸웠다. 그리고 이 분야에서 어떤 존재이고 어떤 일을 하고 있는지를 언론과 애널리스트들에게 보여줄 수 있는 제품 전시회와 포럼에 참석할 준비를 했다.

제품 전시회는 인텔이 진척 상황을 보여줄 수 있는 중요한 장소다. "애널리스트들과 언론이 우리 제품을 제대로 이해하고 있는지 확인하는 자리이기도 합니다. 제가 처음 인텔에 합류하던 무렵, 애널리스트와 언론 관계자들은 실제로 우리와 나누는 모든 대화를 이런 식으로 시작했습니다. '당신네 기술이 모바일 장비나 태블릿에 사용될 가능성이 없다는 것은 잘 알려진 사실입니다. 크기가 너무 크고 발열도 심하고 전력 소모량도 많거든요. 그런 문제를 해결하기 위해 어떻게 할 생각입니까?'" 그런 부정적인 인상에 대응하는 것이 문제 해결의 열쇠였다. 벨은 '기술적인 결함을 해결하는 것이 아니라 인텔의 기술이 해당 분야와 관련이 있고 성공 가능성도 있다는 것을 증명하는 것'이 무엇보다 중요한 일임을 알고 있었다. "아무리 뛰어난 최고의 기술이라도 고객층을 상대로 자신의 타당성을 증명하지 못한다면 팔리지 않을 테니까요."

벨은 이 과정을 다음과 같이 말했다. "기술 문제와 타당성 문제를 동시에 해결하기 위해 이 모든 단계들을 서로 일치시키려고 노력했습니다. 그리고 그 변화의 결과를 이용해서 인식 문제를 해결할 수 있었지요. 다행히 우리가 시도한 변화가 효과를 발휘했고 눈에도 매우 잘 띄었습니다. 그럭저럭 괜찮은 정도로는 충분치 않았습니다. 최고가 되어야 했죠. 그렇지 않으면 남들에게 묵살당할 것입니다."

벨은 완전히 전개되기까지 시간이 5년 이상 걸리는 매우 대담하고 힘든 변화 계획을 세분화해서 접근하는 방식에 대해 설명했다. 계획을 여러 단계로 나누고 중간 단계를 우선시하는 방법을 통해 일을 진척시킬 수 있었고, 측정할 수 있었고, 계획의 전체적인 성공을 뒷받침하는 진전을 이룰 수 있었다.

■ ■ ■

획기적인 변화는 새로운 업무 처리 방식이나 새로운 유통 채널, 신제품, 시장에서의 새로운 입지 등과 관련된 경우가 많다. 계획을 세울 때는 처음에 어떤 중간 단계에 집중할 것인지 신중하게 고려해야 한다. 그 단계에서 배운 것들을 어떻게 자기 것으로 만들고, 잠정적인 성공은 어떻게 축하할 것인가? 어떻게 추진력을 키우고 유지할 것인가? 이 모든 일에 필요한 자금을 마련하는 방법은?

'차근차근 쌓아올리기' 프로세스의 각 단계들을 잘 따라하면, 잠재적으로 프로젝트 비용과 소요 시간이 늘어날 수 있다는 것을 미리 예상할 수 있고, 여러분과 팀원들을 깜짝 놀라게 할 만한 사태에도 대비할 수 있다. 게다가 때로는 획기적인 변화를 도입하는 과정에서 비용을 절감할 수 있는 기회가 찾아오기도 한다. 이는 프로젝트 초반에 계획했던 일이 아닐 수도 있지만 일을 진행하는 동안 거기에서 얻을 수 있는 이익이 명확해진다. 이런 상황이 생기면 최대한 잘 활용해야 한다. 반드시 이익을 정량화하자. 그러면 절약하거나 이렇게 규모가 작고 점진적인 변화를 통해 얻은 돈을 이용해 기본적으로 본인의 프로젝트에 재투자할 수 있다.

이제 다음 단계로 넘어가야 하는데, 다음 단계에서는 측정과 측정 기준, 분석이라는 주제에 대해 살펴보고 그것이 전체 계획에 대한 지원과 계획을 위한 지원 강화라는 부분(둘 다 지속적으로 이루어져야 하는 일들이다)에서 어떤 핵심적인 역할을 하는지 알아볼 것이다.

프로젝트 분할과 초기 성공을 통한 추진력 형성

1. 계획을 여러 개의 단계와 하위 단계로 분할한다. 각 단계마다 약 6개월에 한 번씩 중대한 시점이 발생하도록 최선을 다한다(5단계 5번 항목 참조).

2. 모든 사람이 알고 있는 눈에 띄는 중요한 최종 목표 외에, 여러분 계획의 주요 이정표(5단계에서 만든) 가운데 어떤 것을 더 크고 장기적인 비전과 이어지는 중요한 잠정적 성공으로 여기고 축하할 수 있을까?

3. 이런 중요한 시점에 도달하는 과정을 책임질 프로젝트 팀원이 누구인지 파악하고 그들이 이런 계획 달성과 관련이 있다는 사실이 겉으로 드러나게 한다.

4. 이런 성공을 어떻게 전달하고 축하할 것인가? 구체적인 예를 들어보자. 금전적인 보상보다 인정과 감사가 더 중요하다는 것을 기억해야 한다.

5. 팀원들 가운데 중요한 성공을 축하하고 널리 알리는 일을 맡은 책임자는 누구인가? 각각의 이정표마다 축하 행사를 준비하는 리더가 달라질 수도 있다.

6. 변화 계획이 고객에게 영향을 미치는 경우, 어떻게 하면 직원들이 그런 고객 영향을 직접 보고 느끼면서 사기가 진작되도록 할 수 있을까? 이 일은 즐기면서 하는 것이 좋고, 약간 감상적인 분위기가 되더라도 걱정할 필요 없다. 원래부터 재미와 축하를 위해 계획하는 일이니까 말이다.

7. 축하는 '1회성' 행사가 아니다. 획기적인 변화는 장기간에 걸쳐 길게 이어지는 경우가 많다. 추진력과 직원들의 사기를 유지하기 위해 변화 과정 중에 발생하는 중요한 시점과 성취를 축하할 방법을 찾아보자.

8. 프로젝트 초기 단계에서 단기적인 성공과 경제적 이익을 '포착해서 수확할' 수 있는 기회가 있을까? 적절하다고 생각되는 단기적 성공을 포착하고 정량화해서 널리 알리자.

측정 기준을 정의하고
분석 방법을 개발하라

'차근차근 쌓아올리기' 프로세스는 우리가 획기적인 변화 계획을 성공시키는 데 사용할 수 있는 전략과 기술, 방법에 관한 것이다. 또한 우리는 '성공'이라는 말이 진정으로 의미하는 바가 무엇인지 생각하고 구체적으로 정의해야 할 필요가 있다. 여러분에게 있어 계획과 관련된 성공이 무엇을 의미하는지 판단하는 동안 주변에 있는 다른 이들도 같은 일을 하게 되는데, 이때 서로 다른 결론에 도달할 가능성도 있다.

핵심적인 결과를
알아야 한다

여러분이 세운 계획에서 성공이 의미하는 바가 무엇인지 정의할 때는 측정할 수 있는 결과에 집중해야 한다. 그것이 없으면 목표가 뭔지 명확하게 알 수 없는 위험에 처하게 되고, 결과적으로 직원들이 모호한 개념을 가지거나 서로 다른 생각을 품게 될 수도 있다. 그보다는 최종적인 결과가 뭔지를 명확하게 알고 있어서 자기 판단에 따라 행동할 수 있을 정도가 되어야 한다.

전 세계 수천 개의 기업들이 팀워크를 개선하고 '성과 책임 문화®Culture of Accountability®'를 일구도록 도와준 회사인 '파트너스 인 리더십'의 수석 부사장 마커스 니콜스와 이야기를 나누어봤다. 성과 책임 문화란 직급에 상관없이 회사 내의 모든 직원들이 조직이 정한 비전과 핵심적인 결과를 자신의 목표로 삼아서 집중하는 문화를 말한다. 니콜스가 설명한 시나리오는 조직 내 모든 단위의 직원들이 바람직한 결과를 얻기 위해 스스로 선택한 적절한 행동을 하고, 핵심적인 결과를 이루는 데 필요한 방식으로 생각하고 행동하고 책임 지는 것이다. 이것은 리더들이 목적을 달성하기 위해 더 노력하게 하고 성공으로 가는 길을 쉽고 빠르게 만들어준다.

여러분의 핵심 결과는 무엇인가? 니콜스는 여기에서 정수를 뽑아내라고 조언한다. "회사에 가장 중요한 산출물을 서너 가지 정하는 것입니다. 그러면 결과를 지지하고 자기 것처럼 생각하는 데 꼭 필요한 통일성과 팀 사고 방식을 조성하는 데 도움이 됩니다." 당연한 일이지만, 그렇게 하면 '그것은 내 일이 아니다'라는 생각을 피하는 데도 좋다. 니콜스의 설명처럼, 핵심 결과란 여러분의 사명이나 비전, 가치관이 아니라 그런 크고 중요한 목적을 달성하기 위해 어떻게 일하고 있는지를 측정하는 것이다.

니콜스는 이런 경고도 덧붙였다. 대부분의 리더들은 자기가 결과를 똑똑히 알고 있다고 생각한다는 것이다. 자기가 이야기하는 바람직한 결과를 직원들이 반드시 기억해야 한다고 여기는 이들도 많다고 한다. 니콜스는 이런 딜레마에 대해 이야기하면서, 파트너스 인 리더십에서 실시한 직장 책임감 연구 내용을 인용했다. "경영진 10명 가운데 9명은 자신들의 가장 중요한 핵심 결과 세 가지와 그걸 측정하는 정확한 방법을 제대로 설명하지 못합니다." 효과를 극대화하기 위해 말을 잠시 멈추었다가 이렇게 덧붙였다. "그리고 이 수치도 과대평가된 것일 가능성이 있습니다!"

니콜스는 질문을 받자마자 세 가지 핵심 결과와 이듬해에 필요한 정확한 측정 기준에 대해 술술 이야기한 어떤 총괄 책임자와의 대화에 대해 이야기해주었다. 그 책임자에게 "당신 회사 경영진들 가운데 그 세 가지 결과와 측정 기준을 똑같이 말할 수 있는 사람이 몇 퍼센트나 될까요?"라고 묻자, 주저 없이 "아, 80퍼센트 이상일 것입니다. 더 높을 수도 있고요! 전 GM에서 일한 2년 동안 계속 그 이야기를 되풀이했으니까요"라고 대답했다. 그 뒤에 경영진 9명을 모두 인터뷰했는데, 동일한 측정 기준과 동일한 결과를 이야기한 사람이 아무도 없었다. 경영진들이 모두 같은 입장을 취하고 있고 동일한 결과를 얻기 위해 노력하고 있다고 GM은 자신했지만, 그들은 상당 부분 일치하지 않는다는 사실이 드러난 것이다. 이 경영진 팀 내에서도 가장 중요한 세 가지 결과에 대해 의견이 일치하지 않았다면, 조직의 나머지 사람들의 의견은 서로 얼마나 어긋나 있을지 한번 상상해보라.

니콜스는 이런 단절과 불일치가 큰 문제이기는 하지만 핵심 결과에 집중하면 쉽게 해결할 수 있는 문제라고 생각한다. 회사의 철학은 이런 사실을 간단한 지침으로 압축한다. "핵심적인 결과는 의미 있고 측정할 수 있으며 기억할 수 있어야 합니다. 의미 있는 결과란 모든 사람이 자신과 그 결과를 연결시킬 수 있을 만큼 넓은 의미로 작성되었음을 가리킵니다. 측정할 수 있다는 것은 골라인을 정량화하는 하나의 단순한 숫자를 말합니다. 추적할 수 있는 측정 기준은 많지만, 가장 중요한 목표를 논하는 최상부에서는 단순함이 중요합니다. 기억할 수 있다는 것도 결국 간단해야 한다는 뜻입니다. 직원들은 스스로 기억하지도 못하는 결과에 대해 주인 의식을 가지지는 않을 테니까 말이죠!"

명확히 말해서, 여러분이 핵심 결과를 그냥 되뇌기만 한다고 해서 그곳에 도달할 수 있는 것은 아니다. 인도 우화에 나오는 장님 여섯 명이 자기가 만진 코끼리의 부위를 기준으로 코끼리를 경험하고 그 경험을 실명하는 것처럼, 각자가 가진 정보를 함께 공유하기 전까지는 자기 앞에 놓인 현실의 진정한 의미를 이해할 수 없다.

무엇을 측정하는가?

비즈니스계에는 단 하나의 간단한 질문을 통해 모든 것을 측정하고자 하는 강력한 욕구가 있다. 그것은 바로 '우리가 돈을 얼마나 벌고 있는가?'라는 질문이다. 하지만 이는 아주 위험한 생각이다. 프로젝트 초기 단계부터 최상의 재무성과를 올리는 경우는 극히 드물며, 이것이 성공을 측정하는 유일한 방법도 당연히 아니기 때문이다. 획기적인 변화를 이룰 때는 수익성 향상이라는 최종 목표를 달성하기까지 매우 오랜 시간이 걸릴 수 있다. 장차 수익 증가로 이어지면서도 우리가 당장 추적할 수 있는 좀 더 즉각적인 요소가 늘 있기 마련이다. 그리고 획기적인 변화를 추진하는 경우에 대개 그렇듯이 가야 할 길이 멀고 매우 낯설다면, 가는 도중에 중간 단계와 목표를 측정하는 것이 특히 중요하다.

시티의 데비 홉킨스는 말했다. "일반적으로 사람들은 자기가 측정당하는 방식에 따라 행동합니다. 그리고 매출을 얼마나 올렸느냐 같은 정량적인 목표를 통해 직원들의 성과를 측정한다면, 그들은 더 규모가 크고 혁신적인 프로젝트를 소홀히 할 수도 있습니다. 직원들의 재능을 평가할 수 있어야만 흥미로운 팀이 만들어지고 판도를 바꿔놓을 다양한 가능성을 만들어가고 있음을 증명할 수 있습니다." 홉킨스의 설명처럼, 이렇게 했을 때의 이점은 현재 있는 곳에서 조금 더 나은 장소까지 점진적으로 움직이기보다는 다양한 기회를 만들 수 있다는 것이다.

하지만 홉킨스는 다른 뭔가가 선행되어야 한다고 말한다. "먼저 직원들이 대담한 아이디어를 받아들이고, 그 아이디어를 통해 목표를 다르게 생각해야 한다는 사실을 이해하도록 도와야 합니다. 우리는 계속해서 목표를 가질 것이고, 계속 투명할 것이며, 그 목표에 대해 꾸준히 책임을 질 것입니다. 다만 점진적으로 변화된 제품을 출시할 때와 같은 방식은 아닐 것입니다. 예컨대 만약 여러분이 시장에 새롭게 선보이는 아이디어를 좇고 있다면 목표가 달라져야 합니다."

내가 슈왑에서 지점망 변화에 착수했을 때, 나는 지점들이 좀 더 고객 중심적으로 움직이도록 하면 결국 회사의 수익이 증가할 것이라고 생각했다. 그리고 여기에서는 '결국'이 키워드였다. 만약 내가 처음에 세운 목표가 뭐였느냐고 묻는다면 고객에게 더 좋은 서비스를 제공하고, 고객 충성도를 쌓으며, 고객이 우리에게 맡기는 투자액 비율(지갑 점유율)을 높이는 좀 더 효율적이고 효과적인 지점망을 만드는 것이었다고 말할 것이다. 여기에서 필요한 모든 것을 아우르는 변화에는 철저하게 순익 중심의 접근이 아닌 뭔가 다른 것이 필요하다.

홉킨스와 나는 고객과 직원의 행동을 추진하는 것과 결과를 추진하는 것이 무엇인지를 이해하는 것의 중요함을 말하면서 예산 편성과 수치 중심의 접근 방식 문제를 논의했다. 홉킨스는 이렇게 결론을 내렸다. "해답이 무엇이고 그 답을 얻기까지 무엇이 필요한지 폭넓은 논의를 먼저 나누는 편이 더 효율적일 경우가 있습니다. 하지만 아래에서 위로, 혹은 위에서 아래로 계획을 짜고 예산을 편성하고 여러 차례 분석을 하느라 엄청난 시간을 쏟아 붓는 조직들을 종종 봤지요."

항상 공격적인 목표를 세우고 비용을 덜 들이고도 더 큰 성과를 내기를 원하는 고위급 리더(혹은 이사)들과 자신들에게 현실적으로 필요한 것을 판단하려고 애쓴 뒤 여기에 실수에 대비한 완충제나 여유를 추가하는 변화 리더들 사이의 줄다리기는, 아마 파라오와 그의 수석 피라미드 건설 기술자보다도 먼저 존재했을 것이다. 홉킨스가 그 대신 제안하는 것은 우리가 달성하려고 노력하는 미래, 그 성공을 측정하고 정의하는 방법, 그 성공이 우리 조직에 어떤 가치가 있는지에 집중하고 그것에 대해 논의하라는 것이다. 일찍부터 그런 일을 상의하면 우리가 목표를 이루는 데 필요한 것이 무엇이고 그 정도 수준의 자원 투자와 위험 부담이 가치 있는 일인지를 더 명확하게 판단하는 데 도움이 될 것이다. 나도 이 말에 전적으로 동의한다. 이런 진심 어린 논의는 매우 건전한데, 자주 진행되지 않는다.

진행과 성공 측정_
빅 데이터, 측정 기준, 분석

변화의 목표, 특히 혁신적인 변화의 목표는 관리자와 운영자들이 보기에 주관적이고 모호하게 느껴지는 경우가 많다. 특정한 프로젝트의 재원을 마련할 책임을 진 리더와 고위 경영진들은 그들에게 변화가 어떻게 진행되고 있는지 알려줄 구체적이고 측정할 수 있는 지표를 원한다. 역사적으로, 이런 종류의 지표를 가리켜 흔히 '측정 기준'이라고 불렀다.

1980년대 초반에 직접 반응 마케팅에 종사한 사람들은 가능한 모든 것들을 측정하고 분석했다. 그 세계에서는 반응율 1.5퍼센트 대 2.5퍼센트의 차이로 성공과 실패가 갈렸다. 그리고 마케팅과 홍보의 어떤 부분(새로운 광고, 새 슬로건, 새로운 포지셔닝, 신제품의 특징)에서 어느 정도의 반응이 오는지를 판단하기 위해 끊임없이 시험하고 측정했다. 그러나 21세기에 접어들어 빅 데이터가 부상하면서 그 모든 것이 바뀌었고, 이제 우리가 수집, 추적, 측정, 분석할 수 있는 변수의 순수한 깊이와 폭을 고려하면 크고 작은 모든 조직들은 새롭게 이용할 수 있고 갈수록 저렴해지는 이 자원을 활용하기 위해 전략을 구상해야만 하는 상황이 되었다.

빅 데이터

빅 데이터가 안겨주는 가능성은 경이적일 정도이고, 엄청난 양의 데이터를 실시간으로 분석할 수 있다는 사실은 매우 유혹적이다. 그러나 실현 가능성은 어떨까? 리더들은 현재 진행 중인 획기적인 변화에 빅 데이터의 잠재력을 어떻게 포함시킬 수 있을까? 게리 마커스와 어니스트 데이비스가 쓴 '빅 데이터의 여덟 가지(아니, 아홉 가지!) 문제점Eight (No, Nine!) Problems With Big Data'이라는 〈뉴욕타임스〉 기사(2014년 4월 6일)에서는 빅 데이터의 수많은 문제점들을 지적했다. 여기에는 속임수를 쓰거나 왜곡될 수 있는 방식과 '정밀한 것처럼 보이기' 위해 사용된 용어처럼 오류가 쉽게 과장될 수 있는 여지도 포함되어 있다. 하지만 이들의 말처럼, 빅 데이터는 훌륭하게 뿌리를 내리고 있다!

'빅 데이터가 진정한 이익을 안겨주는가?'라는 질문을 놓고, 빅 데이터는 '비즈니스계뿐만 아니라 사회 전반의 혁신적인 동향'이라고 말하는 아서리온의 스티브 엘리스와 이야기를 나누었다. 엘리스는 '모든 측정 기준의 상태를 볼 수 있는 실시간 수치를 제공하는 계기판'이 생겨서 정말 기쁘다고 이야기하면서도 이것이 정착되기까지는 여러 해가 걸릴 수도 있다는 것을 알고 있었다.

변화 노력의 일환으로 빅 데이터 기능을 구축하고 싶은 경우, 엘리스는 '신중하게 행동하지 않으면 거기에 필요한 시간과 자원이 프로젝트를 압도할 것'이라고 생각하는데 특히 오래된 기업의 경우 문제가 더 심각해진다. 오래된 기업들은 지금도 접근하기 힘든 데이터베이스에 한정된 양의 데이터를 저장하고 있는 구형 시스템에 의존하고 있는 경우가 많다. 일반적으로 이들의 기술은 오늘날처럼 저장과 처리 능력이 놀랄 만큼 저렴해지기 전에 구축된 것들이다.

반면 젊은 기업들은 엄청난 양의 데이터를 캡처, 저장, 분석할 수 있는 데이터 웨어하우스 기능과 클라우드 컴퓨팅 인프라가 포함된 기술을 구축하거나 대여해서 사용하는 경우가 많다. 빅 데이터 기능을 이미 구축한 이런 기업들은 확실한 이점을 안고 있는데, 엘리스는 이를 '경쟁자가 여전히 낡은 쉐베트Chevette 소형차를 타고 다니느라 고생할 때 잘 조율된 코르벳Corvette을 타는 것'과 같다고 비유한다.

하지만 유용하고 쉽게 활용할 수 있는 빅 데이터 요소에 빠르게 접근할 수 있을지는 몰라도, 여러분이 수행 중인 본질적인 변화 계획에 빅 데이터 구축 프로젝트를 추가하는 것은 대개의 경우 피해야 한다. 빅 데이터 기능 구축은 그 자체로 중요한 변화 프로젝트인데 여러분의 프로젝트는 이미 많은 과제를 안고 있기 때문이다. 엘리스는 여러분의 회사가 신생 기업이건 오래된 기업이건 간에, 어떤 데이터를 추적할지에 대한 명확한 규율과 목표가 있어야 하고 실용적인 방법을 써서 수집한 데이터를 관리할 수 있어야 한다는 점을 분명하게 밝힌다. 그런 다음 '중요한 측정 기준'에 대한 실시간 모니터링 기능을 만드는 데 시간을 투자해야 한다. 엘리스의 마지막 의견은 명확하다. "빅 데이터는 엄청나게 강력한 경쟁 무기지만 모든 무기가 다 그렇듯이 명확한 목표를 겨냥해야 합니다."

엘리스와 대화를 나눈 뒤에 빅 데이터 분석 회사인 지그널 랩의 공동 설립자 겸 회장인 짐 혼살과도 이야기를 나누었는데, 지그널 랩은 자기들 힘으로 솔루션을 구축하지 못하는 기업들에게 효과적으로 이 솔루션을 임대해주는 회사다. 혼살은 우리 대부분이 24시간 뉴스 주기가 존재하던 세상에서 성장했음을 상기시키면서 다른 방법을 제안했다. "그 당시에는 조간신문과 기사를 발췌해서 제공하는 클리핑 서비스를 이용하는 것이 리더들이 시장의 변화를 이해하고 자신의 입지와 전략을 개선할 수 있는 최선의 방법이었습니다. 하지만 소셜 미디어가 발달하고 눈부시게 빨리 디지털 정보가 보급되는 오늘날의 세상에서는 효과적으로 변화를 관리하기 위해 리더들은 동적으로 계속 바뀌는 데이터의 빠른 맥박을 한시도 놓치지 말고 꾸준히 파악해야 합니다. 빅 데이터 솔루션 구축 전망을 생각하면 상당히 벅차게 느껴질 수도 있지만, 우리는 포춘 50대 기업들이 한정된 투자를 통해 시장, 고객, 협력업체, 경쟁자들이 실시간으로 움직이는 모습을 파악할 수 있는 빅 데이터에서 중요한 운영 정보와 전략적 통찰력을 얻는 모습을 봤습니다." 혼살은 빅 데이터 분석이 중요하며 유용한 솔루션을 직접 구축하기보다는 대여해서 사용할 수 있다고 생각한다.

역량이 발전하기는 했어도, 빅 데이터가 가져온 변화를 생각할 때 전통적인 측정 기준이라는 용어는 충분하지 않은 것이 분명하다. 그보다 우리는 새롭게 이용할 수 있는 데이터를 가장 효과적으로 이용하기 위해 노력하는 동안, 분석 용어에 대해 생각해봐야 한다. 차트와 그래프는 이제 모니터 안에 존재하고 실시간으로 갱신할 수 있다. 데이터를 시각화하기 위한 다른 방법도 모니터링과 분석 프로세스의 중요한 일부로 간주할 필요가 있다. 게다가 '워드 클라우드'와 '히트 맵' 같은 새로운 도구는, 다른 방법으로는 소화하기가 어려워서 결국 통찰력보다는 '정보 소음'만 가중시키는 데이터를 살펴볼 수 있도록 확실한 방법을 제공한다.

데이터를 최대한 활용하고 지표를 모니터링하려면 어떻게 해야 할까? 지표에는 두 가지 주요 유형이 있는데(선행 지표와 지행 지표) 각기 여러분의 획기적인 변화 계획에 다른 영향을 미친다. 현재 수치와 이전 수치를 단순히 비교해서 지표를 분석하는 경우가 많다. 기간 비교와 동향 분석이 유용한 정보를 제공하는 경우가 종종 있지만 그 정보는 지나치게 단순할 가능성이 있다. 따라서 좀 더 깊이 있고 철저한 분석인 빈티지 분석과 비율 분석을 통해 귀중한 정보를 얻을 수 있을 것이다.

선행 지표

이름이 나타내는 바처럼, 선행 지표는 다른 것들보다 먼저 나타나는 성공 혹은 실패의 조짐이나 증거를 말한다. 시장 점유율과 수익성이 선행 지표라고 생각하는 것은 흔한 오해다. 사실 우리는 프로젝트가 끝을 향해 다가갈수록 시장 점유율과 수익성이 극적으로 가속화되기를 바라는 경향이 있지만, 시작할 때부터 그러는 경우는 거의 없다.

예컨대 만약 우리가 새로운 웹 기반 서비스를 시작한다면 웹 사이트 히트 수와 서비스에 로그인한 사람 수, 그리고 시간이 지나면서 이 데이터가 트렌딩되는 방식 등을 통해 선행 지표가 나타날 것이다. 이 정보는 우리 웹사이트를 통해 신규 고객이나 기존 고객을 끌어들이고 있는지, 우리가 원하는 고객 참여도를 얻고 있는지를 알려준다. 또 직원의 이직률을 살펴볼 수도 있다. 지난주에 그만둔 사람이 있는가? 지난달에는? 지난 분기에는? 만약 있다면 몇 명이 그만두었고 그들은 사직 사유를 어떻게 설명했는가? 이 정보는 직원들이 변화에 어떻게 적응하고 있는지 알려준다. 이런 변수는 우리가 시행하는 변화에 직접적이고 즉각적인 결과로 나타난다. 우리는 이것을 수많은 다른 요소들과 함께 측정할 수 있고 시간의 흐름에 따라 동향을 쫓아갈 수 있다.

또 모든 경영진과 직원들에게 타깃을 미리 명확하게 전달하려면 선행 지표를 정확하게 보여주어야 한다. 그리고 그것이 명확해지면 우리가 장래에 수익성이 뒤늦게 나타나는 결과를 정당화하려고 애쓰는 것처럼 보이지 않을 것이다.

다음 목록은 측정을 고려해볼 만한 선행 지표들이다. 추적할 수 있는 잠재적인 선행 지표가 많지만 지나치게 많은 데이터는 사람들을 질리게 하고, 여러분의 그룹이 기울이는 노력의 초점을 희석시킬 수 있다는 사실을 명심하자. 프로젝트 성격에 따라 신중하게 지표를 선택해야 한다.

1. 웹사이트 방문이나 로그인, 사이트의 심층적인 부분을 둘러보기 위한 클릭스루, 실제 영업장 방문, 다양한 상품 라인이나 제품 구입 같은 고객 참여도 측정
2. 직원 참여도, 태도, 이직률 측정
3. 일정한 기간 동안의 주요 지표의 움직임을 보여주는 추세선
4. 온라인 추천, 보증, 추천 프로그램, 순수 고객 추천 지수(Net Promoter Score) 등을 통해 측정되는 고객 충성도

5. 판매량, 단위, 금액, 평균 가격, 제품 믹스

6. 긍정적인 언급 수와 헤드라인 기사, 제품 리뷰, 여러분의 제품이나 계획에 대한 기사 수, 트윗, 리트윗, 좋아요 등의 소셜 미디어 언급을 통해 측정되는 홍보

7. 고객이 여러분의 제품 카테고리에서 구매하는 총 비율을 의미하는 고객 '지갑' 점유율, 그들이 구매하는 물건 가운데 여러분이 차지하는 점유율은 얼마나 되는가?

8. 프로젝트의 예상되는 최종 결과에 대한 수정 횟수와 비율 변화

9. 새로운 계좌나 고객이 추가되는 속도

10. 신제품 출시로 인한 기존 제품의 시장 점유율 감소, 두 가지 요소(예전 제품, 신제품)가 분석에서 서로 연결되는 것이 중요하다.

11. 고객 불만의 유형과 숫자

12. 여러분이 경험한 모든 고객 이탈

이런 지표 가운데 일부는 상황에 따라 지행 지표가 될 가능성이 있다는 것을 기억해야 한다. 일례로, 고객 이탈의 경우 여러분의 새로운 계획이 강력한 힘을 발휘하면 고객 이탈이 감소하기 시작할 것이기 때문에 어떤 의미에서는 선행 지표일 수 있다. 하지만 신규 서비스나 가격 체계가 마련되면서 유감스럽게도 기존 고객에게 터무니없는 가격을 매기거나 회사가 일부러 잠재력이 더 높은 고객에게 집중함으로써 기존 고객들이 떠나게 될 수도 있기 때문에 이는 지행 지표이기도 하다.

여러분은 프로젝트 시작 시점부터 선행 지표와 지행 지표를 동시에 측정하게 된다. 시간이 흐르면 결국 새로운 추세가 나타나기 마련이므로 처음에는 지행 지표가 기준점을 만든다. 여러분은 선행 지표가 먼저 여러분

이 바라는 긍정적인 방향으로 움직일 것이라고 예상한다. 프로젝트 계획을 세우고 경제를 예측할 때 지행 지표가 개선되는 시점을 추측해야 하기는 하지만, 실제로 지행 지표가 언제쯤 개선되기 시작할지는 아무도 모른다. 따라서 지행 지표가 개선되기 시작할 때까지 사람들은 안절부절못하면서 초조하게 결과를 기다리게 된다.

직원들의 사기를 높은 수준으로 유지하려면 리더인 여러분이 사람들을 안심시킬 수 있는 확신에 찬 목소리를 내야 한다. 선행 지표가 긍정적인 추세를 보이는 때와 지행 지표가 뚜렷하게 개선되는 시기 사이에는 틀림없이 몇 달, 몇 분기, 혹은 몇 년의 시간차가 있기 마련이다. 선행 지표가 실망스러울 정도로 낮은 경우, 최종 결과에도 동일한 문제가 드러날 가능성이 있다. 따라서 선행 지표를 효과적으로 측정·추적하면서 이에 대응하는 것이 매우 중요하다.

지행 지표

지행 지표는 우리가 이루고자 노력하는 성공, 다시 말해 비용 감소 또는 시장 점유율, 경쟁적 입지, 가격 결정력, 수익, 이윤 폭의 향상 같은 것을 측정하는 중요한 기준이다. 누구나 긍정적인 지행 지표를 보고 싶어 하며 일반적으로 그 시기가 빠르면 빠를수록 좋다. 그러나 지행 지표에 반영되는 결과가 나타나기까지는 시간이 걸리고 때로는 몇 년이나 기다려야 하는 경우도 있다. 대개의 경우 선행 지표의 긍정적인 추세가 지행 지표의 전조가 된다.

이때 생기는 중요한 문제 가운데 하나가 인내하기가 어렵다는 것이다. 선행 지표가 어떻든 상관없이 지행 지표가 움직이는 모습을 보여주어야 한다는 압박감이 매우 큰데, 월스트리트 애널리스트, 주주, 이사회, 고위 경영진 등 사방에서 이런 압력을 준다. 나는 이베이의 존 도나호와 함께 이 문제에 대한 이야기를 나눈 적이 있는데, 이때 선행 지표가 긍정적인 경우에도 지행 지표에 고무적인 움직임이 없으면 앞으로 나아가기가 힘들 수 있다는 말이 나왔다.

"재무 지표는 현실보다 뒤처지는 경향이 있습니다." 도나호는 이렇게 말문을 열었다. "재무 지표가 오랫동안 긍정적인 모습을 보이다가 갑자기 바닥까지 떨어지기도 하는 것처럼, 성공의 확실한 증거를 제시하는 실제 지행 지표가 여러분이 생각하는 것보다 훨씬 뒤늦게 나타나는 상승세에서도 이와 똑같은 일이 벌어질 수 있습니다. 그렇게 되면 이런 몇몇 선행 지표에 집중해야만 하는 상황이 되죠." 도나호가 하는 말은 자기 경험에서 우러난 것이다. "제가 이베이에서 일하던 초창기에 우리가 어느 부분에서 고객들을 위해 적합한 일을 했는지 그 증거를 찾아내고자 하는 시도가 있었습니다. 저는 우리가 원칙적으로 올바른 일을 했다는 것을 보여주는 증거를 찾았습니다. 그 시기에 우리는 고객을 위해 여러 가지 희생을 했지요. 하지만 어떤 측정 기준이나 지행 지표의 면에서는 지금도 그걸 입증할 수가 없었습니다."

결과를 기다리는 것은 매우 지루하게 느껴질 수 있다. 도나호는 "그 느려빠진 지표가 움직이기 시작하기까지 거의 1년이 걸렸습니다. 온갖 노력을 다 기울였음에도 불구하고 우리 눈에는 보이는 것이 아무것도 없었죠. 하지만 고객들이 '당신네가 조금씩 변화를 시도한다는 것을 알아차렸는데 그 점에 대해 매우 고맙게 생각해요'라고 말해줄 때마다 그 말이 큰 의지가 되었습니다. 이런 고객의 말은 정량화할 수 있는 대상은 아니지만 그래도 우리에게 뭔가를 알려주었습니다. 우리는 2년 동안 정말 열심히 일했는

데도 중요한 지표는 아주 느린 속도로 개선되고 있었으니까요"라고 설명했다.

도나호는 그런 길고 고된 과정을 부인한 것이 아니다. "이것은 마라톤 반환점을 돌았을 때 나타나는 가장 힘든 코스인 하트브레이크 힐과 같은 것입니다. 이때는 기분이 울적해지기 십상이죠. 정말 열심히 달리고 있는데 결승선은 아직 눈에 보이지 않으니까요. 때로는 힘을 내서 무작정 돌진해야 하는 경우도 있습니다. 운이 좋으면 여러분이 어느 부분에서 고객들의 삶을 개선하고 있는지 보이기 시작하겠지요. 하지만 여러분의 변화와 성공이 재무 지표에 반영될 때까지 기다리려면 차분한 성격과 끈기를 키워야 합니다."

직원들이 지행 지표가 움직이기 시작하기까지의 그 기나긴 시간을 헤쳐나가도록 도와주려면 어떻게 해야 할까? 물론 도나호의 말처럼 그것을 이겨낼 힘이 필요하다. 그리고 이때 분석 자료와 측정값이 있으면 많은 도움이 되는데, 이런 자료는 정확하고 세세할수록 좋다. 우리는 월간, 주간, 심지어 일간 측정값을 알고 싶어 한다. 또한 새롭게 나타난 동향을 죄다 알고 싶어 하고, 모든 보고 기간을 중요시한다. 이런 모든 정보를 이용해서 앞으로 전진할 수 있는 것이다.

빈티지 분석과 비율 분석

빈티지 분석은 선행 지표나 지행 지표에 비해서 이용 빈도가 낮다. 하지만 매우 강력하고 엄청난 깨달음을 안겨주는 이 분석을 지금보다 적극적으로 활용해야 한다고 생각한다. 빈티지 분석을 이용하면 고객 또는 직원 그룹이 회사와 함께한 기간 동안 거둔 성과를 다른 그룹의 성과와 비교할 수 있다. 따라서 이는 단순한 연간 분석보다 정교한 측정 방식이다. 예컨대 여러분은 올해 1분기에 채용되어 교육을 받은 모든 영업 임원들의 첫 분기 성과를 1년 전 1분기에 채용되어 교육을 받은 이들의 첫 분기 성과와 비교할 수 있다. 업무 성숙도가 같은 단계에 있는 올해 채용된 집단(예컨대 2014년 1분기 채용자들)이 작년 집단(2013년 1분기 채용자들)보나 성과가 좋은가? 만약 여러분이 중요한 프로젝트를 진행 중이라서 영업 사원들을 기존과 다른 새로운 방식으로 훈련하고 보상할 필요가 있다면, 빈티지 분석을 통해 그들의 성과를 추적·검토해야 한다. 이 방법을 이용하면 '올해 채용되어 새로운 교육·보상 체계를 받아들인 새로운 영업 임원들이 이 체계가 마련되기 전인 1년 전에 채용된 사람들보다 첫 해 성과가 더 좋은가?'라는 질문에 답할 수 있다. 그리고 '우리가 기존과 다르게 시행한 일들이 효과를 발휘해서 가치를 더하고 있고 거기에 들인 노력과 비용만큼의 값어치를 하는가?'라는 질문에도 당연히 답할 수 있게 된다.

　고객들도 이와 같은 방식으로 살펴볼 수 있다. 매 분기에 영입된 새로운 고객 집단을 뚜렷하게 구분되는 하나의 집단, 즉 빈티지라고 생각한다면, 고객들의 특성이 회사의 시간 수준과 동등한지 비교해볼 수 있다. 고객의 라이프사이클은 대부분 기업의 성공에 매우 중요하기 때문에 이런 종류의 분석이 필수적이다. 신규 고객을 유치하기 위해 완전히 개선된 프로세스를 막 도입해서 우리 회사가 제공하는 다양한 서비스에서 진행하게 했다고 상상해보자. 빈티지 분석에서는 ① 2014년 1분기에 처음 영입한 모든 고객과 ② 2013년 1분기에 새로 영입한 고객이 처음 12개월 동안 우리 사무실을 방문한 총 횟수, 웹사이트 방문 횟수, 다양한 제품을 구매한 횟수, 또는 매출 총액 수준을 서로 비교할 수 있다. 새로운 빈티지의 실적이 더 좋은가, 아니면 나쁜가?

비율 분석은 비즈니스 동향을 측정하는 방법이다. 획기적인 변화를 계획할 때 우리는 결과 대 투입 비율의 경향이 크게 개선되기를 희망한다. 그러나 수치가 계속 달라지는 상황에서 어떻게 다양한 기간에 대한 분석을 실시할 수 있을까? 비율 분석은 이것을 위한 매우 좋은 방법이다. 직원당 판매량, 고객 혹은 고객층당 매출, 리드당 비용, 리드당 거래 체결 등이 명확한 사례가 된다. 또 비즈니스 측정 기준(매출, 구입한 제품, 신규 고객 등)에 대한 데이터를 수집해서 웹사이트 트래픽과 트래픽을 발생시키기 위해 들인 돈과 비교해야 한다. 기본적으로 여러분은 장기간에 걸친 투입 대 결과 사이의 관계를 알아내고 동향이 개선되기를 바랄 것이다.

결과와 진행 상황
공유

우리는 모든 사람이 측정하고 달성한 진행 상황을 잘 알 수 있도록 수집한 결과가 눈에 잘 띄기를 바란다. 벽에 붙여놓은 진행 상황을 알리는 포스터와 명판은 구식처럼 보일지 몰라도 여전히 매우 효과적이다. 이제 우리는 직원들이 날마다 확인하는 비디오 화면에 최신 내용을 계속 갱신할 수 있다. 게다가 이메일 업데이트, 전화 업데이트, 소셜 미디어 같은 디지털도 활용할 수 있다. 분석 내용을 보지 않는 것이 거의 불가능할 정도로 온갖 방법을 다 동원해야 한다. 이는 쉬운 일은 아니지만 언제나 유용하다.

나는 예전에 시티뱅크 지점 중 한 곳에서 모기지 사업을 위한 마케팅·비즈니스 리더로 일했다. 이것은 내가 처음으로 주요 리더십 자리를 경험한 때였기 때문에 우리 지점(북부 맨해튼의 매우 경쟁이 심한 지역에 있는)을 성공적으로 이끌기 위해 가능한 모든 일을 다 하고 싶었다. 형세를 파악하기 위해 상사와 함께 앉아 모든 지점의 순위를 매겼다. 우리는 신규 모기지 신청, 신규 모기지 승인, 연체율, 수익률, 기타 공통적인 성공 지표를 바탕으로 순위를 정했다. 그 숫자는 우리에게 무엇을 말해주었을까? 우리 지점의 순위는 6위였나. 50개 지섬 중 6위가 아니라 6개 지점 중 6위였던 것이다.

놀랍게도 조직 내에는 이런 사실을 아는 사람이 거의 없었다. 임원들은 알고 있었지만 현장에서 일하는 직원들에게는 아직 이 정보가 전달되지 않은 상태였다. 기본적인 기준점이 없다면 그들이 문제의 심각성을 어떻게 이해할 수 있겠는가? 경쟁자들의 결과에 비추어 자신의 업무 성과를 측정할 방법이 없다면 그들이 어떻게 책임감을 느낄 수 있겠는가?

경영진들이 이 사실을 직면했을 때 그런 꼴찌 자리에 만족하는 사람은 아무도 없었다. 그래서 우리가 처음 한 일 가운데 하나는 위에 설명한 순위에 초점을 맞추어서 다른 지점들과 비교한 우리의 순위표를 공개하는 것이었다. 이를 위해 우리는 1미터 20센티미터 크기의 포스터 보드를 사용했다. 못 보고 지나칠 수 없는 크기였다. 카테고리 네 개는 선행 지표였고 나머지 하나인 수익성은 지행 지표였다. 우리는 경영진 회의를 열고 결국에는 전체 직원회의를 열어서 우리의 생각을 나누었는데, 여기에는 우리의 당시 위치, 리더십 팀이 가고자 하는 목표 지점, 그곳에 도달하기 위한 개선 계획 등이 포함되어 있었다. 우리가 준비한 계획은 야심적이면서도 달성할 수 있는 것이었다.

처음에는 속도가 느렸지만 몇 달 사이에 서서히 몇 가지 요소에서 지점 순위가 오르기 시작했다. 흥분과 열의가 고조되기 시작했다. 나는 대부분의 사람들이 승자가 되고 싶어 한다고 확신하지만, 어떤 사람들의 경우에는 실패에 대한 두려움이 너무 커서 지금까지와는 다른 방법을 시도해보려고도 하지 않는다. 회의적이었던 이들도 결국 우리 계획을 믿고 본격적으로 따라오기 시작했다. 우리는 파티를 열어 티셔츠와 모자를 나누어주고 순위가 오를 때마다 축하 행사를 개최했다. 1년이 채 안 되어 모든 순위에서 1위 자리에 올랐고, 팀 전체는 우리가 이룬 일들에 대해 엄청난 자부심을 품게 되었다.

사람들에게 우리의 현재 위치를 알려야 한다. 시각적으로 강렬한 방법을 동원해서 정보를 공개할수록 팀원들이 부정하기 힘들어진다. 자신의 성과가 적혀 있는 모습을 오랫동안 쳐다보고 있으면 금세 긴박감이 생긴다. 우리 지점이 어떤 성과를 내고 있는지 보여주는 것 외에, 우리는 직원 개개인의 성과를 보여줄 수 있는 기회도 모두 이용했다. 순위표에서 하위권에 가까운 사람들은 모든 사람이 자신의 그런 위치를 안다는 사실에 당혹스러워했지만 우리의 의도는 누군가에게 굴욕감을 주려는 것이 절대 아니었다. 몇 해 동안 우리는 그룹의 평균점보다 높은 점수를 받은 이들의 순위만 공개하는 등 다양한 방법을 실험했다. 하지만 그들이 그런 성과를 올린 것은 사실이고, 우리는 모두 자신의 결과에 대해 책임을 져야 한다.

우리 지점이 한때 꼴찌를 차지했던 것은 능력이 형편없는 사람들이 많았기 때문이 아니라, 새로운 업무 방식에 도전하거나 새로운 프로세스와 아이디어를 찾거나 더 높은 기준을 충족하려고 애쓰는 이들이 없었기 때문이었다. 다들 잠재력은 갖고 있었다. 그저 일이 시작되도록 할 불꽃이 필요했을 뿐이다.

이 일이 벌어지게 된 것은 단순히 포스터의 힘이 아니다. 불꽃은 리더십 팀이 직원들(약 100명 정도 되는) 앞에 서서 업무 성과를 대폭 개선하기 위해 책임을 지겠다는 의지와 우리는 성공할 수 있다는 자신감을 표명한 덕분이다. 가장 오래 재직한 관리자들도 새로운 방식으로 일을 하면서 우리 순위를 높이는 데 전념했다. 일을 더 잘할 수 있는 방법을 강구하기 위해서 실제 아이디어를 개발하고 실행에 옮겨야 했고, 우리는 그렇게 했다.

우리는 '모기지 파워'라는 행동 방침에 따라 모기지 처리 방식을 대폭적으로 바꾸기 시작했다. 여기에는 사전 승인 모기지라는 새로운 아이디어를 시험하고 부동산 매매 중개인들을 위해 새로운 전담 서비스 데스크를 만드는 일도 포함되었다. 처음에는 이런 혁신이 내부적으로 심각한 반대에 부딪혔다. 하지만 직원들이 이것이 논리적이라는 사실을 깨닫기 시작하고 우리의 성공에서 우러난 추진력이 커지자 거의 몇 십 년 동안 똑같은 방식으로 처리하던 업무를 다른 방식으로 해보려는 팀의 의향도 덩달아 커졌다. 결국 직원들을 설득하는 데 성공했고 이는 곧 우리가 성공을 거두고 함께 즐거운 시간을 보낸 기억할 만한 경험이 되었다.

마찬가지로 슈왑에서도 모든 지점 휴게실에 해당 지점과 같은 지역에 있는 다른 지점의 성과를 비교해서 보여주는 커다란 포스터를 붙여놓았다. 명세서에는 각 직원의 성과를 지점 내의 다른 직원들과 비교한 도표를 게시했다. 간단히 말해서 하루를 잘 보내지 못하면 한 주를 잘 보낼 수 없으므로 여러분이 날마다 이룬 일들을 명확하게 아는 것이 중요하다는 것이다.

변화를 이루는 것은 사회적·감정적 문제에 깊이 뿌리 내리고 있다는 것을 알아야 한다. 우리는 감정을 관리한다. 우리는 열정을 관리한다. 우리는 직원들의 에너지와 이 획기적인 변화에 대한 헌신을 관리한다. 이는 엄청난 과업이다. 그런 중요한 데이터를 모두 합쳐서 모든 사람이 볼 수 있는 벽에 걸거나 비디오 화면에 게시한다면 굉장한 힘을 발휘한다. 매일 직원들은 들어와 그것을 보면서 '내가 차지한 위치가 자랑스러워'라거나 '이 부분에서 일을 더 열심히 해야겠어'라고 생각한다. 직원들의 개선을 독려하고 이끌어주는 리더의 역할은 축소해서 말할 수는 없다. 웰스 파고의 전 CEO이자 최고의 동기 부여 전문가인 딕 코바세비치는 말했다. "자기가 무엇을 예상하는지 점검해야 합니다. 사람들에게 본인이 지금보다 더 잘할 수 있다는 자신감을 심어줄 필요가 있습니다. 그리고 그들이 개인적으로 최선을 다하면 그 사실을 축하해주어야 합니다. 직원들이 이룬 성취가 정말 가치 있다는 것을 명확하게 알릴 수 있는 방식으로 말입니다."

이런 숫자 외에도 우리는 사명을 위한 개인의 희생과 헌신이 담긴 개별적인 이야기도 인정하고 축하해야 한다. 사람들은 이런 이야기를 기억하게 되고, 리더들은 팀원들에게 이런 이야기를 들려주면서 결과를 향한 움직임과 점점 커지는 성공에 대한 자신의 생각을 공유할 기회를 갖게 된다. 더 중요한 점은 개인의 희생과 헌신에 대한 이야기에 관심을 기울이고 축하함으로써, 우리 모두의 성공을 위해 열과 성을 다하는 팀원들에 대한 감사의 마음을 진정으로 보여주는 동시에 모든 이들의 롤 모델이 되어준 것을 인정하고 감사할 수 있다는 것이다. 하지만 이것은 제2부 2장에서 좀 더 철저하게 살펴볼 예정인 감정과 열정을 관리할 때 우리가 할 수 있는 일들 가운데 작은 것일 뿐이다.

■ ■ ■

선행 지표와 지행 지표부터 빅 데이터와 다양한 유형의 분석에 이르기까지 이용할 수 있는 정보는 끝이 없다. 서로 상충되는 사안들 중에서 가장 중요한 것이 뭔지 판단하고 거기에 여러분의 관심을 집중시켜야 한다. 최고 경영진들이 관심을 가지는 유일한 사안은 수익성 증대뿐이라고 생각하는 경우가 많은데, 대개의 경우 그것은 사실이다. 하지만 획기적인 변화의 경우 대개 수익성이 올라가는 기미가 보이기 전까지 장기간에 걸쳐 자본을 소모하고, 이런 긴 기간 때문에 여러분의 결의가 시험에 들게 될 수도 있다. 편협하고 근시안적으로 수익성에만 집착하다가는 경솔하게 경로를 수정해서 잘못된 방향으로 나아가게 될 수도 있다는 것을 기억하자. 스스로 대비해야 한다. 선행 지표가 느리게 움직인다면 일화를 이용해서 사신감과 추진력을 강화해야 하는 경우도 있다. 세부적인 부분까지 포함된 이런 이야기는 대부분 통계 자료보다 훨씬 사람들의 주목을 끌며 해당 집단이 인내심을 갖고 계속 일을 추진하도록 도와준다.

획기적인 변화를 이끄는 일은 기본적으로 실제 추진력과 추진력에 대한 인식 두 가지를 모두 만들고 관리하는 일이라는 것을 기억하자. 선행 지표를 측정하고 추세를 파악할 때 몇 가지 요소가 제대로 된 방향으로 움직이기 시작하는 것을 확인한다면 이런 움직임을 인정하고 축하해야 한다. 물론 궁극적으로는 수익성과 마진, 시장 점유율, 시장 입지가 늘어나고 있음을 보여주는 지행 지표도 무대에 등장시켜야 한다. 그러나 그러기까지는 시간이 몇 년이나 걸린다. 그 사이에 달성하고자 하는 선행 지표에 대한 합의가 이루어지고 계속해서 지표를 측정하고 축하하면 규모가 더 큰 팀 사이에서도 변화에 대한 계획을 진행할 수 있는 추진력이 쌓이고 유지할 수 있다. 이 문제는 8단계에서 계속 논의할 것이다.

측정 기준 정의와 분석 방법 개발

1. 변화 계획이 초기 단계에서 눈에 보이는 업무 성과를 낳고 있다는 것을 알려 줄 선행 지표는 무엇인가?

2. 이런 지표를 기준 삼아 진행 상황을 측정하고자 할 때 어떤 분석 방법을 사용할 수 있는가?

3. 변화가 진행 중이라는 것(혹은 제대로 진행되지 못한다는 것)을 재차 확인시켜 줄 지행 지표는 무엇인가?

4. 이런 지표를 기준 삼아 진행 상황을 측정하고자 할 때 어떤 분석 방법을 사용할 수 있는가?

5. 위의 1번과 3번 항목에서 선행 지표와 지행 지표를 추적·분석하기 위해 필요한 데이터를 포착, 저장, 액세스하기 위한 프로세스가 가동 중인가? 만약 그렇지 않다면, 이런 데이터를 포착하기 위해 이 프로젝트의 일환으로 구축할 수 있는 프로세스는 무엇인가?

6. 이 지표 가운데 일간, 주간, 월간, 혹은 그 이상의 주기로 측정·보고할 수 있는 것은 무엇인가?

7. 미리 정해놓은 중요한 날짜에 선행 지표와 지행 지표와 관련해 어느 수준까지 진행하고 싶은지 정의한다(예를 들어, n달 후까지 신규 고객 10퍼센트 증가 등).

8. 회사에 여러분이 채택해서 활용할 수 있는 빅 데이터 계획이 있는가?

9. 고객이나 직원에게 이 프로젝트를 이해시키기 위한 목적으로 빈티지 분석을 실시하는가? 장기간에 걸쳐 이런 방식으로 분석할 구체적인 데이터는 무엇인가? 현재의 프로젝트 사후 빈티지를 더 오래된 빈티지와 비교할 수 있게 해주는 데이터 소스를 가지고 있는가?

10. 성과를 측정하기 위해 사용할 수 있는 핵심적인 비율은 무엇인가?

11. 변화의 주축이 되는 팀과 조직 전체에 위의 지표 상황을 이떻게 진달힐 깃인가(홈페이지 게시, 사무실 전광판 등)?

12. 이들 지표 가운데 경영진이나 이사들이 프로젝트를 계속적으로 지원하는 (예: 자금 지원) 데 중요한 지표가 있는가? 만약 있다면, 어떻게 그 부분에 특별한 관심을 기울일 것인가?

8단계

대규모 팀을 평가하고 모집해 권한을 부여하라

리더십 팀을 모으고 통합한 뒤로 시간이 한참 흘렀다. 앞서 2단계에서 이야기한 것처럼, 다양한 관점과 많은 기술, 폭넓은 경험을 갖춘 사람들이 모여서 여러분의 아이디어에 이의를 제기하고 추가적인 아이디어를 제공할 때 변화를 위한 비전과 계획이 훨씬 좋아지기 때문에 리더십 팀 구성은 획기적인 변화 과정의 초반에 완수해야 한다. 일반적으로 초기 팀은 시간이 지남에 따라 리더십 팀 자체의 새로운 구성원과 조직 내에서 한두 계층 떨어져 있는 새로운 동료들을 통해 성장해야 한다.

8단계에서는 2단계에서 여러분이 한 작업을 기반으로 한다. 이 단계에서는 최소 다음과 같은 두 가지 이유 때문에 초기 팀 구축 활동 가운데 일부로 다시 돌아가 반복하고 싶어질 수도 있다. 첫째, 이제 긴 안목으로 보면서 리더십 팀을 한층 더 강화해야 할 시기이기 때문이다. 둘째, 전체 팀을 결집시키는 쪽으로 집중점이 옮겨가면서 장차 변화 계획이 결실을 맺기 위해 필요한 모든 힘든 일을 도맡게 될 더 폭넓은 팀에 관심을 가져야 하기 때문이다. 이 말은 곧 기술, 즉 조직 내에 이미 존재하는 기술과 향후 개발해야 하는 추가적인 기술, 그리고 외부에서 영입해야 하는 기술이 무엇인지 평가해야 한다는 뜻이다. 또 대규모 팀이 성공하는 데 필요한 인재를 채용하고 적응시키고 균형을 맞추고 권한을 주어야 한다는 뜻이기도 하다.

미래의 필요에 대비한
현재 상황 평가

또한 이 단계는 획기적인 변화를 위해 장기적으로 실행할 수 있는 계획을 세우기 시작한 5단계에서 한 작업에 부분적으로 의지하기도 한다. 이제 폭넓은 팀을 모으고 개발시키는 쪽으로 눈을 돌리면서 당시에 했던 평가를 갱신할 때가 되었다. 필요하다고 알려진 기술과 미지의 분야에서 성장할 수 있는 유연성과 관심을 가진 팀을 규합하는 일은 복잡하고 부담이 큰 작업이다. '차근차근 쌓아올리기' 프로세스의 다른 많은 부분들처럼 이 작업도 반복적이다. 즉, 이따금씩 이 단계로 다시 돌아와야 한다는 이야기다. 그리고 실제 상황에서는 이 일이 우리가 정확하게 예측할 수 있는 것보다 더 어려운 경우가 많다. 대부분의 정의에 따르면, 획기적인 변화처럼 새로운 일을 진행할 때는 새로운 기술이 필요한데, 이 기술은 폭넓게 개발되거나 심지어 정확하게 정의되지도 않은 경우가 많다고 한다.

드림팀을 상상하면서
꿈을 크게 가지자

아직 구체적인 사안들을 전부 알지 못한다고 하더라도 여러분의 드림팀을 상상하면서 꿈을 크게 가질 수 있다. 여러분이 정한 기간과 원하는 수준 내에서 이 획기적인 변화가 진행되게 하려면 무엇이 필요한가? 획기적인 변화의 범위와 드림팀에 필요한 재능을 고려하면, 범위를 넓게 잡고 여러분의 그룹에 다양하고 확실한 기술과 경험, 실적을 지닌 사람들을 데려올 수 있는 방법과 장소를 찾을 수 있게 될 것이다. 그리고 변화가 빨리 진행되어야 하는 경우에는 필요한 기술을 곧바로 활용할 수 있는 최고의 인재를 찾아서 영입해야만 한다.

다양성으로 출발

다양성을 통해 얻을 수 있는 이득을 생각할 때, 다양성을 좁게 정의하면서 인종, 성별, 민족적인 부분에만 집중하는 함정에 자주 빠진다. 다양성이 팀의 성과를 강화한다는 것을 이해하고 한층 더 깊이 들어가 모든 각도에서 다양성을 추구하기 위해 노력해야 한다. 특히 사고방식이나 경험, 초점, 관점, 업무 스타일처럼 비교적 눈에 띄지 않는 요소들도 포함시켜서 고려해야 한다.

여러분의 드림팀과 팀의 모든 반복 작업에 있어서 다양성을 계속 생각해야 한다. 다양성이 부족하거나 늘 일정한 상태로 머무는 팀은 안락감에 젖을 수 있다. 사람들이 서로 너무 큰 유대감을 느끼는 나머지 상대방에게 진심으로 이의를 제기하는 것을 꺼리게 되는 것이다. 혹은 이보다 더 자멸하는 경우는 집단 사고가 자리를 잡아 갑자기 팀 내에서 다른 의견을 내놓는 사람이 아무도 없게 되거나 그런 의견이 있어도 섣불리 입 밖에 내지 않으려고 하는 것이다.

조직 내부나 외부의 새로운 곳에서 새로운 사람들을 추가하는 것은 팀을 활기차게 유지하는 매우 좋은 방법이다. 몇 번의 승진 주기마다 새로운 피를 수혈하면 새로운 도전과 기회의 층을 더할 수 있다. 새로운 구성원이 지속적으로 유입된다는 것은 안정적인 팀처럼 손발이 척척 맞지는 않는다는 뜻이기도 하므로, 팀이 변화를 거치는 동안 계속 모니터하는 것이 특히 중요하다.

슈왑은 내가 재직하는 동안 매우 빠른 변화를 거쳤기 때문에 나는 우리 팀의 경험과 관점, 기술을 확대할 수 있는 새로운 임원들을 계속 찾아야만 했다. 나는 승진·채용 비율을 내부인 2 대 외부인 1 정도로 유지하려고 의식적으로 노력했다. 그렇게 한 이유는 그들의 경험과 회사와의 친밀성이 누적되어 모두에게 특별한 이익을 안겨줄 수 있기 때문이다.

우리가 축적된 경험을 뛰어넘는 뭔가를 향해 도약하는 중이기 때문에 변화를 거치는 데 도움이 될 만한 관련 배경을 지닌 사람이 필요해졌고, 그래서 외부에서 누군가를 채용하는 것이다. 이 일의 목적은 회사의 최상층부에 역동적이고 다양한 능력을 가진 사람들을 모아놓는 것이었다. 이 팀에는 슈왑에서 15년 동안 재직한 사람도, 회사에 합류한 지 겨우 15주 된 사람도 포함될 수 있었다. 그들은 모두 훌륭하게 협력했다.

활발하게 기능하는 팀에 새로운 인력을 통합시키는 일은 꽤 힘들기 때문에 그 어려움을 과소평가해서는 안 된다. 다양한 변수들 사이에서 지속적으로 균형을 잡아야 한다. 여러분의 팀에는 외향적인 사람이 많은가? 내성적인 사람이 더 많은가? 리더? 추종자? 단시간 내에 결정을 내리는 사람 혹은 좀 더 숙고하는 유형인가? 서로 생산적으로 협력할 수 있는 사람들을 모아놓고 싶은 것처럼, 유용하게 맞물릴 수 있는 다양한 경험과 기술을 모아놓아야 한다.

실적 확인

상식적으로 볼 때 찬란한 실적을 보유한 사람들만 찾아야 한다고 생각할 수도 있지만, 그것이 항상 최선의 방법은 아니다. 스키 강사들은 초보자들을 가르치면서 넘어지지 않으면 제대로 배울 수 없다는 말을 자주 한다. 가장 뛰어난 스키어들의 경우에도 다양한 스키 날을 실험해보지 않거나 다양한 유형의 슬로프에서 스키를 타보지 않으면 새로운 기술을 익히고 연습할 수 없다. 그렇다고 해서 눈 속에서 뒹군 학생들 대부분이 결국 최고의 스키어가 될 수 있다는 뜻은 아니다. 그러나 스키와 비교하는 것은 기꺼이 새로운 것을 실험하면서 밀고 나가지 않는다면 계속해서 능력을 향상시켜서 다른 수준의 도전 목표에 도달할 수 없다는 사실을 상기시켜주는 괜찮은 비유다.

훌륭한 실적에도 불리한 점이 있다면 실패한 프로젝트에 참여한 사람도 귀중한 통찰력을 얻었을 것이다. 실제로 선의의 실패에서 얻을 수 있는 가장 긍정적인 이익 가운데 하나는 직원들이 시도했다가 실패하면서 얻는 값진 경험이다. ('고귀한 실패'라는 개념은 제2부 1장에서 좀 더 자세히 논의할 것이다.) 같은 실수를 두 번 다시 되풀이하지 않는 것이 여러분의 목표라면, 실수와 이런 경험에서 얻는 교훈의 데이터베이스를 최대한 확대하는 것이 좋다. 다른 조직에서 시도했다가 실패한 프로젝트에 긴밀하게 관여했던 사람을 고용할 경우, 여러분은 비용을 전혀 들이지 않고 그 경험을 통해 얻은 교훈을 손에 넣을 수 있다. 실제로 특정한 전문 지식 다음으로 여러분에게 필요한 것, 외부에서 인재를 채용하는 두 번째 이유는 바로 사람들이 다른 곳에서 저지른 실수를 통해 교훈을 얻는 것이다.

드림팀 구상이 끝나면, 여기에 어떤 기술이 필요한지 알게 된다. 그리고 여러분이 어떤 유형의 인재를 찾는지도 알게 된다. 바로 신선한 관점을 지닌 경험이 풍부한 혁신자, 다른 곳에서 실패를 경험했더라도 그 경험을 통해 교훈을 얻고, 변화를 포용할 능력이 있으면서 그것을 즐기는 사람이다. 그렇다면 이제 그런 필요한 인재를 어디에서 찾아내고 그들을 어떻게 여러분의 팀에 합류시키는가가 문제다.

재능, 기술, 적합성을 탐색하라

여러분은 드림팀에 꼭 필요한 기술과 재능, 경험을 지닌 사람들을 찾아야 한다는 사실을 알고 있다. 그렇다면 이제 그런 사람들을 어디에서 찾을 것인가? 업무 속성을 고려하면, 처음에는 여러분이 이미 이용할 수 있는 조직 내부에 있는 사람들로 범위가 한정될 수도 있다. 하지만 사내에 적합한 기술을 가진 사람이 충분하지 않다면 어떻게 해야 할까? 아니면 그런 사람이 아예 하나도 없는 나쁜 상황이라면? 획기적인 변화에 대한 계획을 추진할 때는 적어도 가까이에 보유하고 있는 인재들을 신속하게 보완해야 한다.

조직 내부

처음에는 여러분이 이미 잘 알고 신뢰하는 사람들, 조직의 사명과 혁신적인 변화의 중요성을 제대로 이해하는 이들의 기술을 이용하기 위해 조직 내부를 살펴보고 싶을 것이다. 이미 같은 기업 문화에 젖어 있는 사람들에게 의지할 수 있다는 것은 크나큰 격려가 된다.

슈왑에서도 종종 이런 상황이 우리에게 유리하게 작용했다. 1990년대 초반에 슈왑이 완전히 새로운 방식으로 뮤추얼 펀드 사업을 시작하기로 결정했을 때, 우리는 헌신적인 변화광인 톰 세입에게 이 임무를 맡겼다. 세입은 외부 펀드 기업을 슈왑 아래로 끌어오기 위해 대대적으로 노력했고 결국 성공을 거두었다. 우리는 슈왑의 전 마케팅 책임자인 베스 사위에게 전자 중개 비즈니스를 총괄하는 역할을 맡겼고, 사위는 이 부서를 업계 최고로 키웠다. 재능이 매우 뛰어난 존 코글런은 자신의 능력이나 관심사와 잘 부합하지 않는 일을 하고 있었는데, 우리는 코글런에게 재정 자문가 서비스 사업을 출범시키고 계속 운영하도록 해서 재능을 꽃피울 기회를 주었다.

각 경우마다 우리는 도전을 사랑하는 현명하고 유능한 임원들을 보유하고 있다는 사실을 알고 있었다. 그들이 우수한 팀을 모집해서 이끌어갈 수 있다는 것을 알았기에 그들에게 기회를 주었고, 결국 이를 통해 슈왑은 장기적으로 경쟁적 우위를 얻게 되었다. 이들은 까다로운 도전을 받아들였고, 주변과 사내에 있었던, 또한 외부에서 온 뛰어난 팀원들을 두었으며 결국 탁월한 성과를 올렸다. 이들 모두 새로운 도전과 커리어를 찾아 다른 회사로 자리를 옮겼지만 이들이 슈왑에 기여한 일들과 유산은 오늘날까지도 이어지고 있다.

내부인의 도전

리더들은 금세 깨달았겠지만, 안타깝게도 그들이 조직 내에서 부딪히는 현실은 이런 이상적인 사례와 사뭇 다른 경우가 많다. 이베이의 존 도나호와 나는 바로 이 문제에 대한 이야기를 나누었다. 1단계에서 이야기한 것처럼, 도나호도 예전 업무 방식을 고수하는 사람들 속에서 새로운 기술을 찾아내야 하는 도전에 맞닥뜨린 적이 있다. 어려운 상황이 발생한 것은 분명한데, 이는 단순히 과거의 업무 방식에 매달리는 직원들의 경향 때문만이 아니었다. 그보다 심각한 문제가 있었다. 도나호는 말했다. "과거에 대한 갈망도 문제의 일부였습니다. 과거에 성공을 거둔 적이 있는 사람들은 당연히 거기에 매달리고 싶어 합니다. 한때 승자였던 이들이 다시금 승자가 되고 싶어 하는 거죠. 하지만 그들이 새로운 목표 지점에 도달하는 데 필요한 노력과 끈기를 가지고 있으리라는 보장은 없습니다. 혹은 그 새로운 목표 지점이라는 곳이 그들이 기억하는 예전의 영광만큼 만족스럽지 않을 수도 있고요."

그러나 과거의 방식으로 돌아갈 수는 없는 일이다. 앞이 아니라 자꾸 뒤를 돌아보는 경향이 있는 이들의 경우에는 이 생각이 특히 받아들이기 어렵고 모든 변화가 다 시험대가 된다. 존은 어떤 이들은 늘 과거를 기준으로 상황을 재려고 했다는 것을 강조하면서 이렇게 말을 이었다. "현재의 경쟁 환경이나 고객의 요구, 앞으로 성공하기 위해 우리가 예의 주시해야 하는 다른 모든 지표가 아니라 과거를 기준으로 삼았던 것입니다. 이런 과거와의 비교는 내부에만 초점을 맞추는 것이기 때문에 치명적입니다. 이런 식으로는 자신을 속이는 일이 너무나도 쉽습니다. 골프 스윙이나 결혼 생활, 사업 등 그 대상이 뭐건 간에 자기 자신만을 기준으로 삼아 상황을 판단하려고 한다면 자신의 실제 모습에 대해 왜곡되고 객관적이지 못하게 됩니다."

도나호는 이 문제를 단호하게 못 박았다. 금융계에서는 과거의 성공이 미래의 성과를 보장하지 못한다. 그리고 오늘날의 경제 상황에서는 모든 업계와 모든 나라에서 이런 생각이 통용되고 있다. 사실 누군가가 과거에 거둔 큰 성공은 곧 일어날 변화를 내다봐야 하는 상황이 되었을 때 그 사람의 발목을 잡을 수도 있다.

"생각해보세요." 도나호가 말했다. "어떤 사람들은 경력이 늘어날수록 대담한 변화를 반기지 않는 경향을 보입니다. 그들에게 있어 대담한 변화는 자신의 명성을 쌓는 방법이지 그 명성을 보호하는 방법이 아닙니다." 도나호는 사람들이 어떻게 갈수록 자신의 직업적 정체성을 보호하는 일에만 급급하게 되는지에 대해서 이야기했다. "이는 이 사람들이 자기가 맡은 일을 잘하느냐 못하느냐의 문제가 아닙니다. 대부분 전후 사정의 문제죠. 내가 제안한 몇 가지 변화에 동참하지 못하는 사람들도 결국 딴 회사로 자리를 옮겼습니다."

도나호는 본인이 과거의 성공에 관여하지 않은 회사로 가게 된 사람들은 그곳에서 자기가 대담한 변화를 받아들일 수 있을 뿐만 아니라 심지어 변화를 직접 이끌 수도 있다는 사실을 깨닫게 되었다고 말했다. "그곳에서는 과거에 일한 적이 없어 변화나 변화 회피가 자신들의 개인적인 정체성 문제와 얽혀 있지 않기 때문인 듯합니다. 때로는 자신의 능력을 다시금 증명해야 하는 새로운 곳으로 옮겨갈 경우 현 상태에 안주하려고 하거나 두려워하는 모습을 떨쳐낼 수 있습니다." 일부러 무능한 모습을 보이고 싶어 하는 사람은 아무도 없다는 것을 안다. 상황의 변화가 원동력이 되어 결국 다시금 성공을 거둘 수 있게 되는 경우가 매우 많다.

기술 격차

획기적인 변화 계획에 착수할 때는 필요한 모든 전문 지식이나 기술을 즉각적으로 이용할 수 없다는 사실을 깨닫는 경우가 매우 많다. 어쨌든 직원들이 회사가 예전부터 계속 사용해온 프로세스나 과업에 숙달되기 위해 자신의 시간과 노력을 다 쏟아 붓는 것은 당연한 일이다. 획기적인 변화의 속성 자체가 회사의 쾌적한 질서를 흐트러뜨리고 뭔가 새롭고 대담한 것을 요구한다.

여러분이 보유한 최고의 직원들조차 변화 업무에는 적합하지 않다는 사실을 깨닫는 경우, 어떻게 적합한 인재를 찾는 일에 착수하겠는가? 이는 기나긴 과정이 될 수도 있지만 평소에 늘 인재를 찾는 습관을 들이고 여러분 자신을 인재를 끌어들이는 자석이 되기 위해 적극적으로 노력한다면 그 기간을 상당히 단축할 수 있다. 조직 내부와 외부에서 재능 있는 사람들을 의식적으로 양성해왔다면 이미 남들보다 유리한 위치를 차지하고 있는 것이다.

인재를 끌어당기는 자석이 되어라

여러분도 가능만 하다면 조직 내부와 외부에서 끊임없이 확장되는 인재 풀을 이용할 수 있기를 바랄 것이다. 최고 중에서도 최고의 인재를 고용하고 싶다면 여러분이 제시하는 보상 패키지뿐만 아니라 여러분이 그들과 공유하고자 하는 개인적인 경험 면에서도 그들에게 엄청나게 매력적인 모습을 보여야 한다. 사람들이 프로젝트마다 따라다니고 싶어 하거나 직원들의 도전 의식을 북돋아주고 그들에게서 최선의 모습을 이끌어내는 훌륭한 리더의 모습을 보이는 것도 여기 포함된다. 여러분이 획기적인 변화의 리더로서 자기가 맡은 일에 전념하다 보면, 그 과정에서 수많은 팀을 모아야 할 가능성이 높아진다. 이런 이유 때문에, 창의적이고 유능하며 의욕이 넘치는 사람들이 어디에 있건 간에 그들과 관계를 맺고 그 관계를 공고히 하는 것이 더욱 중요해진다. 그러려면 나중에 여러분의 팀에 필요해질 수도 있는 기술이나 사고방식을 지닌 사람들을 파악하고, 접촉하는 사람들 목록을 만들어서 유지하고 관리하는 일을 주도적이면서도 사적으로 진행해야 한다.

여러분이 네트워크를 손쉽게 구축할 수 있는 사람이건 아니면 이 기술을 공들여서 개발해야 하는 사람이건 간에, 이 일은 일찍 시작하면 할수록 좋다. 콘퍼런스에서 만난 사람들, 전에 함께 일한 사람들, 다른 곳에서 최근 진행된 유명한 변화 프로젝트에 참여한 사람들을 고려해보자. 이런 사람들을 예의 주시하면서 그들과 직업적인 관계를 키워나간다. 계속 연락을 취하고, 개인적인 관심을 표명하고, 멘토 역할을 제안하는 것도 좋은 방법이다. 그러면 양쪽 모두에게 도움이 될 가능성이 크다. 그리고 언젠가는 여러분의 팀에 그들만의 독특한 재능이 필요해질지도 모른다.

팀 끌어들이기

인텔은 오랫동안 개인용 컴퓨터와 데이터센터 시장을 주도하는 리더 기업이었다. 하지만 이 회사 제품은 스마트폰과 태블릿 등 빠르게 성장하는 모바일 시장에 맞추어서 설계되지 않았다. 이런 시장에는 저렴한 저전력 기술과 짧은 개발 주기, 공세적이고 민첩한 경쟁자로서의 경험이 필요하다. 인텔 이사회와 리더십 팀에 속한 사람들은 이런 차이가 신제품을 개발할 때 필요로 하는 기술이나 경험과 관련된 모든 것들을 바꿔놓으리라는 것을 알았다. 그리고 이로 인해 적합한 인력을 찾기 위해 살펴봐야 하는 장소도 바뀌었다.

마이크 벨이 처음 인텔에 합류했을 때, 벨은 인텔 조직 내에서만 팀원들을 선발해야 한다는 조직의 전통과 압력에 부딪혔다. 그러자 벨은 현명하게도 이런 제안을 무시하고 인텔 직원들은 PC에 대해서는 뛰어난 기술과 경험을 갖고 있을지 몰라도 모바일 사업에 대해서는 아무것도 모른다는 사실을 지적했다. 벨과 내가 팀을 구성하고 적합한 기술력을 갖추는 문제에 대해 이야기했을 때, 벨은 팀이 최고의 성과를 내려면 진후 *상황*이 중요하다는 생각에 전적으로 동의했다. 그리고 '훌륭한 인재를 찾아냈지만 그에게 잘못된 역할을 맡긴다면 이는 대재앙'이라는 것을 충분히 이해했다. 벨은 말했다. "채용하기까지 들인 노력을 망치고, 전에 하던 업무에서는 슈퍼스타였을지도 모르는 그 사람들의 사기와 의욕을 말살하게 됩니다. 그들에게 맞지 않는 자리에 억지로 밀어 넣는다면 결국 모두에게 해만 끼치게 되지요."

벨은 신중하게 행동했고 자기가 모은 사람들을 신경 써서 챙겼다. 인텔에 모바일 영역을 만드는 동안, 벨은 전통에 얽매이지 않고 새로운 사고방식과 기술을 받아들일 채비가 된 내부 인력을 찾았다. 인재를 끌어들이는 자석으로 유명한 벨은 회사 내부와 외부를 다 뒤져서 결국 '관련 분야에서 경험이 있고 적절한 태도를 갖추었으며 기꺼이 배우려는 자세가 되어 있는 매우 의욕이 넘치고 똑똑한 사람들의 조합'을 찾아냈다. 벨의 말처럼 내부 지식과 외부 지식을 혼합하면 매우 강력한 힘을 발휘하는데, 이것이 제대로 효과를 내려면 적절하게 균형을 맞추어야 한다.

내부인과 외부인으로 가르는 이분법과 벨이 넌지시 내비친 잠재적인 시너지는 이 이야기의 일부분에 지나지 않는다. 여러분이 팀원을 선택할 때는 그들의 이력을 고려해야 한다. 여러 해 동안 계속 성공을 거둔 사람들은 그 상태에 안주하려는 경향을 보이는 경우가 많다. 성공적인 실적 때문에 팀원으로서 바람직한 사람이 되지만 한편으로는 그런 실적 때문에 너무 보수적이고 자기 유산을 지키는 데만 급급한 사람이 되기도 한다. 그리고 그것만으로는 충분하지 않은지, 외부에서 영입된 신규 인력들을 잠재적으로 '벨의 친구'로 여기고 팀의 장기적인 기반 때문에 문화적으로 거부당할 수도 있다.

외부인과 내부인이 모두 섞인 팀을 만들 때는 나름의 문제가 생기기 때문에 리더는 이에 대비해두어야 한다. 여기서 얻는 이익을 생각하면 물론 어려움을 무릅쓸 만한 가치가 있지만, 이런 유형의 팀을 구성할 때 들어가는 시간과 노력을 과소평가해서는 안 된다.

추종자가 따르는 리더들은 인재를 끌어당기는 자석이며, 팀이 발전하는 동안 각각의 조각이 좀 더 쉽게 제자리를 찾아갈 수 있게 한다. 벨은 "시간이 지나면서 내가 배운 중요한 교훈 중 하나는 설계가 팀 스포츠라는 것입니다. 사실 내가 지금껏 했던 가장 멋진 일 가운데 일부는 오랫동안 함께 일해서 내가 잘 알고 신뢰할 수 있는 사람들과 함께한 일입니다"라고 말했다.

우리가 이야기를 나눌 때, 벨은 신규 프로젝트를 위한 팀을 구성하는 중이었다. 벨은 말했다. "내가 아는 사람들 중에 다른 회사에서 일하는 이들이 전화를 걸어 일을 도와달라고 하더군요. 오랫동안 날 위해서 일했던 이들이 여전히 나와 함께 뭔가 다른 일을 하고 싶어 하는 모습을 보는 것은 정말 흐뭇한 일입니다."

강하고 굳건한 팀은 프로젝트 전체가 더 빠르게 진행되도록 하면서 더 좋은 성과를 낼 수 있게 해준다. 이것이 중요한 영향을 미칠 수 있다. 하지만 팀이 어떻게 조합되었든 간에, 우리는 팀이 구성된 뒤에도 계속 잘 돌보고 키워나가야 한다는 것을 안다. "리더들은 체계를 만든 뒤에도 되는 대로 내버려둘 수 없습니다." 벨은 이렇게 말했다. 그보다는 자신이 적합한 기술과 능력을 지닌 적합한 인재를 뽑았는지, 그리고 모두들 제대로 성과를 올리고 있는지 끊임없이 확인해야 한다. 이는 신속하게 움직이고자 할 때 특히 중요하다. 인재를 끌어당기는 인간 자석이 되면 팀을 구성하는 속도나 그 팀의 지속적인 우수성과 성과에 엄청나게 많은 도움이 된다.

여러분도 지원들이 최선의 기량을 발휘할 수 있게 도와주는 사람이 되고 싶을 것이다. 그런 사람들을 자신에게 끌어당기는 기술과 능력은 여러분의 본모습을 잘 반영해주며, 여러분이 채용하는 이들에게서도 그와 같은 성품의 징표가 드러나는지 살펴봐야 한다. 벨은 이 생각을 강조한다. "누군가를 채용한 뒤 그에게 팀을 구성하라고 요청했을 때, '아, 저는 어떤 사람을 채용해야 할지 잘 모르는데요.' 같은 반응이 나오면 약간 초조해지기 시작합니다. 만약 그 사람이 전화를 걸어서 의사를 타진하거나 잠재적으로 영입할 수 있는 대상이 없다면 그것은 경고 신호입니다. 요새는 추종자들을 만드는 것이 특히 중요해졌습니다." 하지만 여러분이 아는 가능성 있는 후보들이 이미 모두 선임된 상태라면 어떻게 해야 할까?

네트워크 외부 인력 모집

리더로서 오랫동안 경력을 쌓기를 바라는 사람이라면 누구나 사람들과 장기적인 관계를 구축하고 미래에 대비하면서 인재를 끌어들이는 자석이 되어야 한다. 하지만 아직 여러분의 네트워크에 포함되어 있지 않은 사람들이 필요하다는 사실을 깨달으면 어떻게 해야 할까?

벨은 인재 발굴과 모집에 관한 몇 가지 방법을 제안한다. "제 네트워크에 속한 사람들이 다 소진된 후에는, 제품이 어떻게 기능해야 하고 사람들은 어떻게 일해야 하는가에 대한 비전이 저와 같은, 제가 신뢰하는 인재 채용 전문가 두어 명에게 의존합니다. 우리는 열심히 일하고 열심히 놀자는 철학을 공유하고 있습니다. 그들은 제가 기대하는 인재 속성이 어떤지 알지요. 그리고 내게 이야기해줄 만큼 이 일에 관심이 있고 열성적인 이들을 찾아줄 수 있습니다. 그러면 그들과 직접 만나서 그들이 우리 팀에 적합한 인재인지 판단합니다. 인재를 찾기 위한 다음 단계의 네트워크를 보유하는 것이 중요합니다. 이 채용 전문가들은 몇 번이나 필요한 인력을 공급해줍니다." 물론 여러분에게 잘 맞는 채용 전문가를 찾기까지 몇 명의 전문가들을 거쳐야 할 수도 있다. 일단 그런 전문가를 찾으면 그는 장기적으로 여러분의 시간을 절약해줄 것이기 때문에 벨은 그 사람과의 관계를 신중하게 발전시키라고 조언한다.

여러분의 모든 노력은 필요한 기술을 두루 갖춘 매우 유능한 팀을 구성하는 데 집중되어야 한다. 시간이 지나면서 변화 리더로서 평판이 쌓이면, 여러분은 점점 더 바람직한 상사가 될 것이다. 그렇게 되면 더 먼 곳까지 손을 뻗어서 더 많은 관계를 맺을 수 있게 된다는 뜻이다. 어쩌면 이들 가운데 일부는 여러분과 함께 일하게 될지도 모른다. 만약 그들이 긍정적인 경험을 하고 여러분과의 협업이 성공적이라면, 관계가 더 공고해지고 경험에 한층 깊이가 생기며 평판도 높아진다. 이상적인 상황에서라면 인력 네트워크와 인재 자석으로서의 평판이 더욱 커질 것이다.

대규모 팀 통합과 권한 부여

인간 자석으로서의 본인의 능력이나 채용 전문가로서의 능력이 얼마나 뛰어나다고 생각하건 간에, 내부인과 외부인을 모아서 응집력 있는 팀, 여러 업무 분야의 다양하고 유능한 인재들이 모인 팀을 만드는 데 따르는 어려움을 과소평가해서는 안 된다. 팀을 구성하는 일이나 그들을 하나로 결집시키는 일이나 모두 시간과 노력이 필요하다. 강력한 팀이 안겨주는 이점을 생각하면 그만한 노력을 들일 가치가 있다. 그리고 적합한 팀이 구성되어 있으면 위기 앞에서도 창의성을 발휘해 기적을 일으킬 수도 있다.

진저 그레이엄은 혁신과 신제품 개발·속도에 집중하는 사업체를 몇 개 운영하고 있다. 그레이엄은 자기가 예전에 몸담았던 어드밴스드 카디오바스큘러 시스템이라는 의료장비 회사가 한때 '스텐트 기술력이 다른 회사에 비해 비참할 정도로 뒤처져서 이로 인해 핵심 사업 분야에서 시장 점유율을 빼앗겼다'고 설명한다. "그래서 우리는 당시로서는 상당히 참신하면서도 영향력 있는 팀을 구성했습니다. 50명 가까운 직원들을 며칠 동안 회의실로 소집해서 전문 진행자와 함께 우리의 기존 제품 개발 방식을 설명했습니다. 그런 다음, 모두 함께 브레인스토밍을 실시해서 '만약 이 방식을 전부 바꿀 수 있다면, 회사가 잘못하고 있다고 생각하는 부분을 모두 고칠 수 있다면, 미래의 개발 프로세스는 어떤 모습을 띨 것인가?'라는 질문에 답해 달라고 부탁했습니다."

이 그룹은 즉시 작업에 착수해서 회사의 제품 개발 과정을 다시 정의했다. 이들은 '빠르고 군더더기가 없으며 효율적이고 집중된, 그래서 결국 시장 흐름을 따라잡아 남들을 이길 수 있게 해주는' 새로운 제품 개발 방식을 정의했다. 그레이엄은 말했다. "우리는 팀이 요구하는 자원을 제공하고 그들과 제품 성능, 제품 품질, 시간, 비용, 고객 만족도, 결과에 대한 시장 성과와 관련된 산출물 계약서를 작성했습니다. 그리고 이를 바탕으로 그들이 옳다고 생각하는 방향으로 제품 개발을 추진할 수 있었지요."

"현장 직원들은 일을 어떻게 처리해야 하고 어떤 일을 할 수 있는지에 대해, 멀리 떨어진 곳에서 작업을 관리하는 사람들보다 훨씬 잘 알고 있었습니다"라는 그레이엄의 설명처럼 대담한 조치가 획기적인 결과를 가져왔다. 실제로 새로운 프로세스는 매우 뛰어난 기능을 발휘해서, 이 회사는 아직 스텐트가 비교적 낯설었던 시기에 스텐트 기술의 주요 카테고리에서 출시한 한 제품이 시장 점유율에서 놀라운 성과를 내었다. 시장 점유율이 1퍼센트에서 75퍼센트 이상으로 뛰어오른 것이다.

나중에 바로 그 성공으로 인해 또 다른 문제들이 생기자 다시 직원들을 모아서 해답을 찾았다. 그레이엄은 어떤 해 10월에 심장 수술에 사용할 다양한 스텐트를 출시했을 때의 상황을 이야기했다. "추수감사절 직전에 제품 품귀 현상이 발생했습니다. 시장을 주도하는 제품을 출시했는데 그게 그렇게 짧은 시간 안에 품절된다는 것은 거의 상상할 수도 없는 일이죠. 우리는 전 세계에서 동시에 제품을 출시했고, 경영진들은 이에 필요한 모든 계산을 다 하고 변수들도 다 고려했습니다."

그레이엄은 그들이 스스로 이런 질문을 던져야만 했다고 말했다. "우리가 이렇게 빠르게 성장하는 시장 속도를 따라갈 수 있을까? 우리가 가진 모든 수치는 따라갈 수 없다고 말하고 있었습니다." 그래서 그들은 회사의 모든 지사에서 전체 직원회의를 개최하고, 그 자리에서 그들에게 시장 반응을 보여주었다. 제품 출시와 더불어 어떤 일이 벌어졌고, 시장이 얼마나 성장했으며, 얼마나 많은 사람들에게 우리 제품이 필요한지에 대해 이야기했다. 그레이엄과 팀은 환자와 의사들을 데려와서 제품에 대해 이야기하게 했다. 그런 다음 직원들에게 이렇게 물었다. "이들이 문제를 해결할 수 있도록 도와줄 수 있는 방법이 있을까요? 더 많은 제품을 더 빠르게 생산할 수 있는 방법이 있을까요?" 그러자 직원들이 말했다. "우리 크리스마스 쇼핑을 도와주고 선물도 포장해주세요. 베이비시터도 필요하고 교통 편도 필요합니다. 그러면 우리가 어떻게든 해보죠." 그리고 그들은 실제로 해냈다.

"우리는 우리 쪽 협상안을 지켰습니다. 회사 내에 거대한 포장 센터를 만들이서 싱싱할 수 있는 모든 것을 다 포장했습니다. 심지어 서빙 보느까지 포장했다니까요." 경영진이 직원들의 생활 편의를 도모하기 위해 자원해서 나선 범위는 하루 세 끼 식사 제공부터 직원들과 그들의 자녀를 돌보는 베이비시터에게 교통편을 제공하는 것에 이르기까지 매우 넓었다. "우리는 경영진으로서 모든 직원이 추수감사절과 크리스마스까지 일해야 할 테지만, 그렇게 하고도 필요한 수량을 채우지는 못할 거라고 확신했습니다." 하지만 이 회사 제품은 한 번도 동나지 않았고 추수감사절이나 크리스마스까지 일해야 했던 직원도 아무도 없었다. "우리는 이 제품의 미래를 직원들의 손에 맡겼고 그들은 우리를 실망시키지 않았습니다. 저 개인적으로도 정말 믿을 수 없는 경험이었고 경영진이 아니라 직원들이 우리 사업의 성공에 얼마나 큰 기여를 하는지에 대한 제 확고한 시각이 더욱 굳어졌습니다."

그레이엄이 권한을 부여한 팀의 성공담은 적절한 팀과 적절한 사고방식이 자리를 잡으면 얼마나 큰일을 달성할 수 있는지 보여준다. 이는 내가 인터뷰한 리더들이 몇 번이고 되풀이해서 이야기하는 주제이기도 하다. 시티의 데비 홉킨스는 말했다. "변화를 주도할 때는 여러분이 주변에 두고 싶은 팀의 모습을 매우 정확하게 구상하고 있어야 합니다. 수많은 부분에서 대처하기 힘든 역경과 싸워야 하기 때문에 그 일에 참여시키고자 하는 사람들의 유형을 알고 있는 것이 중요합니다. 팀은 우리가 어디를 향하고 있는지 알아야 하고 그 비전을 떠받치는 열정적인 믿음을 지녀야 합니다."

열정은 매우 중요한 요소이기 때문에 홉킨스의 말처럼 때로는 언제나 열정이 답이 되어줄 것이라고 생각하고 싶은 유혹이 들기도 한다. 하지만 그 비전에 의문을 제기하는 사람들도 마찬가지로 필요하다. 만약 그들이 던진 의문이 정당하다면, 그리고 여러분이 리더로서 제대로 된 답을 가지고 있다면, 프로젝트를 더욱 굳건하게 해줄 것이다. 홉킨스는 이런 측면을 가리켜 직원들이 '의문을 갖기 시작하도록' 돕는 일이라고 말한다. "왜 우리는 이것이 좋은 기회라고 생각하는가? 목표하는 지점까지 어떻게 도달할 것인가? 필요한 요소는 무엇인가? 이런 질문이 사람들이 뒤따라갈 수 있는 교량을 구축하고, 그들은 이 교량을 통해 건너편을 바라볼 수 있게 되지요. 그러니까 열정은 훌륭한 것이지만 때로는 회의적인 태도와 다른 관점도 필요하다는 이야기입니다."

회의적인 태도가 도움이 될 수도 있다고 생각하는 것은 이상하게 느껴진다. 하지만 건설적인 회의론은 지나치게 열중한 나머지 벼랑 끝을 향해 달려가는 것을 막아줄 수 있다. 그리고 그런 회의론은 팀이 신선한 분위기를 유지하면서 계속 번창하는 데 매우 유용하다.

팀의 균형 조율과 개혁

사실상 '차근차근 쌓아올리기' 프로세스의 다른 모든 단계와 마찬가지로 이용할 수 있는 기술을 평가하는 것도 일회성으로 끝나는 일이 아니다. 이를 꾸준히 재검토해야 하면서 내부인과 외부인, 보수파와 신진 세력, 알려진 수량과 미지의 수량 사이에서 신중하게 균형을 맞추어야 한다. 팀이 계속해서 기능하게 하려면 여러분과 여러분의 팀에 부족한 기술이 무엇이고 현재 마련된 체계 내에서 사람들이 얼마나 제대로 협업을 진행하고 있는지에 계속 촉각을 곤두세워야 한다.

때로는 팀이 만반의 준비를 갖추었다고 생각한 순간 깜짝 놀랄 일이 벌어지기도 한다. 하이타워(비교적 새로 생긴 자산 관리 기업으로 내가 이사회 의장직을 역임했다) 초창기에 우리는 회사가 앞으로 나아가는 데 꼭 필요한 팀을 구성했다고 생각했다. 이 팀의 역량과 경험은 자본을 늘리려고 하는 우리 회사의 능력에 매우 중요했다. 하지만 본격적인 활동이 시작되자 우리가 채용한 몇몇 핵심 인력이 이전에 좀 더 성숙한 기업에서 일할 때는 상당한 성공을 거두었지만 아직 초기 단계인 우리 회사의 문화나 발전 속도에는 맞지 않는다는 것을 깨달았다. 그들이 제 역할을 하기 위해 심층적인 지원을 해줄 수 없었기 때문에 우리는 이런 조합을 감당할 수 없었다. 따라서 현실을 직시하고 신속하게 변화를 꾀하면서 적절한 신규 채용자를 찾을 때까지 공백을 메울 방법을 생각해야 했다.

우리의 처음 생각대로 상황이 나아질 것인지 알아보기 위해 기다리는 동안 절실하게 필요한 조치들이 전부 지연되었다. 우리는 이 상황에 맞는 긴박감을 안고 대처했고 결국 회사 업무를 진행시키기 위한 대체 방안을 찾아냈다. 한동안은 정말 지옥 같은 시간을 보냈지만 회사에 적합한 새 직원들이 진행 속도를 가속화시켰고 우리의 점점 커지는 성공에서 큰 부분을 차지하게 되었다.

최근 인텔에서 진행한 프로젝트에 대해 이야기하던 마이크 벨은 자신이 6개월 만에 발견한 사실에 대해 언급했다. "내가 앞에 나서서 일을 처리해줄 거라고 여겼던 사람들 가운데 일부는 자기들이 늘 하던 방식대로 일을 할 때만 편안함을 느꼈습니다. 이들은 프로젝트에 적합한 인물이 아니었기 때문에 다시 처음으로 되돌아가 더 큰 변화를 도모해야 했습니다." 벨은 여기서 깨달은 것이 있다고 말했다. "'네, 그것은 우리가 반드시 해야 하는 일이고 그들은 그 일에 적합한 인재이며 모든 사람이 여전히 제 능력을 발휘하고 있다'는 것을 알려줄 수 있는 피드백 고리를 항상 가지고 있어야 합니다. 그리고 그걸 꾸준히 평가해서 중간 중간 필요한 조정을 해야 합니다."

리더십 팀에 필요한 정보를 전달할 수 있는 충분한 피드백을 제공하는 것과 현장에서 일하는 직원들이 창의적으로 일에 전념할 수 있도록 재량권을 주는 것 사이의 균형이 미묘한 문제가 될 수도 있다. 제트블루의 데이비드 바거는 중요한 새 프로젝트를 위해 구성한 팀에 대해 이야기하면서 이렇게 설명했다. "우리 프로젝트를 이끄는 팀은 자본이나 다른 문제와 관련해 그들의 권한이 어디까지이고 어디에서 권한이 중단되는지를 매우 명확하게 정해놓은 솔직한 업무 수칙을 만들었습니다. 결정이 내려진 뒤에 통합할 수 있는 제품 설계나 변화와 관련된 문제가 생길 경우, 이 업무 규칙은 누구에게 어떤 권한이 있는지를 매우 명확하게 밝혀주었습니다."

바거는 자신의 경영 리더십 팀과 매주 회의를 개최했다. "작년에는 6주에 한 번씩 이 프로젝트 팀에게서 새로 갱신된 정보를 들었습니다. 이런 반복적인 회의와 명확한 업무 규칙 덕분에 큰 변화가 생겼습니다. 그들은 언제 자신의 판단을 자유롭게 쓸 수 있고 언제 우리의 결정을 기다려야 하는지 알고 있었는데 우리가 따로 결정을 해야 하는 일은 그리 많지 않았습니다. 우리는 이 열정적인 뛰어난 성취가들을 팀에 끌어들이기 위해 비상한 노력을 기울였습니다. 그들이 하는 일의 세세한 부분까지 관리하고 싶지 않았고, 위험 때문에 그들의 관심사와 창의성이 말살되는 것도 원치 않았습니다."

제트블루는 '다른 항공사들과 틀에서 찍어낸 것처럼 똑같지 않고, 뭔가 다르면서 제트블루 브랜드의 불손함과 어울리는' 차별화된 프로젝트를 목표로 삼았다. "통제권의 일부를 프로젝트 팀에게 이양해야 했습니다. 우리는 6주마다 진행 상황을 확인할 기회가 있다는 것을 알고 있었고, 프로젝트 팀은 이런 식의 브리핑이 있으리라는 것을 알고 있었죠. 우리는 이 프로젝트를 발선시켜 나살 팀원들을 선발했기 때문에 그들이 그렇게 하도록 내버려두었습니다."

바거의 경험은 통제권을 포기하는 법을 배우고 어느 정도의 통제권을 포기해야 하는지 결정해야 하는, 모든 리더가 직면하는 어려움을 강조한다. 바거는 강력하고 똑똑하고 노련한 팀을 구성하느라 많은 시간을 쏟아부어 놓고는 억압적인 관리를 통해 그들이 하는 일을 방해하는 것은 부끄러운 일이자 기력을 소모시키는 일이라는 것을 알고 있었다. 업무 규칙과 모두가 모여서 여는 정기적인 점검 회의 사이에, 프로젝트 팀과 리더십 팀은 프로젝트가 계속 균형 있게 순항하도록 하고 가장 필요한 부분에 적절한 수준의 권한을 발휘했다.

스타벅스의 하워드 슐츠는 팀을 구성하고 세밀하게 조정하는 최선의 방법에 대해 이야기하던 중에, 토니 라 루사(현재 애리조나 다이아몬드백스의 야구 임원이자 오클랜드 애슬레틱스와 세인트루이스 카디널스가 월드시리즈에서 우승할 때 감독을 맡았던 인물)가 자신의 경영 팀에게 하는 이야기를 들은 적이 있다고 말했다. 슐츠는 당시 네 번이나 올해의 감독 자리에 오른 루사가 '우리 직원들에게 그날 초반에 경기가 잘 풀리지 않았던 부분에 대해 이야기했다'고 설명했다. "루사는 '모든 사람이 다 팀에 있을 만한 자격이 있는 것은 아니다'라고 말했습니다. 그러고는 이기적으로 행동하면서 남들과 잘 협력하지 않는 선수 두어 명의 이름을 댔습니다. 결국 그들을 방출하더군요."

훗날 슐츠는 자기 팀에게 루사가 한 말을 자세히 들려주었다. "우리가 원하는 수준으로 올라서지 못할 것이라고 생각하는 사람이 이 회사에 있다면, 그에게 떠나 달라고 요구해야 합니다. 그들은 우리를 위해 생산성을 발휘하지 못할 테니까요. 모든 사람이 다 스타벅스 팀에 있을 만한 자격이 있는 것은 아닙니다."

■ ■ ■

기업들이 늘 하던 일에만 생각이 고정되어 현재 상태를 그대로 유지하려고 하는 것처럼, 리더십 팀이 하는 일은 갈등을 줄이고 안정된 상태를 유지하는 것이라고 생각하는 이들이 많다. 그러나 사실 그것은 경영진이 하는 일이다. 리더십 팀은 직원들에게 도전 과제를 던져주어야 한다. 도전은 현 상태에 안주하는 행위와 대조되는 것이고 그들을 더 나은 미래로 나아가게 해주기 때문이다.

지금쯤이면 여러분도 틀림없이 알아차렸겠지만, '차근차근 쌓아올리기' 프로세스의 근본 주제는 우리의 일은 결코 끝나지 않는다는 것이다. 여러분 스스로 계속해서 도전 과제를 향해 손을 뻗어야 할 뿐만 아니라 여러분의 팀도 그 도전이 여러분이 능동적으로 계획한 것이건 아니면 계속 변화하는 세상이 제시한 것이건 간에 모든 새로운 도전 앞에서 자기 능력을 발휘하도록 꾸준히 요구해야 한다. 이 말은 다른 회사나 다른 업계에서 사람을 영입해야 한다는 의미일 수도 있다. 오랫동안 한 곳에서만 일한 사람에게 다른 업무를 맡기거나 다른 곳으로 전근을 보내야 할 수도 있다. 새로운 도전 앞에서 모든 사람이 팀 전체를 위해 최선의 노력을 다 기울이도록 하려면 지속적인 조율이 필요하다. 이는 여러분 자신과 팀을 건전하고 역동적인 상태로 유지하면서 획기적인 변화로 향하는 도중에 갑자기 나타나는 불가피한 놀라움과 걸림돌, 새로운 도전에 대비하라는 뜻이다.

　이제 여러분은 계획과 분석 결과와 팀을 가지게 되었다. 이제는 9단계에서 설명하는 것처럼 획기적인 변화에 대한 예비 시험을 실시해야 할 때가 온 것이다.

8단계 실행 항목

대규모 팀 평가, 구성, 권한 부여

1. 2단계와 4단계에서 필요하다고 파악했던 기술과 경험을 고려한다. 여러분의 조직이 이런 기술을 모두 갖추고 있는가? 만약 아니라면, 적절한 시간 안에 직원들에게 그 기술을 가르칠 수 있는가?

2. 새로운 직원이나 계약업체, 컨설턴트가 필요하게 될까? 어떤 구체적인 기술이 얼마나 많이 필요한가?

3. 기술 공백을 메우기 위해 조직 외부에서 인력을 채용해야 하는 잠재적인 필요성에 대해 모든 단계의 리더십과 권한자가 관여하고 있는가?

4. 필요한 자원을 획득하기 위한 예산 집행 권한이 여러분에게 있는가? 신규 직원을 채용할 여유를 만들기 위해 업무 효율화나 직원 감축을 통해 필요한 자금을 구해야 하는가? 만약 그렇다면, 이것이 어떤 문제를 야기할 것 같은가?

5. 과거에 획기적인 변화 노력에 관여했던 사람들이 조직 내부에 있는가? 이 계획에도 그들을 동원할 수 있는가?

6. 특정한 공백을 메울 필요가 있을 때, 여러분 네트워크에서 인력을 충원할 수 있는 부분에 대한 목록을 작성한다. 전화를 걸 수 있는 사람들의 구체적인 이름과 그들이 지닌 능력이나 자격을 적기 시작한다.

7. 모든 사람이 찾는 유능한 인재의 마음을 끌기 위해 사람들이 주목할 만한 제안서와 모집 문안을 작성한다. 왜 그들이 여러분과 함께 이 획기적인 변화에 참여해야 하는가?

8. 이제 구성된 대규모 팀을 위한 킥오프 미팅을 개최한다. 모든 사람이 변화 계획의 목표와 기간, 측정 기준, 그리고 성공은 어떤 모습이고 직원들의 성과를 어떻게 측정할 것인지 제대로 이해하게 한다.

9. 업무 규칙을 정해서 팀 리더들이 자기 권한의 한계를 알고, 결정을 내리거나 어떤 결과를 달성하고 그에 대한 책임을 질 권한을 부여받았다는 느낌을 갖게 한다.

10. 팀 성과를 지속적으로 모니터링해서 팀이 제대로 운영되고 있는지 확인한다. 2단계에서 신뢰와 팀 역동성에 관해 논의한 사항을 검토한다. 필요한 성과를 올리지 못해 팀에서 내보내야 하는 사람이 있는가? 이는 지속적인 활동으로 자리매김해야 한다.

11. 지금 당장은 필요 없을지 몰라도 미래의 기회를 위해 발전시켜 두고자 하는 재능 있는 사람들의 구체적인 상호 참조 목록을 작성하기 시작한다.

12. 여러분 분야에서의 인재 채용에 적합한 채용 전문가들과 장기적인 관계를 발전시킨다. 이때 채용 전문가는 인재 풀 활용 능력을 저해하는 갈등 요소가 적고, 여러분을 개인적으로 잘 알아서 여러분 스타일에 맞는 사람이 누구인지 평가할 수 있으며, 채용 후보에게 여러분을 매력적으로 설명할 수 있는 그런 사람이어야 한다.

성공 가능성을 높이기 위해 파일럿 테스트를 하라

'차근차근 쌓아올리기' 프로세스의 기본 전제는 적절한 팀을 구성해 효과적으로 이끌고, 꼼꼼하게 사전 계획에 관여하며, 성공 가능성을 높이는 것으로 입증된 수많은 다른 과업을 수행함으로써 여러분과 여러분의 팀이 발생할 수 있는 문제들을 예측하고 해결책을 찾아내 본인들의 마음에 드는 방향으로 일을 진행하는 것이다. 각각의 단계를 신중하게 고려하고 실행에 옮기면 여러분이 옹호하는 획기적인 변화를 실행할 때 성공을 위한 길을 닦을 수 있다. 그렇다면 나머지 일들은 쉬워져야 하지 않겠는가?

하지만 늘 그렇지는 않다. 이 책에 등장하는 리더들이 증명하듯이, 획기적인 변화는 진행되는 길목의 모든 단계마다 끊임없이 어려움이 생긴다. 파일럿 단계와 첫 공개 단계(둘은 당연히 겹쳐진다)도 예외는 아니며 그 중요성은 아무리 강조해도 지나치지 않는다.

획기적인 변화는 다양한 형태로 나타날 수 있다. 신제품, 일을 처리하는 새로운 프로세스, 신기술 플랫폼, 새로운 시장으로의 지리적 확장, 심지어 우리가 아직 상상해보지 못한 변화도 있을 것이다. 여러분이 다음에 시도할 획기적인 변화 계획을 전개하는 방식과 관련해 정확한 규칙을 정하는 것은 불가능한 일이다. 실행할 수 있는 프로젝트가 너무나도 다양하기 때문이다. 그렇기는 해도 파일럿 프로젝트를 적절하고 신중하게 이용하는 것은 성공적인 시작을 뜻한다. 파일럿은 성공 가능성을 극적으로 높일 수 있다. 따라서 9단계에서 중점적으로 살펴볼 내용은 파일럿을 성공적으로 실시하고 진행하는 방법에 대해서다.

시작하기 전에 알아둘 사항은, 내가 여기서 파일럿 프로젝트를 이용하라고 강력하게 주창하기는 하지만, 테스트를 일체 포기한 채 그냥 변화를 밀고 나가는 수밖에 없는 경우도 있다. 때로는 변화 요구의 긴박성과 파일럿을 통해 얻을 수 있는 이익을 서로 견주어봐야 할 필요도 있다. 예컨대 우리가 슈왑에서 인터넷 거래 수수료 체계를 바꾸기 전에 일부 시장을 대상으로 파일럿 프로젝트를 진행했다고 상상해보자. 그랬다면 아마 전체적인 변화 시행에 도움이 될 만한 교훈을 얻을 수도 있었을 것이다. 하지만 우리는 고객들이 이미 우리의 수수료 책정 정책에 화가 나 있다는 것을 알고 있었다. 상황이 매우 급박했고 우리 회사의 가격 체계가 시장에 훤히 드러나 있는 상태였기 때문에 다양한 지역 시장이나 고객들을 대상으로 가격 체계 변화를 시험해볼 여유가 없었다.

하지만 이 경우는 예외로 여겨야 한다. 일반적인 상황에서는 여러분이 창의력을 발휘할 경우 파일럿을 실행하는 데 이용할 수 있는 기회가 매우 많다. 또 차차 살펴보겠지만 파일럿을 이용해야 할 타당한 이유도 끝없이 다양하다.

파일럿 프로젝트가
핵심이다

파일럿은 역사적으로 변화 계획의 중요한 일부분이다. 이것은 여러분이 제안하는 변화가 실행할 수 있는지 성공할 수 있는지 판단하기 위해, 소규모로 엄선된 시험을 실시하는 것이다. 파일럿은 다양한 방법, 다양한 장소, 프로젝트의 다양한 단계, 다양한 목적으로 실행할 수 있다. 어떤 파일럿은 특정한 비즈니스 유형에만 이용할 수 있다. 그리고 일부 기업들은 파일럿을 이용하는 데 특히 능숙하다.

스타벅스는 파일럿을 잘 활용하는 이례적인 기업이다. 사실 이들은 전 세계에서 파일럿을 개시하는 일만 도맡아 하는 팀이 있을 정도다. 하워드 슐츠는 "우리 회사에는 개념 증명부터 확장성과 그 사이의 모든 것에 이르기까지 파일럿 시험을 관리하고 모니터링하는 직원들이 있습니다. 별로 효과적이지 않은 아이디어와 콘셉트는 그대로 사라집니다. 효과가 있는 것만 시간이 지나면서 수많은 점포에 확대 적용됩니다. 그리고 그중 하나가 큰 성공을 거두면 그걸 전국 모든 매장에서 활용합니다"라고 설명했다. 슐츠의 말에 따르면 이것이 이 회사 사업의 핵심이라고 한다. "성공적인 파일럿을 더 규모가 큰 파일럿으로 확대하고 그걸 다시 전국 혹은 전 세계로 확대하는 능력이 우리가 하는 일 가운데서 가장 소중한 것입니다."

분명히 말해두지만, 우리가 여기에서 논하는 문제는 기술 파일럿이나 소프트웨어 베타 테스트에만 국한되지 않는다. 우리는 회사의 비즈니스 모델이나 생산 프로세스의 다양한 측면에서 발생한 변화를 시험하는 파일럿에 초점을 맞춘다. 만약 회사의 교육 프로그램을 수정하고 내용을 갱신해야 한다고 판명되면, 회사 측에서는 하나의 모듈에 대해 다양한 포맷으로 파일럿 교육을 실시할 수 있다. 그렇게 하면 회사는 교육 측면에서 남들보다 유리해지고 어떤 포맷(1 대 1 교육, 강의실 수업, 온라인 수업, 혹은 몇 가지 방법의 조합)이 필요한 정보와 기술을 전달하는 데 있어 가장 효율적이고 비용 대비 효과가 큰지 판단할 수 있다. 이어지는 내용에서는 전통적인 개념 증명 파일럿과 확장성 파일럿, 그리고 여기에 덧붙여 '차근차근 쌓아올리기' 프로세스만의 특정한 파일럿에 대해 알아볼 것이다.

전통적인 개념 증명 파일럿

여러분이 비즈니스계에서 시간을 보낸 적이 있다면, 아마 어떤 형태로든 전통적인 개념 증명 파일럿을 실행하는 모습을 본 적이 있을 것이다. 이 파일럿은 새로운 아이디어는 고객과 직원의 대표 표본을 대상으로 테스트하는 것이 가장 타당하다는 믿음에 근거한다. 여러분의 회사가 미국 전역에서 활동하는 기업이라면 동해안과 서해안 지역, 남동부, 남서부, 중서부, 로키 산맥 지역에서 파일럿 테스트를 실시하고 싶을 것이다. 그리고 최고위급 관리자 가운데 일부와 중급 관리자 일부, 최고의 성과를 올리는 지점과 평균적인 성적을 내는 지점 가운데 일부를 이용하려고 할 것이다. 이때의 목표는 실제 상황의 한 단면을 만들어서 여러분의 아이디어가 이 작지만 실제 세계를 대표하는 장소에서 어떻게 기능하는지 확인하는 것이다.

  이것은 가장 기본적이고 전통적인 형태의 개념 증명 파일럿을 설명하는데, 아서리온의 CEO인 스티브 엘리스와 나는 파일럿 프로젝트의 중요성에 대한 논의를 시작할 때 바로 이 부분에 초점을 맞추었다. 우리는 엘리스의 말처럼, 파일럿을 만들고 사람들에게 어떤 일이 가능한지 보여주면 직원들이 획기적인 변화에 대해 흔히 보이는 부정적이고 위험 기피적인 반응을 상당 부분 줄일 수 있다는 데 동의했다. 엘리스는 큰 규모의 획기적인 변화는 경영진들이 변화를 주도할 때 부딪히는 사안들을 증폭시키는 효과를 낳는데, 이때 직원들에게 무엇이 가능한지를 보여주면 큰 도움이 된다고 설명했다.

이 파일럿을 체계화하고 결과를 해석하는 방식이 장기적으로 프로젝트의 성패를 좌우할 수도 있다. 안타까운 점은, 프로젝트를 실행할 수 있는지 테스트하기 위한 전통적인 파일럿이 초반에 성공 가능성을 보이면 너무 서둘러서 이를 대규모로 전개하려는 경향을 보인다는 것이다. 프로젝트를 후원하는 팀 전체의 평판이 위태로운 처지에 놓여 있기 때문에, 초기 파일럿 결과가 유망해 보이면 모두가 열광하면서 그 프로젝트를 추진하려고 서두른다. 마찬가지 이유로 만약 데이터에 약점이 드러나면 다들 일에서 손을 떼는 것은 물론이고 면밀한 조사를 하기도 힘들어질 수 있다. 변화에 대한 노력을 매우 기본적인 부분부터 다시 생각해야만 하는 상황일 때는, 변명거리를 찾기 시작하거나 다른 파일럿 테스트를 시작한다.

게다가 개념 증명 파일럿은 일반적으로 회사 업무의 모든 영역에 변화를 가져오는 확장성 테스트와 전혀 다르다. 엘리스의 추산에 따르면 기업들이 변화를 성공적으로 확대할 능력이 없는 탓에 대규모 변화 노력의 70퍼센트 정도가 실패로 돌아간다고 하니, 파일럿 테스트 단계를 무시하거나 너무 빨리 진행하지 않는 것이 중요하다. 안타깝게도 이 시기쯤 되면 변화 결과를 대규모로 확대해서 시장에 선보이라는 압력이 커지는 경우가 많기 때문에, 파일럿 테스트 과정을 제대로 실행에 옮기는 단계를 무시한다.

전통적인 개념 증명 파일럿과 확장성 파일럿이 중요하다는 것은 분명한 사실이다. 하지만 이것들이 처음에 착수하는 파일럿이 되어서는 안 된다고 생각한다. 그보다 실제 상황에서 처음 테스트할 때는 특정한 유형의 개념 증명부터 시작하는 것이 좋다고 주장하고 싶다.

개념 증명부터 점층식 개념 증명 파일럿까지

모든 파일럿, 특히 초기 단계 개념 증명의 목표는 여러분이 제안하는 변화가 실현할 수 있는 것인지 알아보는 것이다. 그 변화를 통해 원하는 효과가 발생할 것인가, 우리가 기대하는 사업상의 이점을 낳을 수 있을 것인가?

개념을 파일럿 테스트하는 방법에는 여러 가지가 있다. 일의 초반에는 모든 부분이 성공할 수 있도록 계획된 소규모 파일럿을 추가하는 것을 추천한다. 나는 이것을 '점층식 개념 증명 파일럿'이라고 부르는데, 그 이유는 개념 증명 파일럿을 차근차근 쌓아올릴 수 있는 이점이 있기 때문이다. 이것은 설계할 때부터 여러분의 변화와 아이디어로 성공할 수 있는 모든 가능성을 감안한 최적의 상태로 구성되었다는 점에서 다른 파일럿과 근본적으로 다르다.

우선 사람들(잠재 고객과 직원 모두)이 여러분이 제안하는 변화를 수용할 가능성이 가장 높은 최적의 지점을 선택한다. 그리고 평균적인 고객을 상대하는 것이 아니라 이상적인 고객 기반, 즉 긍정적으로 반응할 가능성이 가장 높은 고객층을 목표로 삼는다. 또한 관리자와 직원의 전체적인 모습을 볼 수 있는 대표적인 단면이 아니라, 점층식 개념 증명 파일럿에서 함께 일할 가장 우수하고 똑똑한 사람을 직접 선택할 수 있다. 변화를 좋아하고 즐기는 사람을 찾아야 한다. 실제로 여러분은 혁신에 적극적으로 뛰어드는, 스티브 엘리스가 '5퍼센트'에 속한다고 말한 '변화 중독자'를 원할 것이다. 여러분이 파일럿 팀 업무에 관여하도록 선택한 모든 사람은 열정적이고 진보적이며 변화 과정에 온전히 참여해야 한다.

점층식 개념 증명 파일럿을 철저하게 준비해야 하지만 그 결과가 조직 전체에 투영되지는 않는다. 이 파일럿이 실패할 경우, 여러분의 아이디어가 여기에서 성공할 수 없으면 다른 어디에서도 성공할 가능성이 없으니 근본적인 부분부터 다시 재고해야 한다는 사실을 인정해야 한다. 반면 이 파일럿이 성공한다면 이제 파일럿 프로세스의 다음 단계를 공략할 때 큰 이점이 생기게 되는데 이 부분에 대해서는 나중에 자세히 살펴보겠다.

만약 일반적인 개념 증명 파일럿, 즉 전형적인 고객 기반의 대표 단면을 목표로 삼아서 전형적인 직원의 대표 단면이 진행하는 파일럿이 실패로 돌아간다면, 그러니까 고객이 이를 받아들이지 않거나 경영진이 파일럿을 실행하는 데 문제가 있다면, 당연히 그 실패를 합리화하려고 할 것이다. 파일럿을 실행할 때쯤 되면 이미 획기적인 변화 계획에 엄청난 투자를 한 상태이기 때문에, 그렇게 합리화를 하는 것도 어느 정도 당연하다.

여러분은 이 변화가 긴급하게 필요하다고 진심으로 믿고 있다. 이 일에 많은 시간과 에너지를 쏟았고 다른 사람들이 이 변화의 긴박성과 실행 가능성을 믿도록 설득하는 일에 전념하기도 했다. 이 변화를 뒷받침하기 위해 상사나 이사들 앞에서 자신의 생각을 솔직하게 털어놓으면서 이 일은 반드시 해야 하는 일이라고 강조했다. 그러니 이 계획의 본질적인 부분에 결함이 있다는 증거를 무시하거나 묵살하려고 하는 것도 놀랄 일은 아니다. 이는 매우 자연스러운 반응이지만, 결코 건전하지는 않다.

파일럿이 실패한 뒤에는, 개념상의 근본적인 결함 외에도 최적화되지 않은 파일럿이 실패할 수밖에 없는 변수와 이유가 많다는 사실에 초점을 맞추려고 할 수도 있다. 일반적인 개념 증명 파일럿을 시행했다가 실패를 경험한 경우, 스스로 다음과 같은 다양한 질문을 던지게 될 수도 있다.

- 우리가 제시한 인센티브 패키지가 별로 매력적이지 않았나?
- 교육에 결함이 있었던 것은 아닌가? 어떤 부분에서?
- 혹시 우리가 포함시켰어야 하는데 간과한 것이 있다면 무엇일까?

- 팀이 파일럿을 성공적으로 실행할 수 있을 만큼 충분한 돈을 지급하지 않았던 것인가?
- 기간이 너무 짧았던 것은 아닌가?

그러나 일이 벌어진 뒤에 떠오르는 이런 질문 가운데 여러분이 제안한 변화가 본질적으로 실행 가능한 좋은 생각이었는지 아닌지 제대로 확인시켜주는 질문은 하나도 없다. 따라서 변수 가운데 일부만 수정하고 나머지는 전과 비슷하게 구성한 다른 전통적인 개념 증명 파일럿을 가지고 다시 시장으로 돌아가려는 경향을 보인다.

그보다는 더 전형적인 개념 증명 파일럿을 수행하기 전에 점층식 개념 증명 파일럿을 시작해야 합리화에 빠지지 않도록 조심할 수 있다. 자신에게 성공할 수 있는 모든 가능성을 주었는데도 실패했다면, 자기가 원래 생각했던 개념을 정말 철저하게 검토한 뒤 그게 실행할 수 있는 것인지 정직하게 평가해야 한다. 파일럿 팀을 구성하고 프로젝트의 틀을 짤 때는 발생할 수 있는 모든 실행 문제와 개인의 동기 문제, 직원들의 반대 문제 등을 제거하려고 노력해야 한다. 그런 뒤에 남는 것은 바로 이 아이디어가 제대로 작동할 것인가 하는 의문이다. 점층식 개념 증명 파일럿은 그 의문을 직접 시험할 수 있는 기회를 주고 하워드 슐츠가 권유한 일을 할 수 있게 해준다. "사람들은 빨리 실패를 경험한 뒤 그걸 무가치한 것으로 인식하고 싶어 합니다. 실패와 실수를 더도 말고 딱 한 번만 기념하세요. 그리고 거기에서 얻을 수 있는 교훈을 챙긴 다음 다시 시작하는 것입니다!"

최적화된 혹은 점층된 개념 증명 파일럿에 대한 한 가지 비판은 그것의 기본적인 속성상(가장 우수하고 똑똑한 직원들만 활용하고, 이용할 수 있는 모든 자원을 동원해서 실행을 뒷받침하는 것) 해당 아이디어가 일반적인 상황이나 열악한 상황에서 어떻게 기능할 것인지에 대한 정보를 제공하지 않는다는 것이다. 이것은 분명 사실이다. 이 파일럿은 현실을 그대로 반영해주지 않는다. 하지만 현실에 뛰어들기 전에 잘 준비해두는 것이 좋지 않겠는가? 중요한 변화와 씨름하기 전에 필요한 정보를 최대한 많이 모아서 여러분과 여러분의 팀이 성공 가능성을 대폭 높일 수 있다면 좋은 일 아닌가? 점층식 개념 증명 파일럿을 통해 여러분은 바로 그런 일을 할 수 있다.

다만 점층식 개념 증명 파일럿과 다른 유형의 파일럿을 혼동하지 않도록 주의해야 하는데, 특히 확장성 파일럿과 혼동해서는 안 된다. 이 방식은 회사 전체를 대상으로 실행해도 된다고 보장해주는 허가증이 아니다. 그보다는 여러분의 아이디어를 실행할 수 있다는 확인이며 규모가 크고 공공연한 실패, 팀이나 회사가 다시 회복하기 정말 힘들 수 있는 실패에 대한 일종의 선제적 보험이다.

여러분이 운 좋게도 필요한 자원을 확보할 수 있다면 점층식 개념 증명 파일럿을 한 번 이상 테스트하는 것도 가능하다. 파일럿을 여러 차례 시행하기로 했다면, 이는 어떤 것이 최적의 구성이 될지 최대한 추측하는 것임을 기억하자. 이는 실제보다 어렵게 들릴 수도 있다. 경영진은 대체로 최고의 직원, 가장 강력한 비즈니스 상태, 혁신을 가장 잘 수용하는 상황을 어디에서 찾을 수 있는지 알고 있다. 그러나 다른 지점 혹은 다른 인구 통계 집단을 대상으로 점층식 개념 증명 파일럿을 동시에 하나 이상 진행한다면 훨씬 더 좋은 결과를 얻을 수 있다.

물론 점층식 개념 증명 파일럿이나 그 이후의 더 전통적인 개념 증명 파일럿으로 이 과정이 끝나는 것은 아니다. 결국 여러분은 대규모로 실행할 수 있는지 알기 위해 확장성 파일럿을 실행하고 싶어질 것이다. 확장성 파일럿으로 넘어가기 전에, 테스트에 관한 몇 가지 다른 요점들을 살펴보자.

개념 이식 전의 테스트

개념이 다른 곳에서 효과를 발휘했더라도 새로운 환경에서 테스트할 필요가 있다. 가격 가변제는 많은 업계에서 중요한 요소이지만 항공업계에서 특히 눈에 띈다. 비행 중에 옆자리에 앉은 승객과 함께 본인이 지불한 비행기 요금을 비교해본 사람이라면 누구나 알겠지만, 비행기의 같은 구역에 있는 좌석이라고 하더라도 구입 날짜나 여행 날짜, 최종 목적지 등 수많은 요인에 따라 요금이 크게 달라질 수 있다. 그리고 우수 고객 보상 가격은 아예 고려하지도 않는다.

샌프란시스코 자이언츠가 새로운 야구장을 개장했을 때만 해도 스포츠 경기 분야에서는 아직 가격 가변제가 등장하지 않았다. 래리 베어는 "동료 중 한 사람이 소위 '수요에 따른 가격제'를 도입하자고 제안했습니다. 그는 그게 효과적일 거라고 생각했지만 저는 먼저 그 아이디어를 테스트해보고 싶어 했죠. 그래서 우리는 경기 당 2천 내지 3천 석 정도에 대해 이 제도를 시험 운영했습니다. 이 아이디어는 효과를 발휘했습니다. 팬들은 다저스나 다른 인기 팀과의 경기를 보려면 돈을 약간 더 내야 한다는 개념을 이해했습니다"라고 설명했다. 이 파일럿 테스트를 소규모로 실시한 뒤, 그들은 계속해서 파일럿을 진행했고 결국 야구장 좌석 전체에 이 방식을 도입했다. 이는 큰 성공을 거두었고 최종 결산액이 연간 1,500만 달러 정도 더 늘어날 것이라고 추산했다. 수요가 많은 다저스처럼 인기 구단 경기에서 이 아이디어를 테스트한 것은 점층식 개념 증명 파일럿의 일종이다.

자이언츠는 수요에 따른 가격제 파일럿을 통해 수많은 가정을 시험하고 답을 판단할 수 있었다. 결국 팬들은 가격 체계 변화에 재빨리 적응했고 이 시스템은 계속해서 팀의 수익에 도움이 되고 있다. 또한 꽉 찬 스탠드는 자이언츠의 야구장을 한층 더 흥미로운 장소로 만들었다.

가정 테스트_위험 최소화, 지지 획득

모든 종류의 테스트는 가정을 입증하거나 부인하기 위한 것이다. 따라서 어떤 종류이든 파일럿 실행을 시작하기 전에 우리가 어떤 가정을 하고 있으며 그에 따라 어떤 질문을 던져야 하는지 제대로 알고 있어야 한다. 몇 가지 예를 들면 다음과 같다.

- 우리는 이 변화를 통해 생산성이 더 높아질 것으로 가정하고 있다. 정말 그럴까?
- 우리는 고객들이 이런 시도에 긍정적으로 반응해줄 것이라고 가정하고 있다. 과연 그럴까?
- 우리는 직원들을 설득해서 우리 편으로 끌어들일 수 있다고 가정하고 있다. 그것이 가능할까?

점층식 개념 증명 파일럿은 이런 질문에 답을 줄 수 있으며, 변화를 실행하기 위한 우리의 계획을 다시 평가하도록 강제할 수 있다. 예컨대 최고의 지점에서 일하는 최고의 관리자들을 통해 파일럿을 시작한다고 가정해보자. 매우 노련한 이 관리자들은 자기 직원들에게 동기를 부여하고 격려하는 방법을 알고 있고, 직원들은 리더들을 신뢰한다. 따라서 개중에 미적거리면서 변화에 반대하는 이들이 눈에 띈다면 문제가 생겼음을 알 수 있다. 이런 최상급 관리자들조차 직원들을 참여시키지 못한다면 평범한 관리자는 정말 애를 먹게 될 것이 분명하고, 프로젝트가 아무런 성과도 올리지 못하게 될 수도 있다. 이 때문에 우리는 변화를 뒷받침할 직원들을 모으는 데 걸리리라고 예상했던 시간을 다시 평가할 필요가 있다. 어쩌면 우리가 계획했던 2주간의 교육과 지원을 한 달 혹은 두 달 이상으로 늘려야 할지도 모른다. 아니면 전체 실행 계획을 재고하는 것도 좋은 방법이다.

슈왑의 지점망이 주도적으로 고객에게 다가가는 진정으로 완성된 기업 문화를 향해 변화하기까지 시간이 거의 5년이나 걸린 이유는, 내가 품고 있던 가정에 의문을 제기하고 파일럿을 이용해 그것을 테스트하지 못했기 때문이다. 지나고 나서 보니, 내가 제안한 변화를 테스트하고 그 과정에서 교훈을 얻고 추진력을 쌓지 않은 상태로 수많은 가정과 극소수의 사실만을 가지고 거대한 지점망 전체에서 갑자기 변화를 시도했기 때문에, 나와 모든 사람들의 시간을 낭비한 것이 분명했다.

파일럿을 실행하려면 시간이 걸리는 것이 사실이다. 하지만 개념 증명 파일럿을 도외시했을 때 추가될 수 있는 위험과 손해에 비하면 그 시간은 아무것도 아니다.

가정을 테스트하는 것 외에 파일럿은 또 무엇을 제공할 수 있을까? 여러분은 실행이 직원과 고객에게 어떤 효과를 발휘하는지, 혹은 발휘하지 못하는지에 대해 가능한 모든 것을 알고 싶을 것이다. 파일럿이 끝난 뒤 관리자들을 모두 모아 그 과정에 대해 어떻게 느꼈는지 물어보는 것이 도움이 되는 경우가 많다.

- 교육이 충분하다고 느꼈는가?
- 그 과정에서 배운 것이 있다면 무엇인가?
- 좌절감을 느낀 적이 있는가? 그렇다면 언제? 왜?
- 시스템이 실제로 기능을 발휘했는가?
- 고객들의 반응은 어땠는가?
- 직원들의 반응은 어땠는가?
- 리더십 팀이 개선할 수 있는 부분이 있다면 무엇인가?

이런 질문들은 실제 상황을 밝히는 데 중요하다. 획기적인 변화를 실행할 때 갑자스럽게 놀랄 일이 생기면 치명적이다. 여러분이 대답하는 모든 질문을 통해 장래에 놀랄 일이 하나씩 줄어들 것이다.

또 파일럿을 이끄는 사람들과 업무 현장에서 온 사람들은 이제 자신의 동료와 함께 이 새로운 아이디어를 지지할 수 있다. 실제 일선 직원들이 새 아이디어를 적극적으로 지지하게 되면, 회사 전체가 변화를 수용하는 속도를 올릴 수 있다.

비교적 설립된 지 얼마 안 되는 자산 관리 기업인 하이타워의 신제품 라인 완성이 훌륭한 예가 될 것이다. 이 회사가 설립된 지 3년쯤 되었을 때, CEO인 엘리엇 웨이스블러스가 하이타워 실험실이라고 이름 붙인, 시장에 내놓을 새로운 아이디어를 테스트할 장소를 선보였다. 2년 뒤, 실험실의 엄격한 논의 과정을 통과한 첫 번째 제품이 이사회에 제출되었다. 이사회에서는 많은 논의가 진행되었다. "회사가 아직 성숙하지도 않은 상태인데 시장에 새로운 제품을 출시하는 것은 너무 시기상조입니다. 우리에게는 관리할 능력이 없기 때문에 우리를 독특한 존재로 여겼던 시장을 혼란스럽게 할 것입니다." 나는 이사들 앞에서 때때로 즐겨 사용하는 성숙하고 지혜로운 분위기를 풍기며 이렇게 말했다.

우리의 신뢰 관계 덕분에 활발한 논쟁을 지원하는 분위기가 형성되어 있었고, 웨이스블러스는 곧 내 말에 동의하지 않는다고 하면서 이렇게 대답했다. "지금 우리에게 필요한 것이 바로 그것입니다." 계속해서 시차를 두고 서로 다른 시장에서 두 개의 점층식 개념 증명 파일럿을 실행하기 위한 전략과 함께, 자기가 계획한 위기 관리 방법과 대해 설명했다. 건전한 논의가 이어졌고, 결국 우리는 CEO가 신중하게 구상한 계획을 따르기로 했다. 웨이스블러스는 이사회에 매력적인 미래의 비전을 제시할 준비가 되어 있었고, 왜 변화가 시급하게 필요하며 이것이 우리 회사의 사명과 어떻게 연결되어 있는지에 대한 강력한 논거를 제시했다.

회사에서 매우 영향력 있는 자리에 앉아 있는 사람들 중에 이 계획에 회의적인 의견을 내비치는 이들도 있었다. 하지만 점층식 파일럿은 큰 성공을 거두었고 이를 통해 모든 이들을 설득해 결국 새로운 제품의 출시는 엄청난 성공과 함께 진행되었다.

여러 개의 파일럿을 차례대로 혹은 시차를 두고 사용하거나 전체 계획의 다양한 단계에서 별도의 파일럿을 실행함으로써, 전체적인 출시 속도를 극적으로 높이고 일찍부터 지표의 개선이 눈에 보이기 시작할 수도 있다. 동시에 여러 개 혹은 시차를 둔 파일럿을 이용했을 때의 또 다른 이점은, 원하는 시간과 자원을 모두 얻는 것이 불가능한 것처럼 대규모 변화를 단번에 시작할 수 있을 만큼의 돈을 구하는 것도 힘들다는 것이다. 그래도 전체적인 변화가 일련의 단계를 거쳐 진행된다면 각각의 단계에서 가능한 교훈을 모두 얻는 것이 이치에 맞다.

개념 증명 파일럿에서 확장성 파일럿과 기타 파일럿으로

물론 다른 모든 전략과 마찬가지로, 희망 사항 때문에 파일럿에 감당할 수 없을 정도로 의존하게 되기도 한다. 스티브 엘리스는 개념 증명 파일럿을 너무 강조했을 때 생기는 위험성을 개략적으로 설명했다. "사람들은 초기에 거둔 성공만 믿고, 자신들이 실제로 준비가 되기도 전에 실행하는 경우가 매우 많습니다. 혁신 또는 대담한 변화에 있어서 성공의 정의는 단순히 아이디어가 실행 가능한지 아닌지를 입증하는 것만이 아니라 그게 뭐가 되었건 간에 그 모델의 규모를 키워서 상업적으로 완성하는 것입니다."

확장된 파일럿 혹은 확장성 파일럿이라고 부르는, 모델을 더 큰 규모로 테스트하는 이 단계는 매우 중요하다. 엘리스는 계속 말을 이었다. "기업들이 가장 자주 실수를 저지르는 부분이 바로 이 이행 과정입니다. 순수하게 실행 가능성만을 알아보는 파일럿으로는 충분치 않습니다. 확장성을 위한 파일럿 실행이 조직 내에서의 변화를 가로막는 장애물이 뭔지 알아내고, 그것을 피해갈 방법을 알아내는 것이 중요한 부분을 차지합니다."

엘리스의 지적은 성공 가능성을 높일 수 있는 기회를 모두 이용해야 한다는 획기적인 변화 리더십의 핵심 가운데 하나를 강조한다. 한 번 성공했다고 해서 다음 성공이 보장되지는 않는다. 심지어 가장 훌륭한 개념 증명 파일럿조차도 성공을 보장하는 결정적인 증거로 여기고 의존해서는 안 된다.

엘리스는 이렇게 말했다. "적합한 모델을 얻기 위해 조직의 모든 에너지와 리더십 팀의 관심을 전부 쏟아부은 나머지 이 과정의 출발선 바로 앞에서 쓰러지는 사람들이 너무나도 많습니다. 경영진이 파일럿이 성공했다고 공표한 다음에는 아무도 추가적인 문제에 대해 생각하고 싶어 하지 않는 그런 모습을 몇 번이나 봐왔습니다."

내가 엘리스에게 다른 다양한 파일럿을 실행해본 경험이 있는지 물었을 때, 바로 그 순간에도 여러 파일럿에 적극적으로 관여하고 있다는 사실을 알게 되었다. "우리는 최근 요구 지점에서 수리 서비스를 제공하고 우리가 가지고 있는 도메인명을 활용하는, 매우 창의적인 방법을 이용하는 파일럿을 아이오와 주 디모인에서 완료했습니다. 이 파일럿은 큰 성공을 거두었지만 그것은 단지 개념 증명 파일럿일 뿐입니다. 우리는 이 파일럿을 그렇게 설계했고 그게 바로 우리가 기대하던 바입니다."

엘리스는 그 과정을 자세하게 설명했다. "다음주에 다들 모여서 다음에는 어디에서 파일럿을 진행할 것인지, 또 이 개념을 정말 확장할 수 있는지 시험하기 위해 기존 파일럿을 확대하는 방법에 대해 이야기를 나누어야 합니다. 기본적인 근본 개념을 잃지 않고서, 이 구체적인 하나의 시장에 과도하게 집중하는 개념에서 벗어나 여러 개의 시장으로 확대할 수 있는 뭔가로 옮겨가야 합니다." 물론 그것은 쉽지 않은 일일 것이다. "우리는 3만 명의 현장 직원들이 일하는 서비스망을 보유하고 있기 때문에, 이는 극복하기가 상당히 어려운 장애물입니다. 이 하나의 파일럿에서 성공했다고 해서 승리를 선언하는 것을 일부러 피하고 있어요. 네, 이제 우리는 그 아이디어가 실행 가능하다는 것을 압니다. 다음에 할 일은 그게 앞으로도 계속 기능을 발휘할지 알아보는 거죠."

파일럿은 끊임없는 평가와 조정이 필요하다

많은 사람들과 한 인터뷰 중에서 반드시 실행해야 하는 중요한 파일럿 테스트 유형을 강조하는 이런 이야기가 몇 번이나 되풀이해서 등장했다. 여러분이 차이를 인정하지 않는 한, 어떤 파일럿은 실행하면서 다른 것은 하지 않는 위험이 생긴다. 아니면 어떤 하나를 다른 것에 비해 지나치게 과대평가할 수도 있고, 필요한 만큼 파일럿을 충분한 실행하지 않을 가능성도 있다.

딕 코바세비치가 말했다. "수많은 프로젝트가 달성되지 못한 이유는 일에 관여한 리더들이 프로젝트를 달성할 수 있다고 금세 확신하고는 '좋아, 이 일을 시작하자'라고 말하기 때문입니다. 하지만 실행에 결함이 있다면 갑자기 직원들 가운데 80퍼센트는 프로젝트가 더 이상 의미가 없다고 말하게 될 것입니다. 그러면 다시 처음으로 되돌아가서 프로젝트 개념이 괜찮다는 것을 모두에게 납득시켜야 하죠. 한마디로 말해 리더들이 선불리 실행하려 한다는 것입니다."

여러분의 점층식 개념 증명 파일럿이 얼마나 설득력을 발휘하건 상관없이, 전통적인 개념 증명 파일럿과 확장성 파일럿을 신중하게 실행해야 한다. 프로젝트를 전면적으로 개시하기 한참 전부터 평균적인 지점 또는 경영 팀이나 고객층의 대표 표본에 대해서도 생각해야 한다. 반응 없는 고객, 반대하는 직원, 선뜻 받아들이려고 하지 않는 지점처럼 호된 시련의 장에서 충분히 시간을 들여 아이디어를 테스트한다. 점층식 개념 증명 파일럿의 경우 여러분의 아이디어를 발전시키고 성공할 수 있는 기회란 기회는 모두 주어야 한다. 확장성 파일럿의 경우에는 앞에 가로놓인 실행상의 어려움을 테스트하고 대비해야 한다. 스티브 엘리스의 말처럼, 우리는 아이디어를 실행할 수 있다는 것을 알고 있다. 이제 우리는 더할 나위 없이 힘들거나 별로 이상적이지 않은 상황에서도 그것이 효과를 발휘하도록 할 방법을 찾아내야 한다.

내가 이 일을 시작할 때부터 다양한 파일럿 종류와 그것이 여러 상황에서 발휘하는 유용성에 대해 알고 있었더라면 많은 시간과 노력을 절약할 수 있었을 것이다. 파일럿(다중 파일럿 시스템)의 가장 큰 장점 가운데 하나는 규모가 아직 제한적이고 관리 가능한 상태일 때 문제점을 발견하고 해결책을 개발할 수 있게 해준다는 것이다. 이것이 중요한 이유는 우리가 실제로 해보기 전까지는 완전히 이해할 수 없는 일들이 있기 때문이다. 언제나 예측할 수 없는 문제와 우리가 예상하지 못한 새로운 도전이 존재한다.

다가올 미래를
전망하라

　　　　　　　　거대한 혁신이 다가오는 곳을 내다보다 보면 우리가 여전히 상상하고, 계획하고, 구축하고, 이용하려고 애쓰는 인간과 기술의 상호작용을 무시할 수 없다. 르네 제임스는 연구 개발 분야에서 쌓은 탄탄한 경력 덕분에 인텔에서 일하는 동안 이 과정에 있어서 늘 남들보다 앞서 나갈 수 있었다. "저는 늘 R&D 분야에서 3~5년 앞을 내다보면서 일하는 선도적인 그룹을 구성해둡니다. 우리는 그들에게 여러 해 뒤를 상상하면서 우리가 오늘날 보유하고 있는 기술을 모두 사용해 제품을 개발하라고 요구합니다. 대개의 경우 현재의 도구를 이용해서 제대로 작동하는 미래의 모형을 만들 수 있습니다."

　우리는 미래를 위한 연구에 관해서 논의를 하기에 이르렀다. 미래를 시작하거나 미래를 향해 도약하고, 신기술이 어떤 미래를 가져올지 테스트하며, 필요한 기술이 아직 개발되지 않았다는 것을 파악하는 것이다. 대신 우리는 어디에 가장 큰 장점이 있는지 알아보기 위해 아이디어를 탐구하고 테스트하면서 명확한 전략을 세워두면 기술이 크게 뒤처지지 않을 것이라고 예상한다. 오늘날 하드웨어의 발전도 인상적이지만 소프트웨어 기반 서비스와 솔루션의 진보는 특히 주목할 만하다. 앱의 세계, 이동성과 연결성의 세계는 빛의 속도로 움직이고 있으며 비즈니스 프로세스와 업계 전체를 바꿔놓을 가능성이 있다. 오늘날 가장 관심이 쏠리는 주제 가운데 하나는 '사물 인터넷'인데 이는 신기술이 열어주는 온갖 종류의 새로운 서비스와 편리함, 역량이 결집된 세상을 가리킨다.

　이런 세상이 어떻게 파일럿 실행과 교차되는 것일까? 여러분이 첨단 기술 회사의 연구개발 부서에서 일한다면, 때때로 사실상 프로젝트의 백 엔드는 수동으로 처리되고 있지만, 프론트 엔드인 소비자와의 소통은 마치 컴퓨터로 실행되는 것처럼 매끄럽고 세련되고 빠르게 진행되는 듯이 보이게 할 것이다. 사실 이것은 파일럿의 파일럿으로서 아이디어의 가치와 혁신의 알맹이, 프로세스의 다양한 측면을 매우 일찍부터 테스트할 수 있게 해준다. 이를 통해 여러분은 소비자들의 반응을 보거나 탐구하면서 그들이 무엇을 좋아하고 무엇을 좋아하지 않는지 알아낼 수 있다. 또 소프트웨어를 완벽하게 다듬기 위해 시간과 돈을 들이기 전에, 그리고 프로젝트를 대규모로 실행하려고 시도하기 한참 전에 그 아이디어가 시장에서 반향이 있는지도 알아낼 수 있다. 이런 식으로 프로젝트를 운영하면 다른 사람들보다 앞서나가면서 이 특정한 분야에서 가능성을 탐구할 수 있다.

그리고 아이디어의 타당성을 테스트하고, 기술의 일부가 되려면 결국 어떤 세부 사항과 프로세스가 필요한지를 경험을 통해 배울 수 있다. 우리는 때로 모의 기술 백 엔드를 갖춘 이런 종류의 매끄러운 프론트 엔드를 '스니커웨어sneakerware'라고 부르는데(뭔가가 자동화되어 있는 것처럼 보이려면 정말 많은 사람들이 분주하게 일해야 한다) 그 이유는 명백하다. 소비자나 직원들을 설득하지 못하는 무언가를 만들어내느라 돈을 다 쓰기 전에 초기 테스트에서 아이디어를 시험하는 좋은 방법이기 때문이다.

■ ■ ■

파일럿은 다양한 방식과 조합으로 사용할 수 있다. 이것은 획기적인 변화를 위한 프로세스의 기본 요소들을 완벽하게 다듬을 수 있게 해주고 전체적인 성공 가능성을 극적으로 높여준다. 여러분이 신중하게 준비했는데도 파일럿이 완전히 실패로 끝난다면(프로젝트에 본질적인 결함이 있는 경우) 여기서 교훈을 얻고 방향을 선회할 기회로 삼아야 한다. 파일럿을 통해 모은 정보는 결코 헛되지 않다. 오히려 실패한 파일럿은 교훈이 되며 프로젝트 실패로 인한 잠재적인 재난을 방지해준다.

변화 계획의 문제점을 찾아내고 필요한 것을 수정하기 위해 일찍부터 자주 파일럿을 사용하자. 프로젝트를 분할하면 파일럿 혹은 시차를 둔 여러 개의 파일럿을 이용해 계획의 각 단계와 부분을 스니커웨어를 이용해서라도 테스트할 수 있다는 사실을 알게 될 것이다. 규모를 전체로 확대하는 것을 고려하기 전에 여러분의 가정을 시험하고, 시장을 시험하고, 개념을 철저하게 시험하고, 전면 시행 전에 확장성 파일럿을 이용해야 한다.

획기적인 변화를 불러올 준비를 하기 위해 시간과 에너지를 투자한 뒤, 어떤 리더들은 파일럿 단계를 일종의 관문으로 여기면서 성공적인 파일럿이 전체 실행의 확실한 경로를 표시해준다고 믿는 실수를 저지르기도 한다. 파일럿은 다른 방법으로는 입수하지 못하는 귀중한 정보를 얻을 수 있는 기회. 이것은 여러분과 여러분의 팀이 마음속에 그리는 미래를 향해 나아가는 동안 필요한 준비를 잘 갖출 수 있게 도와주는 선물이다.

여러분과 여러분의 팀이 시도하는 획기적인 변화를 실제 세계에 소개하거나 개시할 준비가 되었다는 확신이 선다면, 그것을 어떤 방법으로 할 것인지 매우 신중하게 고려해야 한다. 가장 발상이 뛰어나고 구성이 잘 된 변화도 시작 단계와 그 이후 내내 세심한 주의가 필요하다. 우리는 제2부 1장에서 이 문제를 자세히 살펴볼 것이다.

성공 가능성을 높이기 위한 파일럿 테스트

1. 기본적인 파일럿 전략을 세운다. 파일럿을 몇 차례 실행하기에 충분한 시간을 낼 수 있는가? 만약 가능하다면, 먼저 점층적 개념 증명 파일럿에 대한 계획을 세우기 시작하고 그다음에 전통적인 개념 증명PoC 파일럿, 그리고 마지막으로 확장성 파일럿에 대한 계획을 세운다.

2. 점층적 PoC 파일럿의 경우, 여러분의 이상적인 목표 대상이 누구인지(인구통계, 수입 등의 면에서)를 결정한다.

3. 회사 내에서 점층적 PoC 파일럿을 이끌기에 가장 적합한 관리자는 누구인가(예를 들어, 특정한 시장 내에서 어느 매장 관리자인가)?

4. 점층적 PoC 파일럿의 규모는 얼마나 커야 하고 실행 기간은 어느 정도여야 하는가?

5. 다른 파일럿으로 이동하기 전에 점층적 PoC 파일럿의 성공에 대한 정의는 무엇인가?

6. 점층적 PoC 파일럿을 실행한 뒤 무엇이 효과적이고 무엇이 효과적이지 않은지 문서로 기록한다. 기본적인 아이디어를 입증할 만큼 충분히 성공적이었는가?

7. 6번 항목의 파일럿이 성공적이었다면, 더 규모가 큰 PoC 파일럿을 개시하기 전이나 확장성 파일럿으로 옮겨가기 한참 전에 필요한 변화가 있는지 파악한다.

8. 규모가 큰 PoC 파일럿을 설계하고 실행한다. 점층적 PoC 파일럿의 현장 리더들이 새로운 파일럿과 계획된 변화 노력에 대한 열정 생성을 돕도록 한다. 결과를 평가한다. 만약 결과가 긍정적이라면, 확장성 파일럿을 실행하기 전

에 필요한 변화가 있는지 파악한다.

9. 확장성 파일럿을 설계한다. 여러분 아이디어의 확장성을 시험할 수 있는 다양한 상황을 조성한다(지리, 인구통계, 관리자 등).

10. 확장성 파일럿을 실행하면서 이것을 조직의 더 넓은 부분으로 확대할 때 발생할 수 있는 실행 문제가 무엇인지 이해할 수 있도록 노력한다. 의외의 사건과 학습 기회가 생길 것을 예상한다.

11. 확장성 파일럿의 진행 상황과 성공을 모니터링하기 위해 사용할 수 있는 측정 기준을 개발한다.

12. 확장성 파일럿의 결과를 평가하고 조직 전체에 획기적인 변화를 시행하기 위한 계획에서 필요한 부분을 바꾼다.

13. 확장성 파일럿을 통해 배운 내용을 기반 삼아 필요한 부분을 변경하고 변화를 시행한다. 프로세스를 미세하게 조정해야 한다는 것을 깨닫게 될 수도 있으므로 계속해서 일이 진행되는 상황을 낱낱이 파악하고 있어야 한다. 지속적으로 정보를 전달하고 변화를 주도한다.

제2부

변화를
주도하라

9

제1부에서 설명한 단계들을 획기적 변화를 성공으로 이끄는 길에 놓여 있는 디딤돌이라고 생각하자. 그러나 길은 저마다 다르고, 각각의 변화에는 나름의 어려움이 도사리고 있으며, 인력과 자원이 부족한 경우도 매우 많다. 제2부에서는 장기적으로 변화를 이끌고 추진력을 유지하는 데 필요한 리더십 기술과 사고방식 같은 좀 더 큰 그림에 초점을 맞춘다. 1장에서는 획기적인 변화를 발전시키고 실행하는 단계의 순서를 어떻게 정할 것인지 제시한다. 2장에서는 초기의 변화 노력과 그 이후에 필요한 커뮤니케이션 기술을 자세히 설명한다. 3장과 에필로그는 처음에 구상을 시작할 때부터 대비해야 하는 혁신과 예측할 수 없는 미래를 향한 전진에 초점을 맞춘다.

: STACKING THE DECK

1장

아홉 개의 단계를 이용해 계획을 실행에 옮기자

'차근차근 쌓아올리기' 프로세스의 아홉 단계 각각을 제대로 이해하면 획기적인 변화를 이끌기 위한 공고한 기반을 마련할 수 있다. 이제 우리는 이 단계들을 결합시키고 기반으로 삼는 방법을 검토해야 한다. 그런 다음 획기적인 변화를 이끌기 위한 채비를 강화할 수 있는 부가적인 주제들을 철저하게 조사할 것이다.

이 책은 구체적인 지위에 상관없이 새로 경영진 자리에 오른 이들과 좀 더 경험이 많은 노련한 경영진들을 위해 쓴 책이다. 이 책은 경영학 개론이나 리더십 개론 역할을 하려는 것이 아니다. 하지만 이런 경영이나 리더십 기술의 중요한 부분, 특히 이런 속성을 지닌 계획이 성공하는 데 필요한 부분을 강조한다.

아홉 단계 진행과
순서 정하기

한 단계에서 다음 단계로 그냥 넘어갈 수 있다면, 그리고 각 단계가 원하는 결과로 향하는 길 가운데 정확하게 9분의 1을 나아갈 수 있게 해준다면, 변화 계획이 얼마나 쉽고 빠르게 진행될지 생각해보라. 그러나 '차근차근 쌓아올리기' 단계는 문자 그대로의 모습도 아니고 선형적으로 진행되지도 않는다. 오히려 몇몇 부분은 동시에 착수해야 하고, 때로는 앞으로 되돌아가서 이후 단계의 작업을 바탕 삼아 이전 단계를 다시 수행해야 하는 경우도 있다. 이는 에스컬레이터처럼 직접적으로 연결된 단계가 아니고, 그렇다고 네덜란드의 그래픽 아티스트인 M. C. 에셔가 표현한 결코 끝이 없는 계단처럼 소용돌이 꼴도 아니다. 하지만 이것은 현재 프로세스를 빈틈없이 지켜보고 있는 상황에서, 여러분에게 유리하게 작용할 수 있다는 점에서 약간 유동적이다.

1단계(변화에 대한 요구와 긴박감 조성)는 실제로 획기적인 변화 계획의 시작점이다. 하지만 대부분의 경우, 처음에는 변화 전달 과정이 매우 제한된 대상에게만 확대된다. 아직 해결책을 마련하는 데 전념하는 팀을 구성하지 못한 상태이고 그 해결책이 어떤 모습일지에 대한 세부적이거나 정확한 비전이 없는 상태이기 때문에, 우리에게 문제가 있다는 사실을 알리고 다닐 수가 없다. 그래서 1단계와 2단계(리더십 팀 구성과 통합), 3단계(명확하고 매력적인 미래 비전 개발과 전달)에는 몇몇 경영진들만 관여한다는 조건 때문에, 상당히 선형적으로 진행된다고 간주할 수 있다.

4단계(알려진 장애물과 알려지지 않은 장애물에 대한 대비)에서는 적극적인 참가자 집단을 확대하기 시작해서 더 많은 목소리와 참가자, 관점을 프로세스에 끌어들였다. 그렇게 하면서 우리는 1단계로 되돌아가 변화의 필요성과 3단계에서 개발한 미래의 비전을 널리 알렸다. 4단계에서 설명한 장애물 해결 노력, 특히 예기치 않은 일들에 대비한 계획을 세우는 부분이 5단계의 기획 프로세스로 연결된다.

5단계(실행할 수 있는 계획 수립), 6단계(프로젝트 분할과 초기 성공을 통한 추진력 형성), 7단계(측정 기준 정의와 분석 방법 개발)는 서로에게 의지하면서 연결되어 혁신적인 변화를 뒷받침한다. 이 단계의 여러 부분들은 시간이 흐름에 따라 반복·수정되어야 하며 모든 사항이 밝혀지고 상세하게 열거되기 전까지는 프로세스가 계속 불완전한 상태로 남는다.

계획이 진행되는 동안 내내 실천해야 하는 8단계(대규모 팀 평가, 구성, 권한 부여)는 사실 리더십 팀이 극복해야 하는 잠재적인 장애물과 필요한 기술을 고려하는 4단계에서부터 시작된다. 여러분에게 필요하게 될 기술과 경험을 판단하기 위해 앞을 내다보는 것은 매우 중요한 일이다. 그런 기술이 회사의 기존 인재 풀 안에 존재하지 않을 경우 회사 외부에서 찾아야 하기 때문이다. 이 일에는 상당한 시간과 돈, 노력이 소모될 수 있기 때문에 여러분에게 필요한 것을 일찍부터 알아내고 다른 단계와 병행해서 진행하는 것이 매우 중요하다.

9단계(성공 가능성을 높이기 위한 파일럿 테스트)는 일반적으로 실행의 마지막 단계다. 하지만 예외가 있을 수 있다. 프로젝트 초반부터 직접 엄선한 팀과 호의적인 시장, 최소한도로 실행 가능한 프로토 타입을 이용해 소규모로 파일럿 테스트를 하는 경우도 있기 때문이다.

이 아홉 개의 단계는 대부분 이 책에 제시된 순서대로 시작되지만, 단계의 순서와 중첩은 상황에 따라 달라질 수 있다. 그림 1_1은 각 단계들이 서로의 관계에 따라 순서가 정해지는 모습을 보여준다. 정확한 타이밍은 주변 상황과 자원에 따라 다르다. 여러 단계들이 어느 정도 겹쳐지는 것이

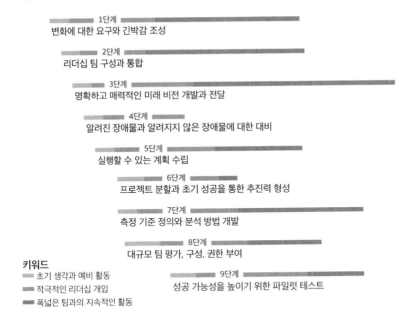

그림 1_1 아홉 개 단계의 진행 순서

1단계
변화에 대한 요구와 긴박감 조성

2단계
리더십 팀 구성과 통합

3단계
명확하고 매력적인 미래 비전 개발과 전달

4단계
알려진 장애물과 알려지지 않은 장애물에 대한 대비

5단계
실행할 수 있는 계획 수립

6단계
프로젝트 분할과 초기 성공을 통한 추진력 형성

7단계
측정 기준 정의와 분석 방법 개발

8단계
대규모 팀 평가, 구성, 권한 부여

9단계
성공 가능성을 높이기 위한 파일럿 테스트

키워드
초기 생각과 예비 활동
적극적인 리더십 개입
폭넓은 팀과의 지속적인 활동

당연하므로 병행해서 노력을 기울여야 한다는 것을 기억하자. 어쨌든 획기적인 변화가 간단하고 정확하게 진행되는 프로세스라면 노련한 리더들이 그것이 얼마나 어려운지를 거듭 강조하지는 않을 것이 아니겠는가.

확신을 갖고
이끌자

아서리온의 스티브 엘리스와 함께 리더십의 과제와 획기적인 변화 주도의 어려움에 대해 이야기할 때, 엘리스는 여러분이 '차근차근 쌓아올리기' 단계를 탐색하기 시작할 때 특히 관련되는 몇 가지 생각을 들려주었다. "자신이 추구하는 변화의 중요성에 대해 진정 깊이 있고 지속적인 확신이 없다면, 변화를 계속 움직일 수 있게 하는 리더십이 중요한 시점에, 마음이 흔들리고 결심이 꺾이고 고통을 느끼며 방향을 선회하게 됩니다. 내가 목격한 가장 큰 실수는 바로 이런 시점에 생깁니다. 근본적으로 실수는 확신이, 리더십과 경영진의 신념이 사라졌을 때 발생합니다."

엘리스는 계획을 시작할 당시의 추진력이 오도 가도 못하는 상태가 될 때 리더들이 곤란한 처지에 놓이게 된다고 설명했다. "거대한 변화를 시작할 때는 언제나 대대적인 축하를 받기 마련입니다. 그 시점에는 리더들이 이 변화가 중요하고 적절한 긴박감과 에너지를 발휘해서 변화를 진행해야 한다고 스스로 납득시킬 수 있습니다. 도착 지점을 정의하고, 경영진과 커뮤니케이션 인프라를 구축하며, 변화를 위한 사례를 만들고, 명확한 리더십과 책임감을 부과해야 하는 착수 준비 단계에는 엄청난 에너지가 투입됩니다. 하지만 결승선이나 중요한 이정표를 정의하는 것이 뭔지를 제대로 이해하지 못하는 경우가 너무나도 많습니다."

엘리스의 생각을 들으니 많은 CEO들이 이사회와 함께 일하면서 힘들게 배우는 교훈이 떠올랐다. 프로젝트의 약점과 강점은 일이 한창 진행 중일 때보다는 시작할 때 논의하는 것이 훨씬 쉽고 생산적이다. 일이 더 진행되기 전까지 필요한 기간과 자원을 신중하게 고려하지 않거나 지나치게 낭비할 경우, 시간과 돈이 더 필요하다는 여러분의 요구는 약속한 일을 제대로 이행하지 못하거나 책임감을 잃었다는 징후로 느껴질 수 있다. 이런 요구사항은 미리 협상하는 편이 훨씬 낫다. CEO는 아닐지라도 획기적인 변화를 이끄는 모든 리더들에게도 이와 비슷한 교훈이 적용된다.

엘리스와 나는 변화에 대한 실제 이정표가 단순히 재정적인 목표만 있는 것은 아니라는 사실을 알고 있다. 그리고 평균 대기 시간, 구독자 수, 능률 기준, 혹은 변화 프로그램의 성공을 정의하기 위해 사용할 수 있는 다른 전형적인 측정법으로는 드러나지 않을 수도 있다.

엘리스는 이렇게 덧붙였다. "그보다는 획기적인 변화를 이루려면 사실 업무의 제일선에서 일하는 사람들, 고객 서비스 담당자, 현장 직원, 제조 부서 직원, 판매 주문을 처리하는 담당자, 새로운 기술 플랫폼을 개발하는 사람 등이 자신의 업무 속성에 대해 본질적으로 지금과 다른 생각을 가져야 합니다. 그들은 개방적인 태도로 새로운 것들을 배우고, 새로운 도구와 역량을 이용하고, 낡은 규칙을 타파하고, 자신의 기술을 개선하고, 본질적으로 다른 뭔가에 자신과 조직의 능력을 투자할 필요가 있습니다."

우리는 변화 프로세스가 업무 최전선에 걸쳐 넓게 분포되어 있다는 데 동의했다. "그런 변화가 일어나려면 리더들이 수천 명 혹은 수만 명의 사람들과 접촉해야 합니다. 파워포인트 슬라이드나 성명서, 전략 문서와 일선 직원이 신뢰할 수 있는 일관된 태도로 이 아이디어를 완전히 받아들이고 실행하는 것 사이의 거리는 한마디로 엄청나게 멉니다. 변화 프로세스는 기나긴 길이고 그 길을 따라가다 보면 리더들이 종종 과소평가하는 움푹 파인 곳과 우회로, 출구 차선 등이 많이 있습니다."

엘리스는 이런 교훈을 직접 배웠기 때문에 자기가 무슨 말을 하는지 잘 알고 있었다. "저 자신을 비롯한 대부분의 리더들은 대개 그 지점까지 도달하는 데 필요한 것을 과소평가하기도 합니다. 우리는 대담한 변화가 무엇이고 여기에 정말 필요한 것이 뭔지를 정확하게 정의하지 못합니다. 우리는 쉬운 길을 원하지만 인간이 변화할 수 있는 묘책 같은 것은 존재하지 않습니다. 이것은 정말 힘든 일이기 때문에 대담한 변화 프로세스를 가속화하고 시간이 지나도 그 속도가 유지되도록 하려면 소매를 걷어붙이고 덤벼들어야 합니다. 아무리 최고의 전략을 동원하더라도 사람들이 변화의 이득은 전혀 보지 못하고 고통스러운 부분만 보고 있을 때, 조직이 쇠퇴기를 빠져나오도록 확신을 가지고 유도하거나 끌고 당기려면, 시간과 에너지, 감정적인 불굴의 용기가 필요합니다. 그렇게 사기가 저하되는 것은 모든 변화 프로세스에서 아주 위험한 시기입니다."

　나는 엘리스가 설명한 그런 침체기를 빠져나오는 것이 얼마나 중요한지 알고 있다. "이런 침체기가 오래 지속될수록 변화의 의지가 흐트러지거나 사라집니다. 제일선에서 일하는 사람들이 자기가 일하는 방식을 본질적으로 바꾸는 수준에 도달하거나 처음에 변화를 제안할 때 바라던 결과를 보는 것도 절대 불가능해집니다." 엘리스는 말했다. "이런 순간을 거치면서도 계속 진행할 마음가짐이 되어 있지 않거나, 개인적으로 자신의 비축고를 만들고 자원, 금전, 인적 자본, 감정적 인내심을 지속적으로 투자해야 하는 필요성을 느끼지 못한다면 살아남지 못할 것입니다."

　정신이 번쩍 드는 말이지만, 리더들이 명심해야 하는 중요한 사고방식이다. 중역 회의실에 있건 현장에서 운영 상황을 관리하건 간에, 리더들에게는 변화를 끝까지 진행할 수 있는 확신과 투지, 에너지가 필요하다.

먼저 조건을
협의하라

　　　　　　　　　CEO는 먼저 획기적인 변화 계획을 통해서 기대하는 바에 대해 이사들과 협의해야 한다. 그러나 현장에서 실제로 변화를 이끌어야 하는 임무를 부여받게 될 운영자의 경우에는 어떨까? 여러분 조직의 미래를 바꿔놓을지도 모르는 중요한 계획을 상상해보자.

여러분의 상사들은 이미 1단계와 3단계 과정을 끝내고, 리더십 팀에 필요한 인력을 채웠으며, 2단계를 끝내고, 프로젝트를 개시했다. 프로젝트에는 어느 정도 수준의 위험이 따르며 그런 취약성을 완화하기 위해서는 계획을 준비할 강인하고 유능한 리더가 필요하다. 그런 다음 상사가 찾아와 여러분이 바로 이 중요하면서도 위험한 계획을 이끌 사람으로 선정되었다고 알린다. 이런 경우 여러분은 어떻게 하겠는가?

여러분은 자신의 프로젝트에 열심이고 필요한 것이 뭔지 정확하게 알고 있으면서 그와 동시에 약간의 점진적인 성공을 통해 본인의 협상 입지를 강화하고 있을지도 모르겠다. 하지만 너무 빨리 시작하는 것은 실수일 수도 있다. 여러분은 프로젝트가 시작되기 전에, 어쩌면 심지어 공식적으로 고용되기 전에 가장 큰 영향력을 가지고 있다. 따라서 이 임무를 받아들이고 일을 개시해서 무를 수 없는 상태가 되기 전에, 여러분에게 할당된 자원을 사려 깊게 평가하고 자신의 성패를 가름할 명확한 한도를 정해야 한다. 이사회는 큰 그림을 보고 있을지도 모르지만 여러분은 협상을 시작할 때 2단계, 3단계, 4단계, 5단계를 신중하게 고려해야 한다. 자원, 기한, 산출물, 결정권은 프로세스 초반에 성문화하고 합의에 이르러야 하는 중요한 조건이다.

성공과 실패의 기준이 명확하고 뚜렷하게 구분되며 따로 증명할 필요가 없다고 생각하고 싶은 마음도 들 것이다. 500만 달러를 투자해서 1,200만 달러를 벌어들인 프로젝트는 성공이다, 그렇지 않은가? 하지만 원래는 2천만 달러를 벌어들이기로 계획되어 있었다면 어떨까? 성공과 실패의 차이는 전적으로 보는 사람의 생각에 달린 것이다. 우리 상사나 주주, 애널리스트들과 함께 어떻게 기대치를 정하고 협의할 것인지가, 획기적인 변화가 크나큰 성공으로 환호를 받을 것이냐, 아니면 한참 전에 진행되었어야 할 일로 여겨지느냐, 아니면 너무 보잘것없고 때늦은 일이라는 훨씬 나쁜 평을 받느냐를 판가름한다.

어떤 프로젝트를 이끌고 싶은데, 이미 전개되기 시작한 아이디어에 대해 듣는 동안, 사람들이 기대하는 결과가 지나치게 공격적이라는 생각이 들 수 있다. 그들은 너무 많은 것을 너무 빨리 원하면서 여러분이 필요하다고 여기는 자원은 너무 적게 분배해준다. 이런 모습은 업계에서 낯설지 않다. 리더십이란 결국 팀원들이 높은 기대를 품고 성공을 향해 노력하도록 격려하는 것이다. 상사들에게 기한과 산출물을 통보할 수는 없다. 대신 자신의 강점과 지식을 총동원해 협상을 벌여서 프로젝트를 위해 가급적 최선의 체계를 확보해야 한다.

프로젝트를 있는 그대로 떠맡는 데 동의한다면 온갖 곤경과 실망을 맛보게 될 수도 있으니 주의하자. 하늘처럼 높은 기대치 때문에 실망하게 될 경우, 사람들은 이것이 지나치게 야심만만한 초기 조건의 결과라기보다 여러분의 잘못이라고 여길 것이다. 대개의 경우 사후에 조건을 재협상하거나 '여러분의 잘못 때문이 아닌' 실패의 원인을 설명할 수 있는 여지는 거의 없다.

조건을 정하는 시기는, 계획을 시작할 때다. 또 팀원들에게 그들의 책임과 의무가 어디에서 시작되고 끝나는지를 매우 명확하게 알려야 한다. 여러분이 노력을 통해 자신의 권위를 확보해야 하는 것처럼 부하 직원들에게도 똑같은 기회를 주어야 한다. 이런 대화를 나중으로 미루지 말자.

처음에는 여러분이 원하거나 필요하다고 하는 것을 모두 얻지 못할 수도 있다. 어떤 협상에나 몇 가지 엄격한 제한이 있기 마련이다. 하지만 미리 빈틈없이 대화를 나누면 어디에서 그런 것을 얻을 수 있는지 발견하는 데 도움이 된다. 기한은 경쟁 판도에 따라 정해지거나 조직 윗선에서 이미 협상해서 결정해놓았을 수도 있다. 그러나 산출물은 전면적인 실행에 비해 시간과 돈이 적게 드는 파일럿 실행이나 제한적인 규모의 실행 수준으로 축소할 수도 있다.

결정권은 기한이나 자원과 달리 좀 더 융통성이 있고 초기 협상에 따라 가장 많이 좌우되는 요소다. 여러분은 자기가 어떤 결정을 내릴 수 있는지, 얼마나 빨리 움직일 수 있는지, 그리고 정확히 언제 상부의 승인을 받아야 하는지 알아야 한다. 만약 여러분이 기이할 정도로 심한 경영자의 간섭을 아무 이의 없이 기꺼이 받아들이는 사람으로 자리를 잡거나, 프로젝트가 한참 진행될 때까지 기다렸다가 자기 주장을 내세우기 시작한다면, 그런 초기 인식에서 벗어나기가 매우 힘들 것이다.

여러분은 계획의 결과에 책임을 질 것이고 반드시 그래야만 한다. 따라서 미리 신중하게 협상을 해서 최대한 많은 사안을 최대한 확실하게 정해놓아야 한다. 획기적인 변화 노력을 떠맡을 때는 모든 발전에 대한 책임도 지게 되며 여러분이 직접 내리거나 추천하지 않은 결정에 대해서도 책임을 지게 될 수 있다. 때로는 바로 그런 일이 벌어져야만 한다. 항상 큰 그림을 염두에 두고 일들을 통제하자.

빨리 가려면
천천히 움직여라

여러분이 CEO건 획기적인 변화를 추진하는 운영자이건 간에 '빨리 가려면 천천히 움직여야 한다'는 중요한 말을 명심해야 한다. 프로젝트 초기 기획 단계를 성실하게 진행할수록 여러 개의 팀이 동시에 여러 개의 맥락에서 일하면서 돈과 시간을 적게 들이고도 상당한 성과를 이룰 수 있다. 일에 착수하는 데 열성적인 사람들, 가만히 앉아서 미래를 기다리고만 있을 수 없는 사람들에게는 받아들이기 힘든 개념일 것이다.

나는 일반적으로 '빨리 움직인 다음, 더 빨리 움직여라'라는 생각에 감탄을 금치 못하는 인간이기 때문에 이것은 내게도 결코 쉬운 일은 아니었다. 적어도 특별히 강한 형태의 반대에 부딪혀 생각을 돌리기 전까지는 말이다. 바꾸려고 노력해보기도 했지만 내 본능은 '빨리 가려면 천천히 움직여라'라는 생각을 받아들이려고 하지 않았다. 하지만 이런 단점은 리더십 팀의 다양성이 좋은 성과를 낳을 수도 있다는 것을 보여주는 하나의 예다. 내 주변에는 빠른 속도를 원하는 내 본능이 일을 방해할 경우, 이를 저지하는 방법을 완벽하게 알고 있는 사람들이 많다. 이것은 내가 여전히 활용하는 수많은 기술 가운데 하나다. 현재 여러분의 팀 구성이 어떻게 되어있는지 몰라도, 자신의 강점을 이용해서 여러분의 약점을 상쇄시킬 수 있는 사람을 반드시 팀에 포함시켜야 한다.

규모가 큰 획기적인 변화 계획의 초반에 리더십 팀이 참여하면, 이 리더들 가운데 상당수는 작업을 개시한 뒤 '진정한' 진척이 시작되는 것을 보고 싶어 할 것이다. 그리고 그들이 말하는 '진정한' 진척은 많은 사람들이 변혁적인 돌파구를 찾을 준비를 하기 위해 끝없이 회의만 되풀이하는 것이 아니라 실제로 변화가 진행되는 것을 의미하는 경우가 많다. 그래도 이런 느리고 체계적인 단계가 꼭 필요하며, 그 외의 다른 방법은 실망감만 안겨주고 시간과 노력, 돈을 낭비하는 결과만 낳을 것이다.

'빨리 가려면 천천히 움직여라'라는 금언을 되새겨주는 것 외에도 제프리 무어의 고전 『캐즘 마케팅』에서 설명한 원칙들은 엄청나게 유용한 정보를 제공한다. 첨단 기술 세상에서는 새로운 아이디어라면 거의 뭐든지 수용하는 청중들을 발견할 수 있다. 무어가 '얼리 어답터'라고 칭하는 이런 이들은 최신 기술을 손에 넣기 위해서라면 버그와 불편함, 열악한 서비스, 불충분한 사용자 매뉴얼, 기타 곤경을 모두 이겨낼 것이다. 이들이 새로운 제품 개념을 일찍부터 받아들이는 것은 참신함이나 첫 번째가 되기 위해서가 아니라 '그것의 장점을 상상하고, 이해하고, 인정할' 수 있기 때문이다.

돌이켜 생각해보면, 이 생각은 우리가 슈왑에서 초기에 개발한 수많은 프로그램들이 처음에는 투자자 그룹과 함께 도약하는 듯하다가 곧 성장을 멈춘 이유를 명확하게 보여준다. 일례로 우리는 '파이낸셜 인디펜던스'라는 개인용 회계 소프트웨어를 개발했는데, 이 제품은 믿음직한 성능을 발휘하면서 화려하게 출발했다. 우리는 무어의 '얼리 어답터'들을 만족시켰다. 하지만 좀 더 큰 시장에 진입하기 위해 프로그램을 신속하게 개선할 수 있는 조직적인 체계와 운영 원칙이 없었다. 개발 주기가 좀 더 빨랐더라면 소비자들의 마음에 들지 않는 부분이 무엇인지 파악할 수 있었을 테고, 그랬으면 잠재 고객의 3분의 1 정도를 차지하면서 얼리 어답터들이 용인한 작은 결함이나 문제를 너그럽게 봐주지 않는 무어의 '초기 다수 수용자'들의 마음에도 들도록 프로그램을 바꿀 수 있었을 것이다.

이 중간 그룹에서 성공을 거두지 못했기 때문에 우리는 제품 혹은 프로그램이 '규격화될 때까지' 구입하지 않고 상황을 지켜보면서 기다리던 '후기 다수 수용자'(마지막 3분의 1)들을 끌어들일 기회를 놓쳐버렸다. 무어가 설명한 캐즘(아주 깊은 틈)을 건너지 못하는 바람에 얼리 어답터를 통해 거둔 성공이 규모가 더 큰 그룹으로 옮겨가지 못했던 것이다. 반면 스콧 쿡과 톰 프룰은 인튜잇에서 퀴큰이라는 사용하기 쉽고 직관적이며 끊임없이 진화하는 개인용 재무 소프트웨어를 만들어 기능을 꾸준히 개선하면서 큰 성공을 거두었다.

무어가 제시한 아이디어는 여러 면에서 개념 증명 파일럿 대 확장성 파일럿의 기본 개념과 매우 비슷하다. 어떤 일이 한 번 성공했다거나 특정한 그룹 안으로 효과를 발휘했다고 해서, 그것이 반드시 실행 범위를 넓히고 주류 현실의 가혹한 테스트를 거칠 준비가 되었다는 뜻은 아니다. 사실 무어의 책 제목이 무심코 내비치는 것처럼, 여러 개의 집단 사이에는 아주 깊은 틈이 존재하며 그 틈을 건넌다는 것은 힘든 일이다. 우리의 초기 성공이 파일럿에서 거둔 것이든 아니면 얼리 어답터들을 대상으로 한 제품에서 거둔 것이든 간에, 초반에 거둔 첫 번째 성공에 큰 의미를 부여하지 말고 계속 추진력을 키워야 한다는 사실을 깨닫는 데 최종적인 성공이 달려 있다. 이것은 여러분의 계획을 세상에 선보이기 위한 과정의 종착점이 아니라 시작점일 뿐이다.

실패 위험에 대처하라

획기적인 변화와 선구자들에 대해 이야기할 때는 불가피하게 실패 위험에 대해서도 이야기해야만 한다. 그것도 아주 규모가 큰 실패에 대해서 말이다. 여러분의 직원들은 검증되지 않은 아이디어에 자신의 경력과 평판을 걸어야 하는 위험성 앞에서 불안감을 느낄 것이다. 그렇다면 리더는 "우리가 여기서 성공을 거두지 못할 경우, 각 개인은 어떤 결말을 맞이하게 될까요? 실패해도 괜찮을까요?"라는 질문을 받았을 때 어떻게 대답해야 할까?

이는 대답하기 힘든 질문이다. 리더들이 "물론입니다. 아무 걱정하지 말고 실패해도 괜찮습니다!"라고 대답할 수 없다는 것은 분명하다. 대개의 경우 그것은 사실이 아니기 때문이다. 이런 경우에 자주 들을 수 있는 대답은 "글쎄요, 상황에 따라 다르겠지요"다. 하지만 이렇게 유용한 지침을 제시하지도 못하고 사람들을 안심시키지도 못하는 대답은 아예 하지 않는 편이 낫다.

고귀한 실패와
위험의 균형

우리가 평소 입 밖에 잘 내지 않는 이런 실패에 대한 의문에 답하기 위해, 나는 '고귀한 실패'라는 개념을 자세히 설명할 것이다. 아일랜드 시인이자 비평가, 교육자인 에드워드 다우든의 말처럼 '때로는 고귀한 실패가 유명한 성공만큼이나 세상에 충직한 도움을 준다'는 사실을 알고 있다. 그러나 다우든의 시대에 통용되었던 이 말이 오늘날 사람들의 공포를 누그러뜨릴 수 있을지 의심이 간다. 일례로 누가 내 실패를 '고귀하다'고 판단할 것인가?

그래서 '고귀한 실패'라는 개념을 곰곰이 생각하면서 여기에 구체적인 조건을 덧붙였다. 이 개념은 규모가 큰 획기적인 변화 계획은 불가피하게 실패할 위험이 있다는 것을 인정하고 있다. 그리고 실패가 무능력이나 노력 부족의 결과가 아니라 오히려 자기 힘으로 통제할 수 없는 수많은 요소들 때문에 발생하는 경우가 많다는 것도 인정한다. '차근차근 쌓아올리기' 프로세스의 모든 단계를 아무리 신중하게 통과하더라도 여전히 프로젝트가 실패할 가능성은 남아 있다. 차근차근히 쌓아올리는 과정이 성공을 100퍼센트 보장하지는 못한다. 어쩌면 여러분이 세운 계획의 기반이 되는 아이디어에 본질적인 결함이 있을 수도 있다. 아니면 프로젝트를 한창 진행하는 도중에 다른 회사가 더 뛰어난 제품을 내놓을 가능성도 있다. 이것은 여러분이 완벽하게 피하거나 상쇄시킬 수 없는 위험이다. 우리에게는 이런 상황을 설명할 수 있는 새로운 실패 카테고리가 필요하다.

내 생각에 어떤 실패가 '고귀한 실패'가 되기 위해서는 일곱 가지 중요한 전제 조건이 있다.

1. 프로젝트를 제대로 기획했다. 대비해야 할 부분들을 전부 처리했고 필요한 계산도 다 해봤다. 적절한 부분에서 직관력을 발휘하기도 했다.

2. 똑똑하게 소규모로 실패했다. 가능한 경우, 실패로 인한 영향 범위를 연구실이나 제1부 9단계에서 이야기한 파일럿 프로그램 내로 한정했다. 또 적절한 경우에는 언제나 모형과 프로토 타입을 이용해서 비용이 적게 드는 테스트를 실시했다.

3. 사전 대책을 마련해두었다. 계획이 궤도를 이탈할 가능성이 가장 높은 부분이 어디인지 파악해서, 필요한 경우 커브를 지날 때 속도를 늦추고 조심스럽게 조종할 수 있도록 준비해두었다.

4. 회사의 사활을 걸지 않았다. 실패해도 애초에 비용을 많이 들이지 않았기 때문에 회사가 현재 재정적인 곤란을 겪고 있지 않다. 적절한 상황에서는 다른 조직과 위험을 분담할 수 있는 기회를 고려해두었다.

5. 부정적인 결과가 발생하는 범위를 제한했다. 이 실패는 대중에게 널리 알려지지 않았고 규정 준수 문제나 법적 문제, 홍보상의 실패를 야기하지 않았다. 따라서 회사의 평판을 위태롭게 하지 않았다.

6. 상사와 '예상 밖의 사건이 벌어지지 않게 한다'는 정책을 따랐다. 프로젝트가 제대로 진행되지 않을 경우, 경영진에게 이 사실을 알려서 그들이 여러분을 도울 수 있게 하거나 여러분이 미처 생각하지 못한 사전 대책을 강구

하게 한다.

7. 경험을 통해 교훈을 얻었다. '고귀한 실패' 뒤에 사후 평가를 실시하고 이 경험을 통해 여러분 자신과 조직을 위한 학습 기회를 얻으려고 애썼다.

노력을 기울이기 전과 도중, 이후에 이런 각각의 조건을 고려하고 심도 있게 관찰한다면 그 결과를 '고귀한 실패'라고 생각할 수도 있다. 이런 경우 우리는 처음에 변화를 제안하거나 옹호하거나 이끈 사람과 팀을 처벌하지 않는다. 이것은 실패를 보상한다는 이야기가 아니라 용기와 혁신을 벌하지 않는다는 말이다. 기업 문화가 뒤를 받쳐주는 이상적인 상황이라면 '고귀한 실패'가 여러분의 경력에 중립적인 역할을 한다. 앞으로 나아가지는 못했지만 직업적으로 살아남게 된다. 그리고 이제 시도했다가 실패한 경험이 생겼고 여러분이 얻은 그 경험과 교훈을 미래의 프로젝트에 적용할 수 있기 때문에 이런 실패가 이점으로 작용할 수도 있다. '고귀한 실패' 개념은 노력이 실패하더라도 용인되고 때로는 축하를 받으며 결코 처벌받지 않으리라는 것을 사람들이 깨닫고 자신의 의견과 생각을 좀 더 자유롭게 표현하도록 독려하기 위한 것이다.

내가 슈왑에서 일하던 초창기에, 우리는 '이퀄라이저'라는 온라인 거래 소프트웨어를 개발했다. 다른 할인 거래 회사 중에는 이런 제품을 보유한 회사가 없었기 때문에 이 제품은 작지만 매우 충성스러운 추종자들을 얻었다. 그저 규모가 크고 수익성이 있는 고객 기반을 유치할 수 있을 만큼 사용하기가 쉽지 않았을 뿐이다. 우리는 이 실험을 통해 교훈을 얻었고 몇 년 뒤에 윈도우의 초기 버전을 기반으로 하는 '스트리트스마트'라는 소프트웨어로 이를 대체했다. 이 제품은 이전 것보다 훨씬 성공적이었지만 그리 획기적이지 않았던 것은 분명한 사실이다. 하지만 이 소프트웨어 제품이 획기적인 성공을 거두지 못했다고 해서 경력에 해를 입은 사람은 아무도 없었다. 대신 이러한 노력 덕분에 인터넷의 대두와 그 뒤에 이어진 온라인 거래 폭증에 대비할 수 있었다. 이런 노력을 통해 우리는 온라인 거래에서 성공을 준비하는 데 필요한 것들을 배웠다. 이는 최상급의 '고귀한 실패'였고, 결국 대폭적으로 재설계해서 오늘날 슈왑 서비스의 일부로 자리 잡은 스트리트스마트 에지®와 스트리트스마트 프로®라는 제품이 탄생하게 되었다.

위험을 예상하고 관리하라

일이 잘못될 경우 획기적인 변화가 더 오래 걸리는 것은 사실이다. 4단계, 5단계, 6단계에 포함된 기획 프로세스는 위험 요소를 예방적으로 살펴보고 그것을 완화하기 위한 전략을 개발하기에 가장 알맞은 효율적인 시간이다. 위험을 평가하고 계획하는 과정은 한 번에 끝나는 일이 아니다. 상황이 계속 변하고 수많은 장소에서 언제든 새로운 위험이 닥쳐올 수 있기 때문에 이것은 지속적으로 이루어져야 하는 활동이다. 예컨대 범위 추가는 결코 사라지지 않는다. 이것은 계획이 마무리될 때까지도 계속 위험 요소로 남아 있다.

위험 요인은 회사 내부와 외부에서 모두 생길 수 있다. 내부 위험 요인을 예측하고 관리하는 것은 규제 변화나 경쟁자들의 전략적인 움직임 같은 외부 요인에 대처하는 것보다 훨씬 쉽다. 이런 장애물은 대부분 예상하기가 힘들기 때문에 역경이 곧 발생하리라는 것을 알려주는 조기 징후를 찾고 끊임없이 경계해야 한다. 여러분의 조직에 영향을 미칠지도 모르는 외부적인 문제의 숫자만 봐도 모든 취약점에 대응할 수 있는 제2안을 마련하는 것은 불가능하다는 것을 알 수 있다.

위험을 파악하고 그에 대처할 계획을 세우려고 아무리 노력하더라도, 신경지를 개척할 때는 항상 불확실성이 따르기 때문에 그 불확실성을 감수하는 방법을 배워야만 한다. 실제로 불확실성에 직면했을 때 사람들을 이끌고 격려하는 능력이 획기적인 변화 프로세스의 중요한 일부분이다. 지금까지 '차근차근 쌓아올리기' 단계를 거쳐 왔다면, 여러분은 위험 지역 가운데 일부를 이미 파악했을 것이다. 나는 지금까지 이 분야에서 경력을 쌓으면서, 획기적인 변화의 위험 요인을 일곱 개의 기획 범주로 정리할 수 있었다. 이런 문제에 대한 인식을 키우고 계획을 세운다고 해도 시장이 예측을 벗어나거나 경쟁자가 여러분보다 빨리 움직인다면 아무런 도움이 되지 않을 것이다. 하지만 여러분이 통제하거나 심지어 피할 수도 있는 방해물의 경우에는 프로젝트 체계를 보호할 수 있다.

범위 추가

획기적인 변화 계획에 새로운 요소가 추가되는 것은 생산적이고 논리적인 것처럼 보일 수 있다. 우리는 이미 많은 변화를 진행하고 있는데 목록에 몇 가지가 더 추가된들 뭐 어떻겠는가? 변화의 한계에 대해 단호한 태도를 취하고 프로젝트 중심점을 압도할 가능성이 있는 제안은 반대해야 한다. 이는 쉬운 일이 아니다. 범위 추가에 대한 자극이 여러분의 팀 내부나 여러분 자신에게서 나올 수도 있다. 그래도 꿋꿋이 버텨야 한다! 이런 새로운 아이디어는 계획의 '두 번째 시기' 또는 '릴리스 2.0'에 집어넣는 것이다.

기술력 신장

이 위험성을 전후 사정과 관련지으려면 한 가지 이상의 방법을 써야 한다.

근본적으로 세 개의 하향 단계를 통해 이 의문을 설명하고 싶을 것이다.

- 전에도 이런 기술 변화가 일어난 적이 있는가?
- 우리 업계에서 그런 경우가 있는가?
- 우리 조직에서 그런 경우가 있는가?

여러분도 짐작하겠지만 조직에 가까이 다가가면 갈수록 위험성은 꾸준히 줄어든다. 널리 활용되는 기술일수록 성공하는 데 필요한 재능과 경험을 찾는 일이 쉬워진다. 여러분의 아이디어가 업계에서 이미 시행된 적이 있는 것이라면, 여러분의 팀에 영입할 수 있는 믿을 만한 컨설턴트가 벌써 존재할 것이다. 더 좋은 점은, 여러분 조직에서 전에 이와 비슷한 일을 한 적이 있다면 인력 재배치나 대여를 통해 자신의 조직 내에서 필요한 전문 기술을 쉽게 구할 수 있다는 것이다. 그러나 여러분이 제안하는 변화가 어디에서건 지금까지 한 번도 혹은 거의 시행된 적이 없는 것이라면 훨씬 큰 위험을 짊어지게 된다. 때로는 '최첨단' 기술을 활용하는 것이 잠재적인 위험을 감수할 만큼의 가치가 있는 일인지 평가해야 하는 경우도 있다. 이는 매우 힘든 결정이다. 어쨌든 이것이 최첨단이라고 불리는 것은 다 정당한 이유가 있어서다.

애플 뉴턴을 생각해보자. 1993년에서 출시된 이 제품은 필기 인식 기술에 의존하는데, 기대에 훨씬 미치지 못하는 기능으로 인해 애플의 명성을 손상시켰다. 그래서 잘못된 도박이라고 판명되었다. 일찍부터 휴대 정보 단말기의 발전 가능성을 이해한 것은 기본적으로 올바른 판단이었지만, 그런 통찰력을 표현하고 실행하는 방식이 잘못되었으며, 특히 블랙베리가 초소형 키보드와 엄지 타이핑이라는 획기적인 혁신을 널리 상업화한 상태에서는 더욱 그랬다. 이윽고 애플 뉴턴의 터치스크린 개념은 애플의 아이폰과 아이패드를 비롯한 모바일 기술 혁신의 중요한 동인이 되었다.

비즈니스 범위 확대

이는 기술 중심 체계가 익숙한 상황의 이면이다. 따라서 등장하는 의문도 상당히 유사하다.

- 전에도 이런 프로젝트를 진행한 적이 있는가?
- 우리 업계에서 진행된 경우가 있는가?
- 우리 조직에서 진행된 경우가 있는가?

회사가 비즈니스 모델이나 개념 설계 관점에서 이와 비슷한 일을 한 적이 있는지 알아야 한다. 여러분이 제안한 일이 조직 내의 사람들에게 완전히 낯선 일인가? 경영 구조에는 어떠한가? 기업 문화적인 의미에서는?

슈왑의 지점들이 고객과 소통하는 방식을 바꾸자고 제안했을 때, 나는 그 변화가 슈왑에게 얼마나 생소한 것인지 깨닫지 못했다. 전통적인 주식 중개업계 내에서는 변화가 전혀 새로운 것이 아니지만 슈왑에게는 더없이 새로웠다. 이는 사소한 사안처럼 보였지만 실제로는 직원들이 기본적으로 늘 하던 업무 방식과 반대되는 일, 즉 고객의 요청에 대응하는 것이 아니라 주도적으로 먼저 나서도록 요구한 것이다. 기업에 낯선 변화도 실행할 수는 있지만 기간이 오래 걸리고 비용도 훨씬 많이 들며, 그렇게 많은 노력을 들인 만큼 그에 상응하는 충분한 이익을 얻어야만 한다.

프로젝트를 진행하는 과정 동안 팀 유지

프로젝트를 위한 강력한 팀을 구성했으면 이제 그들을 하나의 그룹, 그리고 개별적인 기여자로 계속 유지할 수 있는 전략을 세워야 한다. 획기적인 변화 계획은 매우 힘든데 특히 핵심 팀원들의 입장에서는 더 힘들다. 여러분이 공들여서 조성한 흥분과 추진력도 계획이 몇 달, 혹은 몇 년씩 계속되는 동안 사라져버릴 수 있다. 각종 어려움과 기나긴 프로젝트 기간이 팀원들에게 많은 스트레스를 안겨주고 시간이 지나면서 이런 것들 때문에 직원들의 사기가 꺾이기도 한다. 반면 성공은 양날의 검이 될 수도 있다. 여러분의 프로젝트가 사람들의 관심을 끌고 결과가 탁월할수록 팀원들이 회사 내부와 외부의 다른 프로젝트에 불려갈 가능성이 커진다.

장기 프로젝트에 대비해서 여러분의 결의와 주변 모든 사람들의 의지를 시험해봐야 한다. 팀의 사기가 높게 유지되도록 시간과 노력을 들여야 한다. 이를 위해 소요되는 시간도 상당하지만 반드시 필요한 일이다. 획기적인 변화는 오래도록 지속되는 과정이다. 6단계에서 설명한 것처럼 초기에 미리 전체 프로젝트를 작은 단위로 쪼개면 프로젝트 기간이 너무 길다는 인상을 줄이고 추진력을 유지할 수 있다.

경영진의 참여 유지

상사들은 장기간에 걸쳐 중간 실적 없이 진행되는 변화를 불편하게 생각할 가능성이 높고, 경쟁자들도 물론 가만히 앉아서 기다리고만 있지는 않는다. 관심과 결의가 줄어드는 것을 막는 최선의 방법은 경영진들이 계속 그 일에 관여하도록 하는 것이다. 팀원들 사이에서 프로젝트에 대한 흥미를 조성해서 유지해야 하는 것처럼, 조직 내의 다른 모든 단위에 대해서도 같은 일을 해야 한다. 여기에는 주주, 투자자, 협력업체, 고객, 상사, 부하 직원 등이 모두 포함된다. 이들을 일에 참여시키고 프로젝트와 그 진행 상황에 관심을 갖게 하며 계속 앞날을 기대하게 해야 한다. 그러는 동안에도 위험성이 높아지는 것을 알아야 한다. 프로젝트 진행 상황이 사람들의 눈에 잘 띌수록 성공이 조직과 여러분에게 더 중요한 일이 된다.

투자 규모

이 변화의 규모를 솔직하게 밝힐 필요가 있다. 규모에 비례해서 위험성도 커지기 때문이다. 200만 달러짜리 변화인가 아니면 2천만 달러짜리 변화인가? 물론 금전적인 규모는 상대적인 문제다. 어떤 조직의 경우에는 500만 달러짜리 프로젝트가 대수롭지 않을 수도 있지만 어떤 조직은 회사의 사활을 건 투자일 수도 있다. 프로젝트가 실패할 경우 그것이 조직 전체에 어떤 영향을 미칠지 알아야 한다. 이것은 회사의 사활이 걸린 변화인가? 아니면 회사가 헤쳐나갈 수 있는 폭풍우 정도의 수준인가? 회사 사활이 걸린 변화는 아예 시도하지도 말라고 말하는 것이 아니라 조직 전체에 미치는 위험뿐만 아니라 심각한 개인적 위험까지 감수해야 하는 경우가 있다는 이야기다. 경쟁 환경 때문에 꼭 그래야만 하는 상황이고 또 경영진 모두가 여러분을 전적으로 지지하지 않는 한 회사의 재정적 사활을 걸어서는 안 된다는 것이 내 개인적인 믿음이다.

기획 노력의 우수성

지금까지 모든 단계를 잘 밟아왔다면, 이 잠재적인 문제도 이미 완화되어 있을 것이다. 지나친 낙관주의는 계획 수립 능력에 해로운 영향을 미칠 수 있다는 것을 기억하자. 하지만 잠재적인 문제를 인식하고 그에 대비한 비상 계획을 마련할 능력이 없다면 본인이 세운 계획을 방해하게 된다.

7단계에서 논의한 것처럼, 여러분에게 한계를 알려주고 경고 신호를 볼 수 있게 해주는 명확하고 일관성 있는 측정 기준이 매우 중요하다. 처음에 발품을 너무 아끼면 나중에 가서 이런 위험 요소들이 약점을 공격하게 된다.

■　■　■

1단계부터 9단계까지의 과정을 신중하고 근면하게 따르고, 조건을 협상하고, 다양한 문제와 위험 요소를 고려했더라도 성공을 100퍼센트 보장받을 수는 없다. 계획을 현실화하는 과정에는 수많은 과제가 도사리고 있다. 획기적인 변화 계획의 역사를 생각해보면, 지금까지 쌓아올린 일들이 여러분에게 불리하게 작용하는 경우가 많다는 것을 이미 알고 있을 것이다. 성공 가능성을 최대한 높이려면 심사숙고해서 준비한 검증된 프로세스와 보기 드문 리더십을 결합시켜야 한다. 서점 책꽂이에는 리더십에 관한 좋은 책들이 빼곡히 꽂혀 있다. 그것들을 전부 훑어보면서 고전을 찾아 읽고 시류를 파악하기 위해 새로 나온 책들도 읽는 것이 좋다.

　대담하고 획기적인 변화를 이루려면 용기 있고 고무적인 태도를 보이는 모든 단위의 리더들이 필요하다. 이런 특성은 그들이 자신의 팀과 의사소통하는 방식에서 드러난다. 안타깝게도 뛰어난 커뮤니케이션 기술을 지닌 사람은 매우 드물기 때문에 이것을 다음 장의 주제로 삼았다.

2장

의사소통과 관계를 구축하라

가장 기본적인 수준의 리더십은 효과적으로 의사를 전달하는 능력과 사람들이 행동을 취하도록 격려하는 방식에 의존한다. 리더들의 의사소통 기술은 '차근차근 쌓아올리기' 프로세스의 모든 단계에 필요불가결하다. 이번 장에서는 의사소통과 성격이라는 주제에 초점을 맞추고 사람들의 행동을 촉구하고 획기적인 변화를 성공적으로 이끌기 위한 관계 구축 방법을 설명한다.

시티의 데비 홉킨스는 의사소통의 중요성을 강조한다. 홉킨스는 자신의 관점에서 말한다. "리더들은 성공하기 위해 사람들을 함께 이끌고 가야 합니다. 그들이 자신의 걱정거리나 반대 의견까지 자유롭게 이야기할 수 있게 해주어야 하고요. 때로는 '지금 장난해? 벌써 똑같은 질문에 42번이나 대답해주었잖아!'라는 생각이 들지도 모릅니다. 하지만 한 걸음 물러나 심호흡을 하면서 사람들이 받아들이고 기억할 수 있는 간단하고 명확한 핵심 메시지를 만들어내야 합니다."

리더의 의사소통에서 성격과 진정한 관계를 구축하려는 의지가 드러나지 않는다면, 의사소통을 아무리 자주 한다 하더라도 직원들을 감화시킬 수 없다. 의사소통과 관계를 구축하기 위한 노력은 힘들고 시간도 많이 소요되는데, 이는 바빠서 시간을 내기 힘들 때도 마찬가지다. 투트리 컨설팅 CEO인 진저 그레이엄은 그중에서도 몇 가지 어려움을 가장 중요하게 꼽는다. "변화 과정에는 엄청나게 많은 의사소통이 필요합니다. 하지만 실무자들이 계획을 세우고 있을 때, 경영진들은 닫힌 문 뒤에서 비밀리에 계획을 하고 예산을 짜지요. 이들은 인원 감축과 누가 그 일에 관여할 것인지 숙고하기 위해 비밀회의를 엽니다. 이들이 직원에게서 몸을 숨기는 이유 중에는 자기들이 아직 대답할 수 없는 질문을 받고 싶지 않기 때문인 것도 있습니다."

경영진들이 자신의 성격이 드러나는 상황에 서려 하지 않는다면, 추종하려는 이들은 그 리더가 믿고 따를 만한 사람인지 어떻게 판단할 수 있겠는가? 결국 리더를 따르고자 하는 의지는 리더들이 의견을 전달하고 관계를 맺는 방식, 자신의 성격을 드러내는 방식, 그리고 그들이 옹호하는 변화가 본인의 성격과 일치하는지 등을 관찰하는 과정에서 생겨나는 것이다.

진정성이 담긴
커뮤니케이션

획기적인 변화를 이끌 때는 여러분이 지닌 리더십 능력의 모든 측면이 시험대에 오르게 되며 의사소통 기술도 결코 예외는 아니다. 만약 사람들에게 효과적으로 의사를 전달할 수 있는 도구를 갖고 있지 않다면, 어떻게 그들의 열정을 자극하고 변화의 필요성을 납득시킬 수 있겠는가?

효과적인 의사 전달자가 되려면 대부분의 경영진들이 생각하는 것보다 훨씬 많은 능력이 필요한데, 적어도 처음 시작할 때는 그렇다. 나도 이 일을 시작하고 처음 20년 동안은 내가 팀원들과 이야기를 나누거나 그들에게 동기를 부여하는 일을 상당히 잘한다고 생각했다. 하지만 실제로는 변화 계획을 주도하는 데 필요한 이 기술을 수박 겉핥기식으로만 알고 있었다.

슈왑에서 일한 지 8년 정도 지났을 때, 상사인 래리 스텁스키가 심근 경색을 일으켜 거의 목숨을 잃을 뻔했다. 이때 내가 승진되어 사장 겸 최고 운영 책임자였던 스텁스키의 직책을 대신하게 되자 나를 비롯해 모든 사람들이 놀랐다. 처음에는 주어진 임무를 충분히 감당할 수 있을 거라고 생각했다. 하지만 몇 달이 지나자, 이렇게 완전히 새로운 차원의 리더십이 필요한 자리를 맡기에는 준비가 불충분한 정도가 아니라, 아예 아무런 준비도 되어 있지 않다는 사실이 명백해졌다.

이런 상황을 개선하기 위한 전략의 하나로, 회사 내에서 좀 더 확실하게 의사소통을 할 수 있도록 도와줄 연설 원고 작성자를 찾았다. 한 동료가 커뮤니케이션 컨설턴트이자 리더십 커뮤니케이션이라는 회사의 설립자 겸 사장인 테리 피어스를 소개해주었을 때, 나는 연설 원고 작성자를 확보했다고 생각했다. 실제로 어떤 일이 나를 기다리고 있는지 몰랐던 것이다.

첫 번째 프로젝트에서 나는 당시 3,500명의 직원들이 일하던 우리 회사 내에서 상위 200명의 관리자들을 대상으로 하는 연설 원고를 작성할 때 피어스의 도움을 받고 싶었다. 그때까지는 연설 원고 작성자와 함께 집중적으로 일해본 경험이 없어서 피어스에게 뭘 기대해야 할지 잘 몰랐다. 하지만 내가 모호하게 품고 있던 생각들은 곧 산산이 조각나 버렸다.

피어스에게 해주었으면 하는 일들에 대한 이야기를 마칠 즈음, 피어스가 돌연 내 말을 가로막았다. "물론 그런 일도 할 수는 있지만, 지금 당신이 생각하는 것이 정말 사람들에게 하고 싶은 말은 아닌 것 같은데요." 솔직히 이 말을 듣고 깜짝 놀랐다. 피어스는 계속 말을 이었다. "우리가 정말 이 사람들을 감화시키고 싶다면, 시간을 내서 당신이 어떤 사람이고 살면서 어떤 경험을 해왔는지를 나한테 이야기해주어야 합니다. 당신을 움직이는 것이 뭐고, 어떤 가치관을 갖고 있으며, 성공이나 실패를 맛봤을 때 무엇을 통해 자극을 받는지 알아야 합니다. 또 당신이 누구고 이 일에 그렇게 열정적으로 신경을 쓰는 이유가 뭔지도 알아야 합니다. 그래야만 당신이 곧 발표해야 하는 이 연설문을 함께 작성할 수 있습니다."

나는 정말 깜짝 놀랐다. 나는 자서전 집필을 도와줄 사람을 찾는 것이 아니었으니까. 그저 연설문 하나만 쓰면 되는데! 내 반응은 즉각적이었다. "난 정말 바쁜 사람이에요. 연설문 하나 쓰는 데 필요한 일들이 너무 많은 것 같군요. 그냥 내가 직원들에게 전달하고자 하는 메시지에 대해서만 이야기하면 안 되겠습니까? 그러면 당신은 내가 그걸 이야기할 수 있는 정말 명확하고 흥미로운 방식을 찾아주기만 하면 됩니다." 내 목소리에는 불만이 배어 있었다.

"미안하지만, 난 그런 일을 하는 사람이 아닙니다." 피어스는 이렇게 대답했다. "세상에 글을 잘 쓰는 사람은 아주 많고, 기사를 쓸 때는 그런 재주가 도움이 되기도 하죠. 하지만 지금 우리에게 필요한 것은 그것이 아닙니다. 당신이 이미 한동안 이 변화를 위해 노력해왔기 때문에 주제가 뭔지는 다들 알고 있어요. 그러니까 무슨 말을 하느냐보다는 그 말을 어떻게 전달하느냐가 더 중요하고, 그 말에 진심이 담겨 있는지 아닌지가 중요한 것입니다. 당신이 직원들에게 시키고자 하는 일을 위해 개인적으로 노력하고 있다는 사실, 그리고 그 일이 당신 자신만을 위한 것이 아니라 직원들 모두의 이익을 위한 것이라는 것을 모든 사람이 이해하고 믿어야만 당신이 전달하는 메시지가 흥미로워집니다. 그들이 일단 당신이 제안하는 내용에 내포되어 있는 가치관을 받아들이면 그에 맞는 행동도 취하게 될 것입니다. 물론 실제 사실도 중요하지만 사람들을 고무시키려면 진정성이 있어야 하고 마음에서 우러난 말을 해야 합니다. 결국 그들은 단순히 아이디어만 따르는 것이 아니라 바로 당신을 따르는 것입니다. 둘 다 중요하죠. 그리고 그게 바로 리더십 커뮤니케이션입니다."

곧 내가 연설 원고 작성자를 고용한 것이 아니라 커뮤니케이션 전문가이자 리더십 코치를 고용했다는 사실이 분명해졌다. 슈왑에서의 남은 재임 기간은 물론이고 그 뒤에도 계속 이어지고 있는 이런 관계를 우연히 맺게 되다니 나는 놀라운 행운아였다. 우리는 최근에 함께 연설문을 작성했고 이 협업은 다시 한 번 마법 같은 일을 이루었다. 우리는 역동적인 파트너이고 슈왑에서 한창 함께 일하던 절정기에는 『클릭 앤 모르타르』라는 책을 함께 쓰기도 했다. 이 책은 〈비즈니스 위크〉와 아마존의 베스트셀러 목록 10위권에 올랐고 독일에서도 베스트셀러가 되었다.

피어스는 현재 3판까지 나와 있는 리더십 커뮤니케이션에 관한 베스트셀러 『커뮤니케이션 리더십』의 저자이기도 하다. 나는 이 책이야말로 해당 분야의 바이블과도 같은 존재라고 생각하기 때문에 내가 가르치는 학생들 모두에게 꼭 읽게 한다. 기본적으로 이 주제에 관한 내 모든 아이디어와 내가 아는 모든 내용은 피어스의 코치를 통해 배운 것과 우리가 함께 일하는 동안 경험한 일들을 통해 나왔다. 내 리더십 커뮤니케이션이 사람들을 고무시키는 데 있어 무엇보다 진실한 효과를 발휘한 적이 있다면, 이는 피어스의 코치와 나의 일부가 된 그의 조언과 되새김 덕분이다.

가치가 눈에 보이게 하라

하워드 슐츠도 나와 피어스가 함께 일하는 동안 자주 논의했던 바로 그 문제를 심사숙고했다. 즉, 실제 사실이 중요하기는 하지만 차이를 만드는 것은 그것의 가치와 진정성이라는 것이다. 슐츠는 스타벅스를 이끌고 매우 힘든 시기를 헤쳐나왔던 경험을 이야기했다. 그의 이야기는 효과적이고 공감대를 형성하는 커뮤니케이션과 기업 문화 구축을 위한 노력, 그리고 리더의 기질이 어떻게 획기적인 변화 프로젝트의 토대가 되고 또 그 변화를 현실로 만드는 데 기여하는지 보여주는 완벽한 사례다.

슐츠는 이렇게 설명했다. "격변하는 금융 위기가 절정에 달했던 2008년 1월의 일입니다. 상황은 단순히 나쁜 수준을 넘어서 잔혹할 정도였습니다. 나는 '최초의 100일'이라는 것을 만들었습니다. 나는 내가 무슨 일을 할 것인지 알았고 그 일을 어떻게 해야 할지도 알았습니다. 한 가지 몰랐던 것이 있다면 상황이 예상보다 훨씬 심각하고 여러 경제 문제들 때문에 계속적으로 악화일로로 치닫고 있다는 것이었습니다." 슐츠는 이런 상황에서 고객들이 자신의 제품을 어떻게 여길지 분명하게 알고 있었다. "스타벅스 제품은 다른 어떤 물건보다도 재량껏 구매하는 제품입니다. 그러니 수요와 혁신, 욕구를 조성하는 것이 우리가 할 일이었습니다."

당시 슐츠는 '이 회사의 현재 원가 구조로는 경기 침체를 이겨낼 수 없다'는 사실을 알고 있었다. 그는 다시 최고 경영자 자리로 복귀한 첫 주에 직원 전체를 상대로 담화를 발표했는데, 직원들 가운데 4천 명은 그 자리에 직접 참석해서 연설하는 모습을 지켜봤고 나머지는 인터넷 생방송을 통해서 봤다. 슐츠는 이렇게 설명했다. "내가 가장 먼저 한 일은 자리에서 일어나 사과를 한 것입니다. 그리고 울었습니다. 사람들 앞에서 울 생각까지는 없었고 그저 우리 리더들이 직원과 그 가족들의 기대를 저버린 것에 대해 사과만 하려고 했습니다." 하지만 슐츠는 '과거를 고쳐 쓸 수는 없다는 것'을 알고 있었다. "그저 함께 힘을 합쳐 미래에 맞서는 수밖에 없었습니다. 그리고 회사를 살리기 위해 앞으로 상당한 인원 감축이 있을 것이고 여러 힘든 결정을 내려야만 한다고 설명했습니다."

친구들과 동료들은 그가 밝히는 내용이 사람들에게 겁을 줄 수도 있으니 신중하게 고려해야 한다고 주의를 주었다. 하지만 슐츠는 말했다. "대담한 변화를 주도하면서 리더답게 행동해야 할 때 가장 먼저 드는 의문 가운데 하나는, '너는 진실을 말하는가?'입니다. '정보를 세밀히 분석하고 직원들을 신뢰하는가?' '언제 사람들에게 너를 믿고 따라달라고 부탁하고, 어떻게 필요한 정보를 모두 공개할 수 있는가?' 하는 의문도 듭니다." 슐츠는 '직원들이 알아야 하는 중요한 정보가 생길 때마다 그것을 알려주기'로 결정했다. 듣기 괴롭거나 겁을 먹을 만한 정보라도 말이다.

슐츠는 또한 이 시기에 중요한 역할이 무엇인지도 분명히 알고 있었다. '회사 역사에서 가장 중요한 사람은 매장 관리자'라는 것을 알았다. "그래서 모든 매장 관리자와 이야기를 나눌 수 있는 방법이 필요했습니다. 그런데 1만 명이나 되는 사람들을 어떻게 한 장소에 모을 수 있을까요?" 이는 쉽지 않은 일이었고 비용도 많이 들었다. 당연한 일이지만, "이사회는 반대했습니다. 비용이 수백만 달러나 들 예정이었으니까요. 전 이렇게 물었습니다. '회사 재건을 위해 이보다 더 좋은 투자처가 있습니까? 우리 직원들에게 투자하는 것보다 더 나은 대안이 있습니까?' 우리는 이 문제를 논의하고 여러 대안을 살펴본 끝에 결국 열정과 헌신을 이끌어낼 수 있는 상황과 기회를 만들 수만 있다면, 그만한 비용을 써도 괜찮다는 데 다들 동의했습니다."

콘퍼런스가 시작된 2008년 10월에 스타벅스는 상대 매장 대비 매출액이 마이너스 8퍼센트에 달했고, 상대 매출 통계가 매주, 매월 악화되고 있었다. 스타벅스는 설립 이래 한 번도 상대 매장 매출액이 마이너스였던 적이 없었다. 슐츠는 말했다. "우리가 언제 마이너스 14.5퍼센트에 도달해 돈이 다 떨어질지 알고 있었습니다. 그리고 우리는 마이너스 20퍼센트를 향해 나아가고 있었죠. 콘퍼런스 마지막 날에 할 연설을 준비할 때 내 머릿속에는 그런 정보가 다 들어 있었습니다."

이번에도 친구와 동료들은 직원들이 그 정보를 받아들일 수 없을 거라고 경고했다. 슐츠는 설명했다. "물론 나도 직원들을 겁먹게 할지도 모른다고 걱정했습니다. 하지만 상황이 얼마나 나쁜지를 직원들이 모른다면 자기 매장을 관리하고 이끌기 위해 어떤 일을 해야 하는지 제대로 이해할 수 없을 거라는 사실도 알고 있었습니다. 그래서 모든 것을 투명하게 공개하기로 결심했지요."

슐츠는 구경꾼과 책임감이라는 두 개의 단어를 중심으로 연설을 진행했다. "진행되는 모든 일, 자기가 듣고 보는 모든 것에 대해 개인적으로 책임을 진다는 것이 뭘 의미하는지 이야기했습니다. 그리고 사태를 관망하는 구경꾼이 되어서는 안 된다는 이야기도 했지요. '우리 회사의 상대 매장 매출액이 마이너스 14.5퍼센트가 되면 여기 있는 우리 모두 일자리를 잃게 될 것입니다'라고 말했습니다. '이게 단독 매장의 상황이라면 어떨까요? 여러분이 가게 소유주라고 생각해보세요. 그리고 그날 가게 운영이 어떻게 되느냐에 따라 하루하루의 생활이 달라집니다. 우리는 이런 생각을 갖고 업무에 임해야 합니다'라고 말하면서 상황을 이해해 달라고 간곡히 부탁했습니다. 단 한 명의 고객, 단 하나의 거래, 단 하나의 상호작용이 그 어느 때보다도 중요했기 때문입니다."

슐츠는 자신의 '연설만으로 회사의 수익성이 즉시 높아질 수는 없다는 것'을 잘 알고 있었다. "하지만 그날 이후로 상황이 더 악화되는 경우는 없었습니다. 1년 넘게 시간이 걸리기는 했지만 우리 회사는 다시 회생하는 데 성공했습니다." 이 이야기는 진정한 커뮤니케이션의 힘을 보여주는 멋진 실례다. 그리고 여기에서 키워드는 '진정성'이다.

이 책에서는 지금까지 변화가 감정적인 문제라는 것을 강조해왔다. 테리 피어스는 변화에 관한 논의를 심층적으로 전개하면서, "변화는 혼란스럽고 무의미하며 무섭다고 느껴질 수 있다"고 설명했다. "그래서 사람들이 변화를 싫어하는 것입니다. 하지만 진보는 다릅니다. 이것은 기본적으로 가치 있는 도전과 목적이 있는 변화입니다." 우리는 사람들이 변화를 진보로 여기게끔 해야 한다는 것을 알고 있었다. "우리가 가야 할 목적지에 대한 이야기가 현재 우리의 위치에 대한 이야기보다 더 좋아 보여야 합니다. 또 제안된 변화를 이루지 못한 채 지금처럼 계속 해나갈 경우의 결말보다도 좋아 보여야 하고요." 우리에게는 진보적이고 고무적이면서 우리의 감정적 토대에 호소하는 이야기와 상황에 맞게 개작된 개인의 경험담이 필요하다.

이야기 활용

숫자를 신봉하는 나는 정서적인 반대를 극복하려면 사실과 수치에만 의존해서는 안 된다는 사실을 제대로 이해하기까지 오랜 시간이 걸렸다. 나는 이 교훈을 수없이 다시 배워야만 했다. 이런 사실을 잊어버리거나 '이야기와 경험, 비유, 이미지에 지나칠 정도로 의존하라'는 피어스의 조언을 무시할 때마다 내 프레젠테이션은 상대적으로 효과를 발휘하지 못했다. 숫자를 내세우는 것은 주장을 입증하는 빠른 방법처럼 보일지도 모르지만 사람들이 오래도록 기억하는 것은 이야기다. 슐츠는 2008년에 한 연설에서 스타벅스의 당시 상황과 관련된 금전적인 정보를 몇 차례 언급하기는 했지만, 연설은 대부분 회사가 큰 성공을 거둘 수 있게 된 과정에 대한 이야기와 미래의 성공을 향한 길로 다시 접어들기 위해서는 어떤 부분이 변해야 하는지에 대한 이야기로 구성되어 있었다. 슐츠는 매장에서 일하면서 날마다 고객과 대화를 나누는 관리자와 바리스타에 대해 이야기했다. 이들은 매장에 들어서는 고객을 따뜻하게 환영하고 고객과 감정적인 유대감을 형성해서 스타벅스를 사람들이 본인의 집과 직장 다음으로 많이 찾는 '제3의 공간'으로 만들어낸 이들이다.

여러분이 타인과 공유하는 개인적인 경험과 이야기가 정서적인 유대를 형성하고 이를 통해 '변화'가 '진보'로 바뀌기 시작한다. 여러분은 변화의 배후에서 이런 식으로 목적의식을 형성해서 현실적으로뿐만 아니라 감정적으로도 의미를 부여하고 지지를 얻어야 한다. 안타깝게도 경험이 많아서 잘 알 만한 경영진조차도 직원들에게 변화를 진행해야 하는 이유를 설명할 때 실제 사실과 통계 자료, 각종 수치만 다량으로 제공하는 함정에 빠지는 경우가 많다. 이런 것은 이사회에서는 효과가 있을지 몰라도, 여러분이 세운 변화 계획으로 인해 본인의 생활과 일상 활동이 직접적인 영향을 받게 되는 직원들에게는 그다지 효과를 발휘하지 못한다. 직원들을 격려하고 싶을 때는 이야기를 통해서 감정적인 반대를 극복하고 참여를 이끌어내기 시작해야 한다.

이 책을 쓰기 위해 진행한 인터뷰에서는 이렇게 참여를 유도해야 하는 필요성에 대한 이야기가 끊임없이 되풀이해서 나왔고 내 경험에 비추어 봐도 그렇다. 여러분의 변화 계획에 영향을 받게 될 일선 직원들의 지지를 무작정 요구할 수는 없다. 노력을 통해 얻어내야만 한다. 그리고 돈으로 살

수 있는 지지는 필요한 전체적인 지지의 일부분뿐이다. 돈은 행동의 동기가 될 수는 있어도 진정한 열의를 품도록 고무시키지는 못한다. 돈은 사람들의 손만 겨우 잡을 수 있게 해줄 뿐이다. 즉, 그들이 프로젝트 팀의 적극적인 구성원이 되거나 업무 일선에서 기존의 모습을 벗어버리고 새로운 방식으로 일을 하고자 하는 의지를 북돋우려면 사람들의 마음을 사로잡고, 그들이 기울이는 임의의 노력과 생각, 행동, 욕구를 부채질해야 한다는 뜻이다. 변화 계획을 전달하는 것은 동기 부여(행동의 대가로 보상을 받는 것)라기보다는 감화(정말 중요한 어떤 일에 참여해서 도움이 되고 싶다는 타고난 욕구)에 가깝다. 따라서 획기적인 변화를 주도할 때는 감화를 주는 의사소통이 꼭 필요하다.

갤럽은 경영진들을 대상으로 설문조사를 실시해서 본인이 남들을 감화시키는 의사 전달자인지 아닌지를 스스로 평가해달라고 요청했다. 그리고 부하 직원들에게 이 경영진들이 고무적인 리더인지 물었다. 두 가지 설문 결과에 차이가 있었다고 해도 아마 놀라는 사람은 없을 것이다. 경영진들은 자신이 모든 직원을 감화시키는 능력이 매우 뛰어나다고 생각했다. 경영진들 가운데 93퍼센트는 자신이 '고무적인 커뮤니케이션에 매우 혹은 꽤 유능하다'고 말했다. 이들에게는(그리고 그들이 운영하는 회사에게는) 안타까운 일이겠지만, 부하 직원들 가운데 자기 상사인 경영진이 고무적인 의사 전달자라고 평가한 사람은 26퍼센트뿐이었다. 물론 여기에서 중요한 것은 부하 직원들의 의견이다.

최고 경영진들은 대개 사업에 뛰어난 소질이 있고 회계나 IT, 마케팅 같은 자신의 전문 분야에서 숙련된 기술을 지녔기 때문에 현재의 위치에 올랐다. 이들은 결과에 대해 책임을 지고 자신의 의사를 명확하게 전달하며 감정을 잘 조절하는 것처럼 보인다. 이들은 자기가 하는 일에 있어서 전문

가이고 결과를 얻을 수 있도록 상황을 관리하는 데 능하며 차례로 단계를 밟아 승진했다.

다른 사람들과 정서적인 유대를 맺는 능력을 발판 삼아 직업적인 성공을 달성한 최고 경영진(혹은 중역)들은 드물다. 뛰어난 기술이나 명확한 의견, 자기 자신과 다른 사람들이 맡은 일에 책임을 지게 하는 능력과 의지 등을 이용해 회사 생활에서 많은 성과를 거둘 수는 있다. 하지만 획기적인 변화에 필요한 리더십 기술은 그보다 더 많은 것을 요구한다. 이런 계획은 시간이 오래 걸리고 어려우며 성공으로 향하는 길에는 수많은 방해와 실망스러운 일들이 도사리고 있다. 팀이 계속 앞으로 나아가려면 리더들이 자신이 이끄는 이들과 연계해야 한다. 이 말은 리더들이 신뢰할 수 있고, 이해심 많으며, 용감하고, 열정적이며, 단호한 태도를 취하고 남들에게도 그렇게 보여야 한다는 뜻이다. 직원들이 여러분의 역량만 칭송하는 것이 아니라 강인한 성품에도 감탄해야 한다. 여러분은 자기가 하는 일과 자신의 본모습, 그리고 본인에게 중요한 일이 뭔지를 전달하는 방식을 통해서 주변 사람들의 충성심을 얻을 수 있다.

세상은 변하고 있다. 요즘에는 경영진 후보자의 업무 관련 특성에 대해 논의하는 이사들이, 후보자의 역량과 여타 업무 경험뿐만 아니라 정서 지능과 다른 사람들을 감화시키는 능력에도 관심을 두고 있다. 어쩌면 우리는 모두 '앤드and' 솔루션을 향해 다가가고 있는지도 모른다. 리더들은 전과 마찬가지로 성과와 측정 기준에 관심을 쏟으면서 일반적으로 고려되는 모든 역량 면에서 유능해야 하는 동시에, 신뢰할 수 있고 이해심이 많으며 주변 사람들을 감화시키는 방식으로 자신의 의사를 전달할 수 있어야 한다는 이야기다. 피어스와 나는 이런 원칙이 미치는 영향을 살펴보면서, 대부분의 성공한 리더들을 지칭하는 핵심 지표는 능력과 대인관계라고 판단했다. 능력만 가지고도 성공적으로 경력을 쌓은 경영진들이 많다. 하지만 혁신적인 변화를 이끌 수 있는 진정한 리더가 되려면 우리의 역량뿐만 아니라 우리가 이끌고자 하는 사람들과의 관계를 드러내 보일 수 있어야 한다.

역량과 사람들과의 관계는 분명하게 눈에 보여야 한다. 의사전달 방식에 초점을 맞출 때면 '훌륭한 의사 전달자'는 특정한 몸짓 언어를 사용하거나 자신의 연설을 구체적인 방식으로 세심하게 계획하는 사람이라고 생각하는 경우가 매우 많다. 우리는 리더십의 잘못된 쟁점이나 측면에 집중할 수도 있다. 효과적인 의사 전달자가 되기 위해서는 제시간에 연단에 올라가서 준비한 연설문을 한 줄도 빠뜨리지 않고 읽는 것보다 훨씬 많은 것이 필요하다. 이것을 정말 필요한 것들과 비교하기는 쉬울 것이다.

현재에 충실하라

내가 슈왑에서 일할 때는 연설을 대하는 나만의 매우 특징적인 방식이 있었다. 피어스와 나는 내가 전달해야 하는 내용에 공을 들이고 연설에 힘과 권위를 더해줄 이야기나 일화에도 공을 들였다. 그런 다음 피어스는 연설문을 한 단어 한 단어 매우 공들여서 작성했다. 마치 내가 그것을 실제 원고로 사용할 것처럼 말이다. 나는 완성된 원고를 큰 소리로 여러 번 되풀이해서 읽었다. 그리고 전체적인 내용을 몇 가지 구체적인 중요 항목으로 간추린 뒤, 연설이 순조롭게 진행되도록 '기억을 되살려주는' 메모를 작성했다. 나는 실제 연설을 할 때마다 그 중요 항목을 이용해서 이야기를 진행했고, 말이 막히거나 이야기가 딴 데로 샐 경우에는 미리 적어둔 메모를 확인하면서 다시 앞으로 나아갈 수 있었다. 내가 말하고 싶은 내용이 뭔지를 알고 그것을 꼼꼼하게 준비하는 이 방법은 주효했다. 피어스는 적절한 단어와 이미지를 제공해주었고 나는 그것을 진심으로 이야기했다.

하지만 때때로 평소처럼 철저하게 준비하고 연습할 시간이 없어서 중요 항목을 정리하는 단계까지 가지 못하는 경우가 있었다. 그래서 한 번은 내가 연설문을 보고 읽을 수 있도록 텔레프롬프터를 준비해 달라고 부탁했다. 어쨌든 연설문은 훌륭하고 강력했으며, 우리가 주장하고자 하는 요점을 분명하게 표현할 수 있는 멋진 단어들로 작성되어 있었다. 그래서 나는 연설문을 보고 읽어도 메모를 보면서 연설할 때와 비슷한 효과가 나거나 어쩌면 더 괜찮은 효과를 낼 수 있을 것이라고 기대했다. 적어도 이론상으로는 그랬다.

연설이 끝난 뒤, 나는 우리 회사 임원진의 일원인 잰 하이어-킹과 이야기를 나누었다. 나는 평소 그를 높이 평가하고 있었는데, 현실이 아무리 냉엄해도 언제나 진실을 있는 그대로 말해줄 것이라고 믿을 수 있는 사람이기 때문이었다. 이때도 예외는 아니었다.

"내 연설 어땠어요?" 내가 물었다.

"끔찍했어요." 잰은 즉시 대답했다. "정말 마음에 안 들었어요. 연설 자체는 꽤 괜찮았지만, 당신이 원고를 줄줄 읽고 있다는 것을 다들 알아챘어요. 진심에서 우러나온 말이 아니고 당신답지도 않더군요. 당신도 알 거예요." 그리고 이런 말을 덧붙였다. "연설을 듣는 사람이 어떤 기분을 느끼는지가 중요한 거잖아요. 당신이 보여주는 진정한 열정과 감정이 직원들의 기운을 북돋우는 거예요. 그게 바로 훌륭한 연설의 기본이죠. 이번에는 영 아니었어요."

그 말이 옳았다. 나는 단어 자체만으로도 충분히 감정에 호소할 수 있다고 잘못 생각하고 있었다. 피어스와 내가 실수를 저지를 때마다 비유적으로 하는 말이 있다. "말은 청산유수인데 진심이 담겨 있지 않다." 그 어떤 연설 원고 작성자도 이런 일까지는 해줄 수 없다. 여러분 자신이 직접 진심을 불어넣어야 한다. 운이 좋다면 여러분을 도와주고 중요한 내용을 상기시켜줄 믿음직한 조언자를 구할 수도 있을 것이다.

연설문을 그냥 읽기만 하는 것은 효과적이지 않다는(심지어 역효과를 낳을 수도 있다는) 교훈을 얻고 준비가 극히 중요하다는 것을 다시금 깨우친 나는, 인텔의 르네 제임스가 설명하는 직원들과 흥미로운 방식으로 의사소통을 할 수 있는 전략을 들으면서 관심이 생겼다. "아주 구식이긴 하지만, 난 말하고 싶은 내용을 직접 내 손으로 적습니다. 중요한 개념을 전달할 때는 가끔 파워포인트 슬라이드를 활용하기도 하지만 보통은 키워드를 외워두죠."

제임스는 어느 부분을 강조해야 하는지 정확하게 알고 있다. "프레젠테이션에서 가장 중요한 것은 시작할 때는 활기차게, 마무리할 때는 강력하게, 그리고 그 사이에 핵심적인 내용을 집어넣는 것입니다. 자기가 하고 싶은 이야기와 그 이야기를 들은 직원들이 실행에 옮기기를 바라는 일들을 생각해두어야 합니다." 제임스는 이런 요점들을 먼저 정한 다음에 연설문을 쓴다. 또 '의욕을 고취시키기 위해 두운을 맞춘 단어를 사용하거나 중요한 부분을 반복하는 것'을 좋아한다. 존 F. 케네디나 오바마 대통령 같은 다른 유능한 연설자들을 참고하기도 한다.

연습과 암기의 중요성을 강조하는 제임스의 말은 내 경험을 뒷받침한다. "사람들을 고무시키고자 할 때 남이 써준 연설 원고를 그냥 줄줄 읽기만 하는 것은 최악의 실수입니다. 전달하는 내용은 여러분의 마음속에서 우러나와야 합니다. 내가 자리에서 일어나 앞으로 벌어질 수 있는 일들에 대한 내 생각을 이야기할 때도 사람들은 최고의 부분에 반응을 보였습니다.

내가 연설문을 쓰느라 들인 많은 시간이나 1천 번씩 되풀이해서 연습했다는 것을 사람들은 모릅니다. 그들이 귀 기울이는 것은 내 열정과 신념입니다."

제임스는 또 어려운 점들도 분명하게 밝혔다. "정서적인 유대감이 정말 중요합니다. 그리고 그런 유대감은 연설을 시작하고 처음 몇 분 만에 생겨납니다. 그래서 연설문의 처음 세 문장이 그렇게 중요한 것입니다. 나 그 부분에는 지나치게 기술적이거나 세부적인 내용은 집어넣지 않으려고 애씁니다. 이때는 아직 사람들이 여러분의 말에 계속 귀를 기울일지 말지 결정하고 있을 때니까요." 아주 좋은 지적이다. 우리가 연설을 하는 동안 사람들이 그냥 자리에 가만히 앉아만 있는 것이 아니라 연설 내용에 귀를 기울이면서 관심을 갖을 수 있도록 해야 한다.

"연설을 시작할 때 시사하는 바가 많고 지적인 자극을 주는 내용을 언급하면 도움이 됩니다. 농담이나 그런 비슷한 말로 시작하라는 것이 아니라, '세상은 지금 이러저러하게 돌아가고 있는데 여러분이 거기 참여할 수 있는 방법을 알려드리겠습니다'처럼 대화와 생각의 창을 열어줄 수 있는 그런 이야기 말입니다. 사람들은 사적이고 개별적인 것에 반응합니다. 모두들 자기 자신에 대한 이야기를 듣고 싶어 하죠!"

제임스는 여기에서 중요한 개념을 강조한다. 하나는 우리가 연설을 통해 이루고 싶은 일, 그것을 통해 미치고 싶은 영향, 사람들이 연설회장을 나선 뒤에 취해주기를 바라는 행동이 뭔지에 대해 진지하게 생각해야 한다는 것이다. 이것이 바로 문제의 핵심이다. 사람들이 우리 연설을 들은 뒤에 무엇을 느끼고, 생각하고, 행하기를 바라는가? 이들이 연설회장을 나설 무렵이면 벽을 뚫고 나가거나 전 세계를 책임질 마음의 준비가 되어 있을까? 아니면 부르르 몸을 떨면서 졸음에서 깨어나 다음 회의 장소를 향해 터덜터덜 걸어갈까? 사람들과의 사이에 유대감을 형성하지 못한다면 여러분의 아이디어는 아무리 중요하고 아무리 세심하게 계획되었다고 하더라도 블랙홀로 빨려 들어가고 말 것이다.

　본인의 아이디어가 아주 뛰어나서 별다른 노력 없이도 사람들이 받아들일 것 같아도 많은 청중들 속에 앉아서 때로는 몇 시간씩 이어지는 일련의 연설을 듣는다는 것은, 활동적으로 일하는 데 익숙한 사람들에게 매우 힘든 일이라는 것을 기억해야 한다. 그리고 연설이 아무리 훌륭하더라도 청중들에게는 해야 할 일들이 기다리고 있다. 사실 많은 청중들 앞에서 연설을 할 때는 먼저 '이 사람들이 내가 하려는 말에 진지하게 관심을 기울이지 않을 만한 이유가 혹시 있을까?'라는 의문에 대해 생각해봐야 한다. 예컨대 최근 나온 기사나 인터넷 게시물 혹은 광범위하게 회람된 이메일 때문에 소란이 벌어졌는가? 만약 그렇다면, 그 사실을 미리 인정하는 것이 연설 진행에서 효과적인 요소로 작용할 수 있다. 특별한 문제가 없다고 생각될 때는, 연설 시간을 조정하는 것이 도움이 된다. "제가 점심시간 전에 등장하는 마지막 연사라는 것을 알고 있습니다만, 앞으로 25분 동안 우리가 앞으로 성공하기 위해 매우 중요하다고 생각되는 일들에 대해 말씀드릴 예정입니다"처럼 간단한 예고로 시작하면 여러분과 청중들이 손쉽게 주제에 집중할 수 있게 된다.

　이 논의는 연설에 초점을 맞추고 있지만, 리더로서 우리가 하는 모든 커뮤니케이션에 적용할 수 있다. 그 내용이 공감을 얻으면, 강력한 영향력을 발휘하고 관심을 불러일으키며 사람들의 행동을 촉발한다. 연설은 리더의 역할에서 눈에 띄는 중요한 요소다. 성공한 리더들은 조직 전체와 외부에서 진행되는 모든 커뮤니케이션, 모든 상호작용, 모든 장소에서 그 역할을 의식한다. 여러분은 어떻게 대비하고 있는가?

리더십
관계 훈련

테리 피어스는 자신의 컨설팅 업무와 『커뮤니케이션 리더십』이라는 책에서 리더들이 모든 획기적인 변화를 위해 노력할 때 그 일부로 사용할 수 있는 '개인 리더십 커뮤니케이션 가이드'를 개발할 수 있도록 하나의 체계를 만들었다. 여러분은 그 과정에서 모든 의사소통 시나리오의 각 측면을 충분히 생각한 뒤 그 내용을 일기 쓰듯이 적을 수 있는데, 다만 이때는 별개의 종이에 적어야 한다. 일기처럼 정기적으로 내용을 추가하면 된다. 그 작업 체계는 이번 장 마지막에 나온다.

피어스와 나는 우리가 함께 이룬 가장 성공적인 노력에 이 '가이드'를 이용했다. 가이드는 계획된 상황에서뿐만 아니라 모든 장소나 매체에서 즉흥적으로 기억을 상기시켜주는 역할을 했다. 게다가 이것을 이용하면 내부 프로세스가 진행될 수 있는 무대가 마련된다. 우리는 그것을 전부 사용한 적도 없고 소리 내어 읽은 적도 없지만 그 가운데 일부를 늘 활용했다. '가이드'의 개념(능력, 신뢰성, 전후 사정, 미래, 개인적인 동기, 행동에 대한 헌신)을 곰곰이 생각하면서 종이에 적어보면 필요할 때 그 내용이 저절로 머릿속에 떠오르고 그것을 뒷받침하는 관련된 개인적인 이야기도 생각날 것이다.

음계 연습만 계속한다고 해서 훌륭한 피아니스트가 될 수 없는 것처럼 '가이드' 그 자체가 여러분을 리더로 변모시켜 주지는 않는다. 중요한 것은 여러분이 지금의 자신을 이룬 것이 무엇이고, 자신에게 중요한 것은 무엇이며, 미래에 무엇을 기대하는지 생각하면서 거기에 들이는 노력이다. 여러분이 누구이고 앞날을 어떻게 내다보고 있는지 파악할 수 있는 몇 가지 기본적인 질문을 자신에게 던져보자.

- 자신이 성취한 일 가운데 어떤 것을 자랑스럽게 여기는가?
- 어떤 종류의 변화에 참여하고 싶은가?
- 지금 어떤 일을 하고 있는가?
- 그것이 당신에게 중요한 이유는 정확히 무엇인가?
- 그것이 다른 이들에게도 중요해야 하는 이유는 무엇인가?

이 질문에 대해 이야기할 때 무엇이 떠오르는가? 그냥 단어뿐인가, 아니면 사람들이 이해하지 못하는 방식으로 그들과 함께 공명하는가?

혼자 힘으로 이런 의문과 씨름하려면 훈련을 해야 한다. 사실 교육을 받거나 코치가 있는 체계적인 환경에서도 이 문제와 씨름하려면 훈련이 필요하다. 그리고 압도적으로 빠른 비즈니스 속도에 직면한 상황에서 동시에 이 문제를 해결하는 것은 불가능해 보일 수 있다. 하지만 시간을 내야 한다. 스스로 이 질문을 숙고할 수 있다면 여러분의 관점과 다른 이들과 관계를 맺는 능력에 깊이가 더해진다.

힘 vs. 영향력

힘과 영향력의 양분兩分은 리더십에서 중요한 역할을 한다. 힘의 관점에서 리더십을 논하는 사람들이 매우 많다. 비즈니스계에서는 유력한 존재가 되어 다른 사람을 지배하는 힘을 가져야 한다는 말을 듣는다. 하지만 그것이 정말 리더에게 필요할까? 나는 사람들이 내가 무섭다거나 내가 상사라는 이유만으로 어떤 행동을 취하거나 특정한 방식으로 처신하기를 바라지 않는다. 나는 사람들이 우리가 정한 목표가 노력해서 이룰 만한 가치가 있다고 믿기에, 그것을 달성하기 위해 그 일을 해야만 한다는 필요성을 느끼면서 특정한 행동들을 해주기를 바란다.

기본적으로 리더와 추종자들은 같은 목표에 대해서 이야기하고 그 목표에 온 정신을 집중해야 한다. 이것은 상대방의 관점을 고려해야 한다는 커뮤니케이션의 기본 개념에 호소한다. 여러분이 무슨 이야기를 하는지가 중요한 것이 아니라 그들이 무엇을 듣는지가 중요하다. 그리고 여러분이 말했다고 생각하는 내용과 다른 이들이 들은 내용이 판이하게 다른 경우가 많다.

여러분이 이끌어야 하는 사람들과 관계를 맺는 가장 좋은 방법은 무엇일까? 우리는 '차근차근 쌓아올리기' 프로세스의 첫 번째 단계에서부터 이 주제를 살펴보기 시작했다. 획기적인 변화의 기틀을 마련할 때는 먼저 변화에 대한 요구와 긴박감을 조성해야 한다. 물론 여러분의 주장을 뒷받침하는 사실들도 확보해야 하지만, 사람들을 끌어들이고 그 필요성을 납득시키려면 그들이 여러분을 믿어야만 한다. 따라서 상황을 개인적인 것으로 만들고 변화의 필요성을 현실화하는 이야기를 이용해 사람들을 참여시킨다. 진저 그레이엄은 자신의 회사에서 만든 스텐트를 심장에 삽입해 목숨을 구한 사람들을 데려와서 변화의 필요성을 두 배로 생생하게 전달했다. 하지만 고객의 열렬한 추천사가 없더라도, 업무 안팎에서 겪은 인생 경험에 의지하면 좀 더 효과적으로 사람들과 관계를 맺을 수 있을 것이다.

개인적인 관점

여러분의 관점은 세상을 바라보는 방식과 한 개인으로서의 정체성이 결합되어 생긴다. 여러분의 경험과 신념의 총합을 통해 형성되는 것이다. 훌륭한 의사 전달자가 되려면 자신의 관점이 무엇인지 알아내고 이를 다른 사람들과 공유해야 한다. 워렌 베니스는 『워렌 베니스의 리더』라는 책에서 누구보다 간결하게 요점을 정리했다. "관점과 견해가 없는 리더십은 리더십이 아니다. 그리고 물론 그것은 여러분 자신의 관점, 자신의 견해여야 한다. 다른 사람의 눈을 빌려올 수 없는 것처럼 남의 관점을 빌려오는 것도 불가능하다. 그 관점은 진실해야 하며, 만약 그렇다면 분명히 유일무이할 것이다. 여러분 자신이 유일무이한 존재니까 말이다." 자신의 관점을 설명하는 것은 겁나는 일일 수도 있지만, 진정성 있는 리더들은 그만한 노력을 들일 값어치가 충분히 있는 일이라는 것을 안다.

'가이드'에 따라 연설문을 구상하고 공들여 작성하거나 모든 커뮤니케이션을 준비할 때는 스스로 반드시 다음과 같은 질문을 던져야 한다. "이 중에서 기꺼이 다른 사람들과 공유할 수 있는 부분은 어느 정도인가? 나 자신을 얼마만큼 기꺼이 드러낼 수 있는가?" 여러분이 누구이고 본인이 하는 일에 신념을 품은 이유가 뭔지를 말하면 다른 이들을 놀라울 정도로 고무시킬 수 있다. 여러분이 공유하는 이야기가 여러분을 현실적인 존재로 만들고 신뢰할 수 있게 해주는 것이다.

개인적인 부분을 파고들 때면 먼저 얼마나 사적인 내용까지 털어놓고 싶은지를 정확하게 결정해야 한다. 지금껏 경력을 쌓으면서 겪은 도전이나 실패의 이야기를 공유할 때 그 내용을 정직하게 밝히면 강력한 효과를 발휘할 수 있다. 자기가 이끌어야 하는 수많은 사람들 앞에 서서 본인의 실수를 솔직하게 털어놓는 것이 두려울 수도 있다. 하지만 그래야만 다른 사람들이 여러분을 현실적인 인물로 받아들인다. 내가 수많은 성공을 거두면서 별로 심각지 않은 문제를 겪은 경험담을 수십 가지나 들려줄 수도 있다. 하지만 내게 실수를 인정하고 분석하는 능력과 거기에서 교훈을 얻을 수 있는 능력이 있다는 것을 보여줄 수 있는 것은 처참한 실패담이다.

그런 이야기 하나가 특별한 사건 없이 승리를 거둔 이야기 수십 개보다 내 신뢰도를 높이는 데 더 큰 역할을 한다.

이야기를 이용해 사람들과 관계를 맺을 때 얻을 수 있는 부가적인 이익은, 그 이야기를 하는 동안 자연스럽게 그때의 경험이 되살아나고 당시 느꼈던 감정 가운데 일부도 다시 느끼게 된다는 것이다. 여러분이 이야기를 나누는 사람들은 여러분이 뭔가를 진정으로 느끼고 있다는 사실을 알아차리고 그런 실제적인 감정 표현으로 자연스럽게 관계를 맺는다. 이것이 리더로서 여러분이 얻으려고 노력하는 진정한 관계를 구축할 수 있게 한다. 하워드 슐츠가 스타벅스 CEO 직으로 복귀하면서 했던 연설은, 리더가 이런 식으로 개인적인 관계를 중시하는 분위기를 조성하는 방법을 보여주는 훌륭한 사례다.

투명성과 취약성에 대한 슐츠의 공약은 리더로서 신뢰를 쌓는 데 크나큰 공헌을 했다. 슐츠의 경우, 스타벅스의 재정 상태가 대단히 심각한 상황에서 회사의 처지를 더없이 솔직하게 밝힌 것이 연설에 긴박감을 불어넣었다. 마지막으로, 슐츠의 감정적인 솔직함과 자기가 느끼는 두려움과 고통을 직원들과 함께 나누고자 하는 의지가 동지애를 낳았다. 그들은 모두 한 배를 타고 있고, 회사를 구할 수 있는 유일한 방법은 다함께 사태를 해결하는 데 동참하는 것뿐이었다.

투명성과 감정적인 솔직함을 위해 노력하던 슐츠는 기업의 리더이자 한 인간으로서의 자기 모습도 일정 부분 드러냈다. 여러분이 수많은 부서와 사람들이 참여하는 대규모 계획을 진행하는 일을 맡았다면, 사람들은 여러분의 행동과 태도를 통해 여러분이 어떤 사람인지 알게 된다. 사람들은 리더들이 용기, 너그러움, 겸손함, 진실성, 결의, 책임감 같은 특정한 자질과 성격적 특성을 보여주기를 기대한다. 그들은 여러분이 이런 개인적인 속성을 지녔는지 알고 싶어 하므로 여러분은 그것을 몇 번이고 되풀이해서 증명해야 한다. 리더들은 날마다 자신의 개인적 특성에 대해 존경심을 끌어내야 한다.

슐츠는 자기가 하는 말을 열렬히 믿었기 때문에 자연스럽게 진정성이 느껴졌다. 또한 회사를 구원할 수 있는 힘이 매장 관리자들에게서 나온다고 믿었기에 모든 사실을 솔직하게 털어놓았다. 여러분도 사람들의 신뢰를 받고 싶다면 자신이 먼저 자신의 말을 믿어야 한다.

메시지 전파

팀이나 대규모 직원 커뮤니티와의 의사소통은 일회성 행사가 아니다. 리더는 주변 상황이 어떻든 간에 계속 사람들 눈에 보이는 곳에서 최선을 다해야 한다. 데이비드 바거는 이런 사실을 알고 있었고 '직접 얼굴을 맞대고 하는 소통을 능가할 수 있는 것은 없다'는 자신의 신념에 따라 행동했다.

제트블루는 보스턴 항공 시장에서 중요한 자리를 차지하고 있고, 보스턴 마라톤 대회의 후원사이기도 하다. 2013년 마라톤 대회에서 폭탄 테러가 발생한 다음날, 바거는 보스턴으로 날아가 제트블루 승무원과 고객, 관계 당국과 시간을 보냈다. 바거가 그렇게 한 것은 어떤 의도가 있었기 때문이 아니라, 그곳에 함께 있는 것이 중요하다는 것을 알았기 때문이다.

바거는 리더십 팀과 조직 전체가 진정한 참여의 중요성을 이해하도록 했다. 이것은 바거와 바거의 팀이 9년 연속으로 J. D 파워의 고객 만족도 상을 수상한 사실을 승무원들에게 그냥 말로만 전하지 않는 이유이기도 하다. "그들은 그 사실을 사방에 퍼뜨립니다. 항공기 기체에도 새기고, 기내 주방과 조종석에서도 알립니다." 이 사실은 제트블루가 기항하는 모든 곳에 알려지고, 도중에 승무원들과 함께 사진이 찍히기도 한다. 게다가 제트블루의 내부 커뮤니케이션(소식지, 블로그, 음성메일 등을 통한)은 시기적절하게 이루어져서 직원들이 신뢰할 수 있도록 하고 있다. 덕분에 직원들은 외부 정보원이 아닌 제트블루 내부에서 그 정보를 들을 수 있으리라고 확신할 수 있다.

하워드 슐츠는 한 번의 연설만으로는 그것이 아무리 효과적이라도 스타벅스의 형세를 일변시킬 수 없다는 것을 잘 알고 있었다. 그래서 다양한 방법으로 메시지를 전달해 그 연설과 자신의 모든 행동을 뒷받침하기로 했다. 슐츠가 설명하기를, "일련의 주간 커뮤니케이션도 시작했습니다. '혁신 안건'을 작성해서 회사 내의 모든 이들이 읽을 수 있도록 공개했죠. 본인이 일주일에 20시간씩 일하는 바리스타건 매장 관리자건 아니면 경영진이건 간에, 이 한 장의 종이가 우리가 무슨 일을 하고 있고, 왜 그 일을 하며, 그 안에서 각자의 역할과 책임은 무엇인지를 다 말해줍니다. 그리고 저는 일요일이면 집에서 매주 월요일 아침에 발표할 새로운 '혁신 안건'을 작성했습니다. 우리는 이런 안내문을 계속 발송해서 모든 직원이 최신 정보를 파악할 수 있게 했습니다." 슐츠의 커뮤니케이션은 빈번했고 세심하게 계획되었으며 좋은 평가를 받았다.

리더들은 변화의 객관적인 속성을 분명하게 설명하고 주변 사람들에게 그 일의 긴박성을 납득시키는 것이 중요하다는 것을 알고 있다. 또한 리더는 그것을 직관적으로 확신하는 것이 중요하다는 것도 안다. 자신이 제안하는 변화에 대한 신념이 없다면, 그것이 최선의(혹은 유일한) 행동 방침이라는 것을 진심으로 믿지 않는다면, 다른 이들을 납득시킬 수 없을 것이다.

오늘날과 같은 전자 커뮤니케이션 세상에서는 조직과 의사소통을 하는 것이 전보다 쉬워 보인다. 결국 이메일을 써서 '모두에게 보내기' 버튼만

클릭하면 되니까 상당히 간단하지 않은가. 하지만 불행히도 관계 구축은 그렇게 간단한 문제가 아니다.

전자 커뮤니케이션의 막대한 효율성과 간편함을 무시하라고 말하려는 것이 아니라, 그 한계를 인식해야 한다고 경고하는 것이다. 전자 커뮤니케이션은 정보를 전달하기 위한 도구일 뿐이지 열정을 자극하는 수단이 아니다. 사람들 앞에 서서 직접적으로 메시지를 전달하면서, 남이 적어준 연설문을 읽는 것이 아니라 진심에서 우러난 말을 하는 것을 대체할 수 있는 방법은 없다.

음악을 느껴라

인간은 남들의 표정과 몸짓 언어를 읽도록 되어 있다. 우리는 사람들이 우리에게 전달하려는 의미를 파악하기 위해 그들이 하는 말은 물론이고 움직임과 표정까지 읽고 해석한다. 그런 추가적인 감각 정보가 없는 경우, 상대방의 모습을 볼 수 없거나 음조 변화를 들을 수 없는 경우에는 음악의 속삭임조차 들을 수 없기 때문에 똑같은 말을 가지고도 매우 다르게 인식하게 된다. 종이에 인쇄되거나 화면에 띄워진 단어만 보고는 분위기와 감정을 오해하기가 매우 쉽다.

우리 모두 사람들이 이메일을 읽고 그것을 작성한 이의 의도와 완전히 다르게 해석하는 경우를 많이 봐왔다. 특히 변화와 관련된 주제나 사람들에게 변화를 위해 헌신해 달라고 부탁하는 경우(감정적인 반응을 유발하는 개념들)에는 전후 사정을 최대한 자세히 알려야 한다. 내용이 아무리 정확하고 선의에서 우러난 것이라 할지라도, 특히 이메일을 통해 전달되는 단어 자체만으로는 오해를 받거나 오독될 여지가 위험할 정도로 크다.

내포된 의미를 찾기 위한 귀 기울이기

커뮤니케이션에 관한 모든 논의에는 효과적인 경청이 포함된다. 진저 그레이엄이 내게 말한 것처럼 말이다. "남의 말을 귀 기울여 듣는 것이 쉽지 않은 데는 다양한 이유가 있습니다. 당신이 리더의 자리로 승진하면 사람들은 여과되지 않은 순수하고 솔직한 피드백을 해주려고 하지 않습니다. 혹시 아첨한다고 생각할까 봐 두려워서 좋은 말도 전혀 해주지 않고, 일자리를 잃을까 봐 두려워서 나쁜 말도 하려고 하지 않습니다."

우리 두 사람은 지위가 높아질수록 이 문제가 커진다는 것을 알고 있었다. 그레이엄은 이렇게 설명했다. "경영진이 되면 진실과 완전히 동떨어진 채로 살아가게 됩니다. 대기업 안에서 하루하루를 살아가다 보면 누가 성과를 올리고 있고 누가 그렇지 못한지, 어떤 제품이 좋고 어떤 제품이 나쁜지에 대해 확실한 진실이 존재한다는 것을 다들 압니다. 하지만 그걸 감히 겉으로 소리 내어 말하려고 하는 사람은 아무도 없죠. 전부 기업 비밀로 치부됩니다. 그런 현실을 타파하고 모든 사람, 심지어 CEO도 공개적이고 솔직한 피드백을 주고받을 수 있는 환경을 만드는 것이 기업의 성공에 매우 중요합니다." 물론 이것은 쉽지 않은 일이고, 때로는 직원들이 피드백에 익숙해지도록 하기 위해 교육과 연습을 해야 하는 경우도 있다.

하지만 이것뿐만 아니라, 완전히 열린 마음으로 상대의 말에 귀를 기울이는 것은 그렇게 쉽지 않다. 사람들은 상대방의 말이 끝나기도 전부터 자기가 대꾸할 말을 머릿속으로 정리하면서 입을 꾹 다물고 기다린다는 것을 다들 안다. 그런 태도를 보면 사려 깊게 상대의 말을 들어주고 있다는 느낌이 드는가? 아마 아닐 것이다.

단순히 상대방이 '본인의 주장을 펼 기회를 준' 뒤 다음 사안으로 넘어가는 것이 아니라 상대의 의견을 궁금해 하면서 대화에 임해야 한다. 사람들의 아이디어를 진정 열린 마음으로 받아들이려면 그냥 듣는 척만 하는 것이 아니라 그들의 의견을 존중해야 한다. 이 말은 사려 깊게 귀를 기울이고, 명확하고 깊이 있는 이해와 세부 사항을 위해 후속 질문을 던져야 한다는 뜻이다. 이를 위해서는 우리도 답을 다 알지는 못하며 심지어 어떤 질문을 던져야 하는지 모르는 경우도 있다는 것을 인정하는 겸손한 태도를 보여야 한다. 또 다른 사람들이 우리의 생각에 추가할 수 있는 중요한 아이디어와 생각을 갖고 있음을 인정해야 하는데, 이때 우리의 전체적인 아이디어에 대한 반대가 포함되어 있더라도 마찬가지다. 리더는 사람들이 새로운 것을 향해 전진하도록 돕기 전에, 먼저 그들의 반대 의견과 걱정거리를 듣는 시간을 가져야 한다.

이것이 얼마나 중요한 일인지는 아무리 강조해도 지나침이 없다. 여러분은 화가 나거나 좌절감을 느끼거나 심지어 역효과를 낳는 정보에까지 귀 기울일, 그리고 들을 준비가 되어 있어야 한다. 비록 여러분이 느끼는 긴박감이 "이러고 있을 시간이 없어!"라고 말하는 순간에 이런 일이 벌어지더라도 시간을 내서 진심으로 귀를 기울이고 관심을 가져야 한다. 이는 내게도 결코 쉬운 일이 아니다. 나는 남들보다 잘 알아야 하는데도 불구하고 실수를 저지르는 경우가 잦다. 하지만 인내심을 발휘해서 이 과정에 참여하면서 더 효율적인 경청자가 되면, 꼭 알아야 할 정보를 얻을 수 있고 더 유능한 리더가 될 수 있다는 사실도 안다. 내게 있어 이는 평생 동안 계속될 여정이 될 것이다.

질의응답 기회

질의응답 시간에도 효과적으로 경청해야 한다. 이 시간을 제대로 활용하면 매우 강력한 도구가 될 것이다. 프레젠테이션을 마치고 청중들에게 질문을 받을 때면, 이때 여러분이 하는 대답은 즉흥적이고 진정성 있는 대답일 것이라는 가정을 한다. 하지만 실제로는 약간 미묘한 차이가 있다. 대부분의 연설이나 대화 자리에서 사람들의 머릿속에 떠오를 것이라고 짐작할 수 있는 상당히 뻔한 질문들이 있다. '강제 해고가 있을 예정인가? 수당이 줄어들게 되는가? 그 일이 승진 일정에 어떤 영향을 미치는가? 지점이 문을 닫게 되는가?' 이런 질문이 여러분에게 쏟아지리라는 것은 어렵지 않게 상상할 수 있다.

이런 문제들을 프레젠테이션 도중에 이야기할 수도 있고 아니면 질의응답 시간을 위해 남겨둘 수도 있다. 요는 이런 질문들과 아주 확실하지는 않지만 그래도 튀어나올 수 있는 다른 많은 질문에 대비해야 한다는 것이다. 확실한 대비란 청중들이 여러분에게 던질 수 있는 다양한 질문들을 미리 고려하고 그에 대해 어떻게 답할 것인지도 충분히 생각해두는 것을 의미한다. 어쩌면 연설 연습을 하는 것처럼 프레젠테이션의 이 부분도 예행연습을 해두는 것이 좋을지도 모른다.

이런 질의응답 시간은 공개적이고 솔직한 커뮤니케이션 문화를 구축하는 기회이기도 하다. 예전에 직원 수천 명이 모인 대규모 모임에서 질의응답 시간을 진행한 적이 있는데, 그때 누군가가 매우 공격적인 질문을 던져서 곤혹스러운 상황에 처했다. 그 질문은 이런 식으로 표현되었다. "위임장을 살펴보니 작년에 당신과 다른 최고 경영진들이 수백만 달러의 보너스를 받았다고 되어 있군요. 이게 당신이 방금 말한 경제적인 기업 문화나 비용 관리와 아귀가 맞는다고 생각하십니까?"

장내가 갑자기 조용해졌다. 아마 어떤 직원들은 이 사람이 지금 막 자기 경력을 송두리째 날려버릴 지뢰를 밟았다고 생각했을 것이다. 그 즉시 모든 사람들이 내가 어떻게 반응하는지 낱낱이 보고 들으려고 촉각을 곤두세우는 듯했다. 다행히도 그 질문은 내가 예상했던 질문 가운데 하나를 약간 변형한 것이었기 때문에 내 의표를 찌르지 못했고 내 자세나 말투에서 방어적인 느낌이 묻어나오지도 않았다. 나는 잠시 숨을 고르고는 이렇게 말했다. "여기 계신 많은 분들도 똑같은 것을 궁금해 하시리라고 생각합니다. 그러니 이렇게 공개적으로 문제를 제기해서 이사회의 보상 위원회 업무가 어떻게 진행되는지 설명할 수 있는 기회를 주신 데 대해 감사드립니다. 하지만 먼저, 많은 사람들이 속으로 생각만 하고 있던 질문을 던지기 위해 용기를 낸 이 직원에게 다함께 박수를 보냅시다!"

이 직원은 해당 문제를 명확하게 밝힐 뿐만 아니라 기업 문화라는 은행의 잔고를 늘리고 우리가 신봉하는 솔직하고 개방적인 커뮤니케이션의 가치를 강화할 수 있는 기회를 내게 주었다. 만약 내가 금방이라도 싸울 듯한 태도나 무시하는 태도를 취했다면 우리 회사의 문화적 가치가 악화되는 것은 물론이고, 그 이후로는 아무도 자신의 진실한 의견을 들려줄 만큼 나를 신뢰하지 않게 되었을 것이다.

진저 그레이엄은 회사의 문화 전반을 발전시키는 일과 관련된 자기 회사 직원들의 걱정을 이용해서 이와 비슷한 상황을 설명했다. "우리는 고객 만족, 성공하고자 하는 의지, 책임 있는 결과 등 매우 간단한 단어를 통해서 우리 회사의 문화적 속성이라고 생각하는 것들을 정의했습니다. 우리는 직원들에게 그 단어와 그런 행동들이 어떻게 드러날지 정의하는 일을 도와달라고 부탁했죠. 그리고 직원들이 받아들여주기를 바라는 이런 행동들에 맞추어서 우리가 사용하는 언어 표현과 업적 평가, 보상 시스템 등도 바꿨습니다."

그레이엄은 프로세스·제품과 관련된 정말 획기적인 혁신을 매우 손쉽게 이루었기에, 나는 몇 가지 개인적인 이력에 대해 물었다. 그레이엄은 주저하지 않고 대답했다. "저는 더 나은 존재가 되려면 자기 방식대로 행동해야 한다고 믿으면서 자랐어요. 맨날 빈둥거리면서 '괜찮은 사람이 되고 싶어'라거나 '언젠가는 팀원들과 협업하는 일에 익숙해질 거야'라고 말해서는 안 됩니다. 그보다는 실제로 그렇게 행동해야 하고, 연습을 하면 할수록 그 일에 익숙해지죠. 그러다 보면 결국 그게 자기 모습이 되는 것입니다. 그러면 당신이 하는 말이 아니라 행동을 통해서 당신의 본모습이 드러날 거예요." 그레이엄의 방법은 유능하고 진정한 리더십으로 향하는 매우 직접적인 통로와도 같다.

우리가 직원들에게 완전한 헌신을 요구하고자 한다면, 그들에게 먼저 시범을 보여야 한다. 우리는 남들이 따를 만한 가치가 있는 성격과 계획을 갖춘 리더가 되어야 한다. 우리는 자기가 무슨 일을 하고, 왜 그 일을 하며, 왜 그게 우리에게 중요한지를 끊임없이 되뇌어야 한다. 피어스가 예전에 내게 물었던 것처럼, 우리는 "너는 누구이고, 무엇을 원하며, 그 이유는 무엇인가?"라는 질문을 자신에게 던져야 한다. 이것은 수사적인 질문이 아니라 존재론적인 질문이다. 이것이 리더로서 어떻게 소통해야 하는지 그 방법을 알려주는 토대가 된다.

■ ■ ■

나는 최고의 선생에게 배우는 엄청난 행운을 누렸다. 이 뒤에 나오는 테리 피어스의 〈개인 리더십 커뮤니케이션 체계를 위한 가이드 ⓒ〉는 객관적인 지도를 제시해주므로, 여러분은 본인의 주관적인 경험을 위한 자기만의 가이드를 만들 수 있다. 3단계 마지막 부분에 제공된 실행 항목을 완료했다면, 자신에게 과연 '가이드'가 필요한지 의아해할지도 모른다. 그 실행 항목은 획기적인 변화에 대한 좀 더 구체적인 커뮤니케이션 단계를 제시했다. 여러분이 획기적인 변화를 주도하고 그 결과 혁신을 이룬다면(다음 장에서 이야기하는 것처럼), 그 실행 항목들은 제 궤도를 따라 열심히 전진하는 실질적인 부분에 도움을 줄 것이다. '가이드'는 여러분의 대비를 훨씬 심층적인 수준까지 이끌어준다.

'가이드' 자체는 명상 설명과 유사하다. 평생 동안 따라 해도 '사토리'라고 하는 깨달음의 상태에 도달할 수 없다. 하지만 '가이드'를 진지하게 고려하면서 진정한 자기반성의 도구로 삼는다면, 여러분이 마주치게 되는 모든 커뮤니케이션 상황을 지혜롭게 대처할 수 있는 견고한 토대가 될 것이다. 여러분이 작성하는 문서는 사적이고 은밀한 것이며 거기에 담긴 내용을 전부 이용하는 일은 드물겠지만, 그것을 작성하는 데 들인 노력은 눈앞의 청중들에게 맞추어서 커뮤니케이션 방향을 조정할 수 있도록 여러분의 정신과 감정에 신호를 보내줄 것이다. 그렇게 하면서 장소나 형식에 상관없이 여러분의 말이 미칠 수 있는 영향에 대해 곰곰이 생각해보자. 그리고 자주 인용되는 마야 안젤루의 말처럼, '사람들은 당신이 무슨 말을 했고 어떤 행동을 했는지는 모두 잊어버려도, 당신이 그들에게 남긴 인상만큼은 결코 잊지 않는다'는 것을 기억하자. 그것이 문제의 핵심이며 모든 리더들이 익혀야 할 교훈이다.

'가이드'에 들인 노력은 여러분이 진정 어린 태도로 커뮤니케이션을 할 수 있게 도와준다. 피어스의 설명처럼, '가이드'를 '목적이 있는 전기傳記'라고 생각할 수도 있다. 여러분의 목표가 계속 앞으로 나아가는 것이라서 자서전을 쓸 시간 같은 것은 낼 수 없더라도, 개인적인 '가이드'를 작성할 때 수반된 자기반성이 사람들과 관계를 맺거나 고무시키는 능력에 매우 중요하다는 것을 알게 될 것이다. '가이드'의 목적은 내적(자기에게 중요한 것이 무엇이고 그 이유는 뭔지 탐구하는 것)인 동시에 외적(여러분이 제안하는 명확하고 생기 넘치는 미래에 도달하기 위해 여러분이 이끄는 그룹이 해야 하는 일을 설명하는 것)이기도 하다. '가이드'를 만들고 보충하는 과정에서 작성한 내용은 '상황적일 뿐만 아니라 전기적'이기도 하며 향후 커뮤니케이션의 기반이 되어줄 것이다. 시간이 지나면서 내용을 수정하거나 관련된 새로운 경험과 자료를 보충하게 되므로 여러분의 '가이드'는 계속 진화할 것이다. 여기에 들인 노력을 통해 사람들은 여러분의 열정과 확신을 느낄 수 있고 여러분의 성격도 알게 된다.

자신의 개인적인 '가이드'를 고려하고 지나온 과거와 지금까지의 경험, 변화를 추진해야 하는 필요성에 대해 쓰는 동안, 이 특정한 변화를 주도하는 리더로서의 신뢰성을 증명하고 구체화하게 된다. 여기 제시된 '가이드'에는 요점만 나와 있을 뿐, 피어스가 '가이드'의 네 가지 주요 항목마다 챕터를 하나씩 할애해서 자세하게 설명한 『커뮤니케이션 리더십』을 대신할 수는 없다는 것을 알아야 한다. 이 책은 다른 사람들을 이끌고자 하는 포부를 가진 모든 사람에게 추천서 혹은 필독서로 권해야 한다고 생각한다. 이 책이 제공하는 조언과 배경 지식은 진정한 리더십에 매우 중요하다.

개인 리더십 커뮤니케이션 체계를 위한 가이드 ⓒ

1. 역량 설정과 신뢰감 형성
   - 역량
     - 명확한 목적

       문제점

       지지하는 구체적인 변화

       강력한 필요성의 증거

       폭넓은 영향, 대변하는 가치
     - 자격과 취약점
   - 신뢰성
     - 공감 표시

       감사 표현

       반대 의견 인정

       목적의 공통점 찾기
     - 알리고자 하는 의지

       개인적인 동기, 개인의 가치관

2. 공통된 맥락 형성
   - 역사
   - 우선순위
   - 현실(장애물 포함)
   - 역량과 신뢰도 강화
   - 더 폭넓은 관점 표현

3. 미래 선언과 설명: 창작 활동……

　• 생생한 그림, 감각적인 이미지

　• 이해관계(만약 ……을 한다면, 만약 ……을 하지 않는다면)

　• 어떤 식으로든 표현된 가치관

4. 실천

　• 단계(조직적)

　• 개인적인 헌신, 개인적인 행동

　• 행동 촉구(구체적으로)

3장

아이디어와 관점을 혁신하라

비즈니스와 리더십에 관한 책 분야에서 혁신보다 더 철저하게 분석된 개념을 찾기는 힘들다. 그리고 혁신은 필수적이면서 동시에 고무적이기도 하므로 그렇게 하는 것이 마땅하다. 처음에는 혁신이 논리적인 추론 과정을 벗어난 저 너머의 어딘가에서 오는 것 같았다. 머릿속에 전구가 켜진 듯 환하게 번쩍이는 '깨달음의 순간' 말이다. 이에 반해 점진적인 변화는 안전하고 대개의 경우 복잡하지 않다. 상황이 일정한 지점까지 꾸준히 개선되는 것이다. 하지만 게임 판을 조정하거나 경쟁적 우위를 차지하고 있는 부분을 다시 손보는 것만으로는 충분치 않은 경우가 많다. 진정으로 획기적인 변화가 혁신이 섞이지 않은 채로 진행되는 일은 없으므로, 획기적인 변화 실행에 관한 모든 논의에서는 그 과정에서 혁신이 하는 역할을 고심해봐야 한다.

이 책을 쓰면서 세계적인 수준의 혁신가 여러 명을 선별해서 인터뷰를 진행했다. 이들은 다양한 업계와 기업 문화, 경제 환경에서 얻은 관점을 지니고 있다. 이들의 경력을 다 합치면 획기적이고 파괴적인 변화를 추진한 경험이 200년이 넘는다(아마 300년에 가까울 것이다). 이번 장에서는 혁신 리더의 관점과 경험이라는 주제와 논의에 대해 다양한 시각을 제시한다.

　오늘날의 비즈니스계에서 번창하면서 미래에 대비하려면 단순히 직원들에게 봉급을 지급하고 그 대가로 회사에 출근해서 일하기만을 바라서는 안 된다. 그들의 적극적인 참여와, 두뇌, 열정을 총동원해야만 한다. 우리 조직의 가장 귀중한 자산은 자본이나 기존 제품이 아니라 창의력을 발휘하고, 혁신적인 아이디어를 내놓으며, 직원들의 참여도와 미래의 주인 의식을 키우는 능력이다. 우리는 조직의 성공을 돕는 새로운 아이디어 개발을 독려하고, 새로운 아이디어가 번성하며, 관리할 수 있는 위험을 알리며, 직원들이 공동의 목표를 위해 자기가 기여한 바를 확인할 수 있는 그런 분위기를 조성해야 한다.

　베스트셀러 작가이자 런던경영대학의 교수였던 찰스 핸디의 말처럼, 재능 있는 개인은 자신을 표현할 수 있는 분위기와 진취성을 발휘할 수 있는 공간을 원한다. 모든 직원들이 자신이 신제품을 만들거나 고객 응대를 개선하기 위한 새로운 아이디어를 내놓을 수 있고, 그것을 통해 멀리까지 영향을 미쳐 이익을 얻을 수 있다고 믿는 것에서 장기적인 전략적 이점이 생긴다.

　이는 1996년에 덴버에 몰아닥친 심한 폭설 때문에 사무실이 완전히 폐쇄될 위기에 처했을 때, 본사가 어떻게 대처하라고 지시할 때까지 기다리고만 있을 수 없다는 것을 깨달은 슈왑의 콜 센터 리더인 마크 필립스 같은 사람들을 뜻한다. 필립스는 상부의 조언이나 제설기를 기다리기만 하는 대신, 이 상황에서 고객들에게 무엇이 필요할지 예상한 뒤 모든 직원을 소집하고 자기가 동원할 수 있는 모든 자원을 이용해서 고객의 요구를 충족시켰다.

당시 샌프란시스코 본사에 있던 우리들도 몇 가지 해결책을 마련하려고 애쓰고 있었는데, 필립스의 아내인 재키는 이미 가족들이 평소 사용하는 사륜구동차에 직원들을 태워 사무실로 데려다주고 있었다. 우리가 이 고객들을 응대할 방법을 찾아내려고 고심하는 동안, 필립스는 벌써 직원 여덟 명에게 집에서 시간외 근무를 하면서 고객들에게 계속 전화를 걸어 필요한 서비스를 제공하도록 조처했다. 만약 필립스가 혹독한 기상 상황과 위험한 운전 여건에서 회사 직원이 아닌 사람이 회사 차량이 아닌 차를 이용해서 직원들을 회사에 데려다주어도 되겠느냐고 본사에 문의했다면 일이 어떻게 되었을지 상상이 가는가? 변호사들은 당연히 안 된다고 말했을 것이다. 그리고 그런 거절의 답이 나오기까지 36시간은 걸렸을지도 모른다. 그 사이에 필립스는 독자적인 판단에 따라 탁월한 행동을 취했다. 필립스는 얼마간의 위험을 감수했고, 자기가 가진 자원을 활용해 일을 하면서 고객들을 기쁘게 했고, 직원들이 따를 수 있는 풍조를 확립했다.

이런 창의적인 행동을 장려하고 자신의 아이디어를 실행에 옮길 수 있도록 용기를 북돋아준 필립스에게서 무엇을 발견할 수 있을까? 이 의문은 우리를 다른 의문들로 이끄는데, 전부 미래의 성공을 담보하는 일과 관련된 것들이다. 우리 직원들의 집단 지성을 최대한 활용하려면 어떻게 해야 할까? 조직의 지성을 계속 새롭고 생산적으로 유지하려면 어떻게 해야 할까? 상상력에는 어떤 유지 관리가 필요할까? 어떤 분위기에서 혁신과 직원 참여가 번창할 수 있을까? 기업 문화를 만들고, 목표를 강화하고, 직원들에게 미래의 성공을 위해 그들이 얼마나 중요한 존재인지 알려줄 때 이런 의문을 항상 마음속에 간직하고 있어야 한다. 직원들이 함께 협력하면서 자기가 가진 최고의 아이디어를 제시할 수 있도록 권한을 부여할 때도 이 질문을 던져야 한다. 한 사람이 우리에게 필요한 모든 새로운 아이디어와 크고 작은 혁신의 원천이 될 수는 없기 때문이다.

발견되지 않은
요구를 충족시키는 혁신

성공한 기업들은 아직 존재하지 않거나 사람들의 마음속 깊숙한 곳에서 조용히 끓고 있는 요구를 충족시키는 데 능숙하다. 아이팟이 존재하기 전에는 자기 주머니 속에 노래 8천 곡을 넣고 다니고 싶다고 생각한 사람이 아무도 없었다. 지금은 완전히 충전된 무선 장비를 최소 두 개 이상 구비하지 않고는 집을 나서지 못하는 사람들이 많다. 그리고 경쟁사들이 쏟아져 나오는 신제품에 어떻게 대응하는지도 살펴보자. 시장 리더십은 꾸준한 혁신이 이루어지지 않으면 덧없이 사라진다. 상황이 '만족스럽다'고 선언하고자 한다면 언급되지 않은 기회를 놓치게 된다. 무에서 미래를 창조하려는 의지가 있어야 하며 계속해서 만들어가야 한다.

귀 기울여 듣고 배우자

성공한 혁신가와 혁신을 위해 노력하는 이들은 항상 어디에서 혁신이 발생했고 어떻게 해야 그 기회를 이용할 수 있는지 기본적인 지침이 있기를 기대한다. 대개의 경우, 혁신과 관련해 가장 훌륭하면서도 가장 간과되기 쉬운 통찰의 대부분은 현장에 있는 사람들에게서 나온다. 일선 직원과 고객들에게서 아이디어가 나오는 것이다. 그렇다고 해서 당면한 문제의 해결책을 얻기를 기대하면서 고객을 찾아가야 한다는 이야기는 아니다. 해결책을 내놓는 것은 여러분이 할 일이다. 하지만 그것을 찾아내기 위한 중요한 첫 단계는 고객의 말에 귀를 기울이는 것이다. 고객의 이야기를 경청할 기회를 잡으면 고객들은 여러분이 관심을 기울여야 하는 문제가 어디에 있는지 말해줄 것이다. 그들은 무엇이 문제인지 확실하게 안다. 그들은 충족되지 않은 자신의 욕구나 현재 존재하지만 여러분의 회사에서는 구하지 못하는 서비스나 제품이 무엇인지를 파악하는 데 매우 뛰어나다.

고객과 이야기를 나누고 의견을 듣는 것은 사업의 흐름을 읽는 탁월한 방법이다. 직접적인 대면이 고객과의 커뮤니케이션 기반을 이루어야 한다. 설문조사나 더 사적인 만남을 통해 고객에 대한 지식을 얻을 수 있다. 그리고 여러분 조직의 구성원들과 업무 프로세스가 고객의 의견에 귀 기울이고 그것을 바탕으로 행동을 취하도록 해야 한다.

핑크베리의 론 그레이브스는 이렇게 말한다. "그 무엇도 현장에 나가서 고객과 이야기하고 그들의 모습을 보면서 직접 느끼는 것을 대신할 수는 없습니다. 저는 이 조직의 리더로서 다른 이들은 느끼지 못하는 것을 보고 느낄 수 있습니다. 현장에서 고객들과 함께 있는 것은 매우 중요합니다. 저도 이를 통해 많은 것을 배웠습니다. 저한테는 이게 매우 중요하기 때문에, 지금 우리 마케팅 책임자는 일주일에 한 번씩 우리 매장 가운데 한 곳에 나가서 일을 합니다. 대부분의 조직에서는 전례가 없는 일이죠. 그 시간이 유익하게 쓰이냐고요? 물론이죠."

그레이브스는 마케팅 책임자가 매장에 나가 일하기 시작한 첫 달에 '새로 얻은 통찰력(제품 혁신 방법이나 커뮤니케이션, 서비스 모델 등에 대한)의 규모와 깊이가 믿기 어려울 정도'였다고 설명한다. 이렇게 새로 발견한 지식의 이점은 빠르게 전파되었다. "경영 팀을 비롯한 모든 사람에게 도움을 주었습니다. 무엇보다 기뻤던 일은 마케팅 책임자에게 이 일을 제안했을 때 열성적으로 받아들였다는 것입니다. 마케팅 책임자의 시야는 그야말로 활짝 열려 있었죠."

현명한 리더는 프로젝트가 이렇게 원활하게 진행될 때 그 범위를 넓혀야 한다는 것을 안다. 핑크베리는 이 계획을 확대했다. "회사 내에서 중요한 위치에 있거나 고객과 소통하는 일을 하는 다른 직원들도 매장에 나가 일하게 했습니다. 1년에 한 번 정도 가서 두어 시간 일하다 오는 그런 것이 아닙니다. 매장 업무에 몰두하면서 직접 POS 단말기를 조작하고, 제품을 만들고, 고객을 응대하는 것입니다. 이보다 더 좋은 방법은 없습니다. 더 많은 사람들이 이 방식을 이용하지 않는다니 놀라울 따름입니다."

그레이브스의 열정은 전염성이 강하고, 이는 본인의 힘을 제대로 활용하는 CEO의 모습을 보여주는 훌륭한 예시다. 중간급 임원은 이런 일을 해야 할 필요성을 느끼더라도 그렇게 참신하고 특이한 일을 시도하는 것을 주저하게 될 것이다. 경영 팀이 먼저 나서서 기준을 마련함으로써, 이런 식의 활동을 용인하는 분위기가 조직 전체에 퍼져 나가도록 했다. 어떤 이들은 CEO는 소매를 걷어붙이고 자기 일에만 몰두하느라 다른 직원들과 너무 동떨어져 있거나 바쁘기 때문에 진정한 혁신자가 될 수 없다고 주장하기도 한다. 하지만 그레이브스는 CEO도 혁신이 진행될 수 있도록 적절한 프로세스와 절차를 마련할 수 있다는 것을 증명한다.

그레이브스의 회사는 고객의 의견에 귀 기울이고자 하는 일관된 노력과 직원들이 매장에서 고객과 직접 만나 소통하는 과정에서 배운 것들을 통해 이익을 얻었다. 이와 마찬가지로 다른 기업들도 리더가 직원들을 찾아다니면서 그들의 의견과 해결책에 귀를 기울이면 많은 이득을 얻을 수 있다. 때로는 소통할 기회만 있으면 되는 경우도 있고, 때로는 답이 정해져 있지 않고 다양한 해석을 인정하는 적절한 질문을 던져야 하는 경우도 있다. 언제나 꼭 필요한 것은, 리더들이 편안히 뒤로 물러나 쉬고 싶을 때에도 적극적으로 관여해야 한다는 것이다. 많은 리더들이 떠올릴 수 있는 한 가지 예는 기업에서 우수한 직원들을 표창하기 위해 개최하는 기념행사다. 이런 행사에 참석한 리더들은 단순히 상을 받은 개인과 팀을 소개하고 그들에게 상을 나누어주는 것보다 훨씬 많은 책임을 지고 있다. 그들은 이런 행사석상을 축하받는 직원들과 교류하면서 그들에게서 교훈을 얻는 기회로 삼아야 한다. 또 적절한 의문이나 괜찮은 영감이 떠오를 경우 다음 수상자가 될 수도 있는 참석자들과 대화를 나누어야 한다.

소통할 수 있는 기회를 만들자

현장에 나가 있으면 확실히 도움이 된다. 고객들이 여러분과 자주, 정기적으로 대화를 나눌 수 있는 기회를 만드는 것도 마찬가지다. 기민하게 대처하고 가능한 경우 새로운 기회를 만들어서 항상 정보를 수집하자.

내가 슈왑에 있을 때, 정보를 수집하고 공유하기 위해 오찬 모임을 매달 열기 시작했다. 우리는 각 모임마다 고객 24명과 직원 12명을 초대해서 모든 고객이 개별적인 관심을 받을 수 있게 했다. 직원들은 직급이 매우 높은 고위급 간부와 서비스, 제품, 정책을 책임지는 부서나 팀을 이끄는 사람도 다양하게 포함되었다. 중요한 특성을 공유하는 고객들도 이 오찬 모임에 초대받았다. 예컨대 어떤 모임에서는 종합 서비스 중개회사와 거래를 끊고 우리 회사로 옮겨온 25만 달러 이상의 거래 계좌를 가진 신규 고객들로 구성되었고, 또 다른 모임에는 우리 회사를 떠나서 종합 서비스 중개회사로 옮겨간 거래 잔고 25만 달러 이상의 고객들을 초대하기도 했다. 아니면 우리 회사와 10년 이상 거래하다가 최근에 계좌를 해지하고 피델리티 사로 옮긴 고객들일 수도 있다. 혹은 적극적인 트레이더와 1년에 100회 이상 주식을 거래하는 고객들이 방을 가득 채우기도 했다. 고객들의 말에서 배어나오는 열정과 눈에 드러난 표정, 이야기를 전달하는 방식 등을 통해 우리는 중요한 행동을 취할 수 있는 정보와 관점, 통찰력을 얻었다. 고객들은 우리가 이야기를 귀 기울여 듣고 아이디어에 관심을 가지고 그것을 이용해 서비스를 개선하는 모습을 보면서 기뻐했다.

질문을 던지자

점심 식사 자리나 대규모 회의장, 혹은 좀 더 격의 없는 소통의 장 등 장소에 상관없이 사람들과 악수를 나누고 친밀한 관계를 맺어야 한다. 그리고 중요한 질문을 던지자. "지금 당신에게 도움이 되지 않는 것은 무엇입니까? 우리와 거래를 할 때 장점과 단점은 무엇입니까? 우리 경쟁자들은 하고 있는데 우리는 하지 않는 일, 해야만 하는 일은 무엇입니까?" 정답 없는 질문과 확대형 질문을 던지면 정보를 얻을 수 있고 대화를 이끌 수도 있다. 단순히 '예' 혹은 '아니요'로 끝나는 대답이 아니라 통찰력을 안겨주는 대답을 원할 것이다. 새로운 통찰을 얻을 때까지 계속 캐물어야 한다. 그리고 후속 질문도 던진다. 쉬운 일처럼 들리겠지만 질문을 던지는 것은 성공적인 혁신의 가장 중요한 요소 가운데 하나다.

슈왑 임원으로 일할 때는 고객이 보낸 항의 편지가 꾸준히 내 책상을 차지했다. 편지를 읽고 고객의 불만을 파악한 뒤 '회장님 부서'라는 팀에 그 편지를 전달했는데, 그 팀은 나나 척 슈왑에게 제기된 불만 사항을 조사하고 해결하는 팀이다. 가끔은 같은 사람이 자기 편지에 제대로 대응을 해주지 않는다고 불평하면서 보낸 편지를 받을 때도 있었다. 이런 일이 몇 차례 생긴 뒤, 나는 일이 어떻게 돌아가고 있느냐고 물었다.

곧 나는 이런 불만을 조사하는 과정에 내가 상상했던 것 이상으로 노동력이 많이 필요하다는 것을 알게 되었다. 직원들은 시스템에 불만 사항을 입력하고, 지점이나 콜 센터에 전화를 걸어 조사를 해서 문제를 해결한 뒤 비로소 고객에게 다시 편지를 보낼 수 있었다. 모두 합하면 불만 처리에 필요한 평균 시간이 약 2주 정도 된다. 일부 고객이 두 번째 편지를 보낸다는 것은 이 프로세스가 더 빨리 처리되어야 한다고 생각하는 고객들이 있다는 증거였다. 그들 말이 옳았기에 이 문제를 시정해야만 했다. 그래서 나는 이렇게 물었다. "대응 시간을 줄이려면 뭐가 필요할까요?"

상황을 자세히 살펴보면 살펴볼수록 프로세스를 자동화하거나 간소화할 수 있는 부분이 많이 눈에 띄었다. 여기저기에서 프로세스 단계를 줄이고 자동화해 대기 시간을 14일에서 11일로 줄였다. 그런 다음 9일로. 그리고 다시 6일로.

이 정도만 해도 꽤 괜찮은 성적이지만 그래도 여전히 점진적인 변화 범위에 속해 있었기 때문에 우리는 좀 더 급진적인 방식에 관심을 가졌다. "대응 시간을 하루로 단축하면 어떨까요?" 내가 물었다. "고객에게 회신하기까지 걸리는 시간을 하루로 줄이려면 어떻게 해야 하겠습니까?" 이 질문을 통해 완전히 새로운 차원의 발상이 나오기 시작했다. 이제 우리는 프로세스 단계에 집중하는 데 그치지 않고 문제를 더 깊숙이 파고들어갔다. 대응 시간을 하루로 줄일 수 있는 정교한 고객 서비스를 시행하려면 우리 비즈니스 모델의 어떤 부분을 바꿔야 할까?

그와 동시에 우리는 이런 조사 작업을 실시할 때 시간과 자원, 인력 면에서 비용이 얼마나 드는지 파악하기 시작했다. 결국 고객 불만 한 건을 처리하는 데 드는 비용이 약 200달러 정도인 것으로 결론이 나왔다. 그리고 조사 작업의 80퍼센트는 200달러 미만의 돈이 연루된 문제와 관련이 있었다. 갑자기 해결 방법이 분명해졌다.

그 이후로 고객 불만의 가치가 200달러 미만인 경우에는 고객이 거래를 다시 시도할 수 있도록 조치했다. 그 결과 우리는 시간과 돈을 절약할 수 있었고, 고객들은 우리가 이 방법을 통해 보여준 지지와 호의에 기뻐했다. 고객이 우리의 대응 시간에 불만을 갖고 있다는 것을 깨닫기 전까지는 시스템을 평가해볼 생각조차 하지 못했다. 하지만 '대응 시간을 줄이려면 뭐가 필요할까?'라는 사소한 의문이 먼저 제기되자 시스템을 더 면밀히 살펴보게 되었다. 그리고 시스템 조사가 시작되자 먼저 점진적인 개선이 이루어졌다. 그런 다음 '대응 시간을 하루로 단축하면 어떨까?'라는 좀 더 대담한 질문을 통해, 프로세스와 우리 자신에게 도전장을 던지지 않았다면 결코 발견하지 못했을 개선 기회를 찾아낼 수 있었다. 고객의 불만 편지에 계속 주의를 기울이면서 더 큰 문제나 미래의 요구 혹은 개선점을 시사하는 패턴이 나타나지는 않는지 기다렸다.

일반적으로 질문과 관련해서는 사안이 클수록 좋다. 어쨌든 획기적인 혁신의 시작은 대담한 질문을 던지는 것에서 비롯되는 경우가 많다. 고객들과 이야기를 나눌 때는, 어느 정도 준비 작업을 해둔 뒤에 '지금 당신이 품고 있는 꿈과 희망은 무엇입니까? 그 어떤 제약도 없다고 가정할 때, 당신이 우리 회사에서 원하는 것은 무엇입니까?'처럼 언뜻 생각하기에 실효성이 없거나 별로 관련이 없어 보이는 질문을 던지는 것도 괜찮다. 이런 질문을 던지면 사람들이 미래를 내다보면서 가능한 일들 너머까지 자유롭게 사고를 펼치는 데 도움이 된다. 고객뿐만 아니라 다른 집단에게도 질문을 던져야 한다. 이와 비슷한 질문을 여러분의 팀과 직원들에게 해보자. 1단계와 8단계에서 설명한 것처럼, 진저 그레이엄이 어드밴스드 카디오바스큘러 시스템에서 일하는 자기 팀에게 질문을 던지고 자유롭게 대답을 내놓도록 한 결과 '단순히 의료장비를 만드는 일'에서 '사람들의 생명을 구하는 일'이라는 인식의 대혁신이 이루어졌다. 여러분이 어느 분야에서 일하건 간에, 스스로 '그 어떤 제약이 없다고 가정할 때, 우리 회사가 무슨 일을 했으면 좋겠는가?'라는 질문을 던져서 가능성과 혁신을 향해 마음을 활짝 열어놓아야 한다.

슈왑에서는 1980년대 말에 뮤추얼 펀드 사업에 많은 관심을 쏟았다. 개별 주식을 구입하는 사람들이 갈수록 줄어들고(1987년의 시장 붕괴 여파로 인해) 고객 행태가 뮤추얼 펀드 쪽으로 기울고 있었다. 안타깝게도 우리는 이 시장에서 별로 큰 지분을 차지하고 있지 못했기 때문에 이런 경향이 장차 우리 회사에 손해를 입힐 것이 자명했다. 그래서 우리는 '뮤추얼 펀드 판매량을 5퍼센트 늘리려면 어떻게 해야 할까? 10퍼센트 늘리려면? 아니 20퍼센트는?'라고 자문하는 대신 아예 목표를 더 높게 잡았다. '뮤추얼 펀드 분야에서 3대 판매 대행사 중 하나가 되려면 어떻게 해야 할까?'라고 자문한 것이다.

우리가 취한 첫 번째 조치는 고객에게 접근하는 것이었다. 그들에게 왜 슈왑을 통해 뮤추얼 펀드를 구입하느냐고 혹은 구입하지 않느냐고 물었다. 고객들은 우리가 제공하는 놀랍도록 엄선된 '판매 수수료 없는' 뮤추얼 펀드 상품과 우리와 거래할 때의 편리함은 마음에 든다고 말했다. 하지만 우리 회사의 뮤추얼 펀드 서비스를 이용하면 본인들이 직접 펀드를 구입할 때보다 가격이 비싸기 때문에 우리에게 구입하는 것을 거부하는 경우가 많았다. 판매 수수료 없는 각각의 펀드를 직접 구입하는 경우, 많은 회사들과 거래해야 하지만 수수료를 내지 않아도 된다. 당시 우리는 여러 펀드사가 판매하는 다양한 무수수료 펀드를 공급하는 역할을 하면서 고객들에게 서비스 수수료를 청구하고 있었다. 이런 서비스를 제공하는 회사는 우리뿐이었고 확실히 편리했지만 돈이 든다는 것이 문제였다. 우리는 멋진 서비스를 제공했지만 수수료가 없는 펀드에 투자하는 데 있어서 가장 돈이 많이 드는 곳이기도 했다.

해결책은 명백했다. 수수료를 없애면 되는 것이었다. 실제로 우리는 고객들에게 이 서비스를 무료로 제공하고 다른 데서 수익을 얻어야만 했다. 고객 외에 우리가 서비스 수수료를 받을 수 있는 유일한 원천은 뮤추얼 펀드 그 자체뿐이었다. 당시 수수료가 없는 뮤추얼 펀드를 판매하는 회사들은 중개회사에 상품 유통이나 서비스의 대가를 지불하지 않았다. 업계 대부분의 사람들은 우리가 펀드 회사에 수수료를 내라고 설득할 수 없을 거라고 생각했다. 하지만 우리는 방법을 찾아내야만 했고, 결국 해냈다.

이 시장에서 일하는 모든 펀드 회사가 우리 방식을 따른 것은 아니지만 여덟 개의 뮤추얼 펀드 회사가 우리 뜻에 동의해서 업계를 놀라게 했고, 결국 우리는 이 방식을 기반으로 80개의 펀드를 판매하기 시작했다. 우리가 처음에 뮤추얼 펀드 부서를 키우기 시작했을 때는 슈왑이 보유한 자산 액이 20억 달러에 이르는 데 8년이 걸렸다. 이 변화를 시행하고 고객에 대한 수수료를 없앤 지 6개월 만에 자산 액수가 두 배로 늘었다. 2012년 현재, 이 서비스를 개시한 지 20년이 된 슈왑은 430개 뮤추얼 펀드 회사가 판매하는 4,400개의 펀드를 제공하고 있고 총 자산 규모는 2,160억 달러에 이른다.

우리가 이런 성과를 올린 것은 우리 자신과 고객들에게 중요한 질문을 던지고, 목표를 높게 잡고, 해결책을 찾아냈기 때문이다. 어떤 질문을 해야 하는지 알고, 어느 부분에 자신의 관심을 집중해야 하는지 알기 위해서는 경험과 상상력이 모두 필요하다. 여러분 자신과 다른 이들에게 대담한 질문을 던지자. 대담한 질문, 그리고 대담한 답변이 획기적인 결과를 낳는다.

'아니면'이 아니라 '그리고'

베스트셀러 경영서를 세 권이나 쓴 짐 콜린스는 중요하고 대담한 질문에 답할 때 기반이 되는 탁월한 개념을 가지고 있다. 항상 '아니면'이 아니라 '그리고'라는 대답을 찾아야 한다는 것이다. 리더들은 "우리는 뛰어난 고객 서비스와 저렴한 가격 중에서 하나를 택해야만 한다" 같은 말을 굉장히 자주 한다. 그보다는 두 가지를 모두 제공할 수 있는 방법을 찾아내야 한다. 이런 식의 제약 없는 사고는 무엇이 가능하고 무엇이 불가능한지에 대한 일반적인 통념이 우리를 방해하지 못하도록 막아주고 완전히 새로운 길을 열어준다. 요즘에는 이 개념을 다들 잘 이해하고 있어서 자동차 광고도 이것을 기반으로 삼는다. 더 이상 뛰어난 연비와 멋진 외관 사이에서 고민할 필요 없이 차 한 대에서 두 가지 장점을 모두 누릴 수 있다고 홍보하는 것이다.

혁신적인 리더들과 토론하는 과정에서도 '그리고'라는 주제가 자주 등장한다. 데이비드 바거와 나는 제트블루가 이코노미석 고객에게도 고급 시트와 뛰어난 서비스·가치를 제공할 수 있는 방법을 논의하면서 이 과제에 대해서도 길게 이야기를 나누었다. 하워드 슐츠는 스타벅스가 줄 서 있는 고객들을 효율적으로 응대하면서 그와 동시에 바리스타가 고객과 친밀한 관계를 맺고 그들의 눈을 바라보면서 커피 기호를 알아내서 고객이 따로 주문하지 않고도 자기가 늘 마시던 음료수를 제공받을 수 있게 할 방법을 찾기 위해 고심한 이야기를 들려주었다. 론 그레이브스는 냉동 요구르트 사업 분야는 경쟁이 매우 치열해서, 핑크베리는 최상급 제품을 제공하고 손님을 반갑게 맞이하는 매장 분위기를 조성하는 동시에 뛰어난 가치를 제공할 필요가 있다는 사실을 강조했다. 이런 방식들은 모두 진보적인 혁신을 반영한다. 여러분이 혁신을 이루고 싶다면 지금 상태로도 충분하다거나 현 상태를 바꿀 방법은 없다고 생각하는 함정에 빠지지 말아야 한다. 그보다는 기회를 찾아보자.

혁신과 가치의 연결

리더들은 성공이 무사 안일주의를 낳는다는 것을 알고 있는데, 특히 혁신을 이룬 경우에는 더욱 그렇다. 오랫동안 성공가도를 달려온 경우, 안전한 길만 골라 다니면서 점진적인 개선에만 주력하고자 하는 유혹을 물리치기 힘들다. 여러분은 기존 기술이나 유통 시스템, 혹은 판매 체계나 제품 라인을 보유하고 있다. 그렇다면 뭐 하러 굳이 애를 써가면서 그 체계 밖에서 일을 벌이거나 현재 잘 작동되고 있는 것을 다시 고안하려고 하겠는가? 새로운 일에 착수하는 것은 어렵고 특히 그것을 실행했을 때 얻을 수 있는 이익은 불확실하거나 입증되지 않았는데 문제점과 장애물은 확실하게 눈에 보이는 경우라면 더하다.

일례로 신제품 라인이 출시되면 당연히 기존 제품 판매가 약화될 수 있다. 그런 식의 위험을 감수할 채비가 되어 있는지 판단해야 한다. 하지만 이것은 어느 쪽을 선택해도 위험 부담이 있다. 기존 제품의 매출이 감소되는 것을 원치 않아서 신제품 출시를 반대한다면, 결국 이로 인해 시장에 빈틈이 생기고 경쟁자가 그 틈새는 파고들게 된다. 스스로 자사 매출을 잠식하는 위험을 무릅쓰는 것이 나을까(애플이 아이폰을 선보여서 아이팟 매출이 줄어들거나 아이패드 출시로 인해 맥프로 매출이 줄어든 것처럼), 아니면 경쟁자들이 그렇게 하도록 내버려두는 편이 나을까?

안락한 현재를 벗어나 불확실한 미래로 향하는 것은 언제나 어려운 일이며, 리더들만 힘든 것도 아니다. 이 과정을 손쉽게 만드는 가장 좋은 방법 가운데 하나는 기업 문화 내에 혁신의 토대를 만드는 것이다. 현재 변하고 있는 것에 대해 이야기할 때는, 모든 사람이 변하지 않는 것들을 떠올릴 수 있는 시간도 주어야 한다.

프로세스와 절차, 제품은 가장 일상적으로 규칙적인 변화를 겪는 비즈니스 요소다. 대개의 경우, 이 요소들은 점진적으로 혹은 대담한 방식을 통해 끊임없이 변화한다. 그에 반해, 회사의 전체적인 전략은 5년이나 10년에 한 번씩만 바뀌며, 회사의 핵심 사명과 목표는 거의 바뀌는 일이 없다. 경영학을 공부하는 학생들은 대부분의 기업과 업계에서는 시간이 지나도 회사의 핵심 사명과 목표, 그리고 심지어 매우 중요한 전략까지 거의 안정적으로 유지된다는 사실에 가끔 놀라기도 한다. 하지만 여기에는 타당한 이유가 있다. 이런 핵심 신념은 직원들에게 의지하면서 신입 직원이나 장기근속 직원들에게 회사가 가장 중요시하는 것이 뭔지 알려준다.

새로운 프로세스나 절차, 제품에 대해 설명할 때는 회사의 핵심 가치에 맞추어서 맥락화해야 한다. 이 신제품 때문에 우리 회사가 판매하는 몇몇 다른 제품의 매출이 줄어들 수도 있지만, 그래도 우리 기업의 참모습과 멋지게 일치하는 제품이라고 설명할 수도 있다. 우리 모두 이 제품 아이디어를 고객 제안의 중요한 일부분으로 여기면서 마음 편히 받아들여야 한다.

새로운 변화를 오래된 가치와 연결시키면 모든 사람이 변화 앞에서 겁을 먹는 일이 줄어든다(기존 제품의 판매 촉진 업무를 맡은 팀의 경우에는 예외일 테지만, 이런 상황은 합리적으로 예상해서 관리할 수 있는 일이다).

게다가 제2부 1장에서 처음 논의한 '고귀한 실패' 개념을 받아들인 조직들은 혁신을 둘러싼 두려움이 완화되면서 혁신이 더 물 흐르듯 진행되는 것을 깨닫게 된다. 아서리온의 스티브 엘리스는 자기도 회사 콜 센터 중 한 곳에서 이런 유형의 멋진 사례를 몇 번 목격했다고 말했다. "매달 말에 열리는 칭찬의 날 행사에서, 우리 콜 센터를 운영하는 여성이 실험 정신을 발휘한 직원 두 명의 성과를 강조했습니다. 한 명은 우리가 도입한 신기술 도구를 사용했고 다른 한 명은 특정한 유형의 클레임을 처리하는 새로운 기법을 활용했다는 것입니다. 이 실험은 별다른 성과를 거두지 못했고 그들이 옹호하는 아이디어도 효과가 없었지만, 그래도 이들이 기울인 노력에 주목하면서 다들 기립박수를 보냈습니다." 엘리스도 여기에 적극적으로 찬성했다. "이게 바로 직원들에게 위험을 감수하면서 새로운 일들을 시도해보도록 독려하는 메시지입니다."

이런 격려가 중요한 영향을 미친다. 엘리스는 위험이 "개인에게 집중될 경우 다들 무력감을 느낄 수 있다"고 설명한다. "혼자 위험에 맞서다 보면 그 위험의 강도가 더 크게 느껴지고, 그러니까 결국 실패하게 되는 것입니다. 사람들은 일이 잘못되면 달아나려는 경향이 있고 반대로 일이 잘 풀리면 한데 모여듭니다. 그게 바로 인간의 본성이죠. 비난만큼이나 많은 칭찬을 받는 일은 결코 없을 텐데 그게 무서운 것입니다."

엘리스는 계속해서 베인과 아서리온에서 위기의식을 퍼뜨리기 위해 사용한 정책을 설명했다. "난 이런 메시지를 전달하고 싶었습니다. 당신은 변화 과정을 추진하고 이끄는 책임이 있고, 경영진인 우리는 위험을 감수하면서 이것을 널리 퍼뜨리고 그 영향을 어느 정도 감소시켜야 한다는 거죠." 좀 더 자세히 설명을 이었다. "개인에 대한 위험도를 낮추면 직원들이 앞으로 나아갈 수 있는 능력이 생기고 다른 때보다 더 창의적이고 적극적으로 임할 수 있게 됩니다."

어떻게 이 방법이 직원들이 느끼는 위험을 줄일 수 있을까? 엘리스는 다음과 같이 말했다. "우리가 위험을 함께 나누면 정보가 자주 흐르게 되고, 커뮤니케이션 통로가 계속 열려 있게 됩니다. 그 결과 시간이 지나면서 위험을 완화하고 관리할 수 있는 다양한 방법이 생깁니다. 만약 이것이 공동의 위험이라면 사람들은 프로젝트가 완전히 탈선되기 전에 좀 더 편한 마음으로 문제점을 알릴 수 있습니다. 반면 위험에 대한 공유가 이루어지지 않으면, 어떤 심각한 문제가 생겼을 때 남들의 비난을 피하기 위해 혼자 힘으로 문제를 해결해 보려는 유혹을 강하게 느낍니다."

엘리스는 내가 '고귀한 실패' 개념에서 가장 괜찮은 부분이라고 생각하는 것, 즉 이 개념이 리더와 조직이 혁신과 획기적인 변화를 지원하고 독려하도록 하기 위한 것임을 완벽하게 설명했다. 요즘처럼 경쟁이 극심한 세상에서는 용기 있는 리더십과 획기적인 변화만이 성공을 거둘 수 있다.

우리 앞의
돌파구

때로는 여러분이 직면한 상황이 맹신을 요구할 때도 있다. 여러분이 아무리 신중하게 혹은 창의적으로 수치를 계산한다 하더라도, 여러분의 접근 방식이 CFO가 만족할 만큼 확실하게 원하는 성과를 거두게 될 것이라는 것을 입증하는 증거가 거의 없다면 어떻게 하겠는가? 다른 사람들은 아직 상상도 못하는 기회를 발견한다면 어떻게 하겠는가? 이것은 그 무엇보다 두려운 혁신인 동시에 가장 큰 잠재력을 지닌 혁신이 될 수 있을 것이다.

구글이 안드로이드라는 소형 스마트폰 운영체제를 매입한 뒤 무료로 배포한 것을 생각해보자. 아니면 래리 베어의 투자 팀이, 새로운 야구장을 지어야 하는 상황인데 투표자들이 벌써 몇 년 동안 네 번의 야구장 건립 제안을 거부했다는 사실을 알면서도 경영에 실패한 샌프란시스코 자이언츠를 사들인 것을 생각해보자. 둘 다 CFO들이 찬성할 만한 경제적 이익이 보이지 않는 행동이었다.

여러분 눈에는 보이지만 아직 측정 기준에 드러나지 않고 조직 내에서도 미처 인식하지 못하는 위협이 존재하기 때문에, 회사에서 받아들일 수 있도록 믿음을 주기는 마찬가지로 힘들다. 아무도 확실하게 미래를 예측할 수는 없지만, 미래가 새로운 도전과 요구를 가져올 것이라는 것은 확실하다. 따라서 여러분은 본인이 처한 길을 주의 깊게 평가해야 한다. 여러분은 현재의 경로가 원하는 성공으로 연결되지 않는다는 것을 직감적으로 알고 있다. 대부분의 주변 사람들은 안전책을 강구하면서 상황이 정말 악화되는지 기다려보라고 한다. 하지만 여러분은 그럴 수 없다는 것을 안다. 경쟁자가 뭘 하고 있는지 확인하면, 지금까지 획득한 지식과 경험으로 뒷받침된 직감이 지금 당장 조치를 취해서 뭔가 획기적인 일을 하지 않으면 경쟁자가 얼마 뒤 여러분을 무너뜨리게 될 것이라고 말한다. 뭔가 대담한 일을 해야 한다는 사실을 깨달았다면 그렇게 하자. '차근차근 쌓아올리기' 프로세스를 이용하면 여러분 자신과 여러분이 이끄는 팀이 그 혁신적이고 획기적인 변화를 향해 나아갈 만반의 채비를 갖출 수 있다.

끝맺는 말

마지막으로 하고 싶은
말과 반성

이 책은 교육자로서의 나의 역할과 함께 성장했다. 와튼스쿨 최고경영자 과정과 경영자 교육 프로그램에서 가르치는 동안, 실제적이고 변혁적이며 도전적이고 위험하고 획기적인 변화가 오늘날의 세상에 더없이 중요하지만 한편으로는 이런 변화를 성공적으로 달성하는 일이 갈수록 어려워지고 있다는 사실을 더욱 분명히 깨닫게 되었다. 주로 급속한 기술 발전으로 인해, 작금의 비즈니스계는 내가 오래 전 이 분야에 처음 발을 들였을 때보다 훨씬 빠르게 움직이고 있으며 갈수록 세계화되고 있다. 경쟁자들은 대폭 늘어나고 시간은 줄었다. 규제와 감독은 날이 갈수록 더 부담스러워지고 있다. 지금은 그 어느 때보다 획기적인 변화가 어떻게 진행되는지 이해하고 그것이 얼마나 힘든지도 알아야만 할 때다.

과정 하나하나를 명확하게 소개하려고 시도하기는 했지만, 결국 이 책은 요리책이 아니라 안내서다. 요리책을 보고 적절한 장비와 기술, 재료를 올바른 순서에 따라 사용하면 매번 근사한 수플레가 완성되리라고 거의 확신할 수 있다. 하지만 획기적인 변화의 경우에는 거의 무한에 가까운 변수와 더 많은 비용, 더 많은 인력, 더 많은 제약이 작용한다. 사실 획기적인 변화는 매우 어렵기 때문에 대부분의 사람들은 추후 나타날 요구에 대비하기는커녕 상상하기조차 힘들다.

지금까지 살고 일하면서, 변화 과정을 손쉽게 만드는 방법과 기술을 배웠다. 뿐만 아니라 그 과정은 어려운 편이 낫다는 것도 깨달았다. 원래 호된 시련의 장에서 경쟁적 우위와 경제적 가치가 생겨난다. 따라서 획기적인 변화를 수행하는 과정에서 직면하게 될 어려움에 낙담해서는 안 된다. 그런 어려움은 자기 자신에게 도전할 수 있는 기회이며, 노력에 대한 보상은 더 크게 돌아올 것이다.

'차근차근 쌓아올리기' 프로세스를 구성하는 아홉 개의 단계 가운데 쉬운 것은 하나도 없다. 변화의 필요성을 깨닫는 것도 어렵고, 팀을 구성하는 것도 어렵고, 파일럿을 실시하는 것도 어렵다. 반면 낙담하고 환멸을 느끼는 것은 매우 쉽다. 여러분은 변화 과정에서 맞닥뜨리는 어려움이 다 자기 잘못이라고 생각한다. 세상에 이렇게 힘든 일이 있을 리가 없는데, 본인이 '뭔가를 망쳤기' 때문에 이렇게 된 것이라고 여기는 것이다. 그런 생각이 드는 바로 그 순간, 자기가 일을 제대로 하고 있음을 깨닫게 된다. 획기적인 변화는 원래 그렇게 어려운 법이다. 이 책 속에 수많은 리더들의 목소리를 집어넣기로 결정한 것은 그런 이유 때문이기도 하다. 독자들에게 가장 큰 성공을 거둔 변화의 리더들도 어려움을 겪었고, 그들의 성공적인 계획에도 남다른 노력이 필요했다는 것을 입증하고 싶었다. 어려움과 실패가 반드시 개인의 무능함 때문만은 아니며, 가장 힘든 상황에서 엄청난 성공이 자라날 수도 있다.

나는 인터뷰할 리더들을 선택하면서 크나큰 변화를 겪은 흥미로운 조직을 이끄는 사람들에게 마음이 끌렸다. 그들과 획기적인 변화에 대한 이야기를 나누면서 내 아이디어의 타당성을 시험하고 대규모 프로젝트를 이끌면서 겪은 불운한 나날들에 대한 멋지고 다양한 사례를 모으고 싶었다. 또한 인터뷰 대상을 특정한 유형의 회사나 업계에 국한시키거나 CEO들에게만 초점을 맞추지 않았다. 나는 다양한 규모의 회사에서 다양한 경력 수준을 가지고 다양한 역할을 하는 이들의 단면을 보고 싶었다. 모든 각도에서 변화를 관찰하면서 계속 새로운 것을 배우고 내가 구상한 변화가 그런 철저한 검토를 견딜 수 있는지도 알아보고 싶었다. 이런 인터뷰의 가치는 본문에 포함된 인용구만으로는 측정할 수 없다. 모든 인터뷰마다 내 프로세스를 입증하거나 내 접근 방식을 부분적으로 다시 생각하거나 수정할 수 있게 해주는 아이디어가 넘쳐났다.

이 리더들은 매우 구체적이면서도 풍부하고 명확한 사례들을 제공해주고 내가 이전에 깊이 있게 탐구하지 못한 획기적인 변화와 관련된 문제들을 강조했다. 예컨대 7단계에서는 지나치게 제한된 예산과 측정 가능한 예산 투입이라고 할 만한 것이 충분치 않은 상황 속에서 균형을 이루는 방법에 대한 수많은 대화를 통해 정말 큰 도움을 받았다. 나는 전통적인 개념 증명 파일럿과 점층식 개념 증명 파일럿이라는 내가 제안한 방식의 차이에 대해 많은 생각을 해봤다. 하지만 이 리더들과 논의하기 전까지는 개념 증명 파일럿과 확장성 파일럿 사이의 구분도 제대로 설명하지 못했다.

나중에 밝힌 것처럼, 이 책은 더 나은 교육용 도구를 찾기 위해 탐색하는 작업으로 시작했지만 책을 쓰는 과정 자체가 나에게 진정한 교육이 되었다. 정보를 편집하고 다른 사람들과 대화를 나누는 동안, 내가 이런 개념들 대부분을 수박 겉핥기식으로만 알고 있었다는 것을 깨달았다. 집필 작업은 내가 가지고 있던 아이디어를 아주 세세한 수준까지 검토하게 만들었다. 마찬가지로 학생들에게 강의를 하면서도 변화 단계를 뒷받침하는 원칙들을 몇 번이나 점검하고 또 점검하게 되었다.

변화는 어려운 일이고 사람들을 위협하는 존재라는 것을 수십 년 동안 알고 있었다. 지금까지의 경험을 통해 변화의 위험성을 깨달았고, 반대를 극복하고 사람들을 변화에 참여시키려면 반대 의견까지 인정하고 이해하는 것이 중요하다는 것을 배웠다. 그리고 이런 개념을 오랫동안 가르치기도 했건만, 지금도 때때로 그런 사실을 상기시켜줄 무언가가 필요하다.

2013년 가을 학기에 와튼 경영자 MBA 프로그램에서 첫 수업을 하기 전에, 학생들에게 숙제로 내줄 기말 프로젝트를 변경하는 문제를 곰곰이 생각했다. 이 학생들은 이미 비즈니스계에서 활약하고 있는 신진 리더들이다. 회사는 그들을 임원으로 엄선했고 그들의 교육을 위해 투자하고 있다. 학생들은 자기 직장에서 진짜 문제들에 대처하면서 동시에 한 달에 두 번씩 주말을 할애해서 수업에 관련한 활동을 하고 강의를 듣는다. 그들이 내 강의를 들으러 올 때쯤이면 대부분 이미 자기 몫의 사례 연구는 충분히 한 상태다. 그러니 그 이전 해까지 학생들에게 할당했던 기말 프로젝트를 진행하는 대신, 그들 앞에 진짜 문제를 제시한 뒤 실제 데이터를 이용해서 본인이 생각하는 해결책과 무엇보다 중요한 실행 계획과 접근 방법을 제안하게 해야겠다고 생각했다. 내가 보기에는 이 방법이 모든 단위에서 매우 효과적일 것 같았다.

첫 번째 수업 날이 되자 나는 몇 년 동안 해온 대로 강좌를 소개하기 시작했다. 그리고 기말 숙제에 이용할 새로운 체계를 소개하면서, 예전에 나누어준 교수요목에 나와 있던 내용이 바뀌었다고 말했다. 강의실에 약간 불편한 기운이 감도는 것을 느꼈지만, 어쨌든 학생들이 기말 프로젝트 작업을 시작한 상태에서 갑자기 방법을 변경한 것은 아니었다. 기말까지는 아직 몇 달이나 남아 있었으니까 말이다. 나는 기말 프로젝트는 사례 연구 방식이 아니라, 5~6명의 학생이 한 팀을 이루어서 실제 문제를 깊이 있게 파고들어 해결책과 실행 계획을 마련한 다음 학교 행정관들로 구성된 패널 앞에서 프레젠테이션을 하게 될 것이라고 설명했다. 기대했던 것만큼의 열의는 보이지 않았지만 이 학생들이 내게 낯선 것만큼 나도 그들에게 낯설어서 그런 것이라고 생각했다. 그러니 시간이 지나면 익숙해질 것이다. 이런 과제는 흥미롭기 때문에 행정관들이 관심을 갖고 적극적으로 도와줄 것을 알고 있었다. 학생들은 자유롭게 제안서를 작성할 수 있고, 그 과정에서 자신의 아이디어를 개발하고 제안하고 옹호하는 귀중한 경험을 하게 될 것이다.

내가 내준 과제는 이런 것이었다. 당신은 와튼 샌프란시스코 캠퍼스를 위해 와튼의 MBA 프로그램을 처음부터 다시 고안해야 한다. 당신의 목표는 입학 허가를 내주는 학생들의 질을 떨어뜨리지 않으면서 등록률을 25퍼센트 높이는 것이다. 그러기 위해서는 프로그램을 더 효율적이고 매력적이면서 높은 평가를 받는 독특한 프로그램으로 재설계해야 한다. 그리고 교육 기관에서 흔히 볼 수 있는 온갖 어려움과 제약에 모두 맞설 수 있도록 대비해야 한다. 당신과 당신의 팀은 와튼과 경쟁 학교들의 데이터를 제공받게 될 것이다. 데이터를 분석하고 계획을 세운 다음, 변화를 위한 제안 사항과 실행 방법을 다른 학생들과 와튼 행정관들로 구성된 패널 앞에서 발표해야 한다.

이 강좌는 획기적인 변화 주도에 관한 선택 과목이었고, 내가 생각하기에 이 새로운 과업은 학생들이 직장에서 겪는 일들을 그대로 반영한 진짜 도전 과제를 부여하는 것이었다. 몇몇 학생들은 과업의 막중함에 기가 질린 듯했지만, 나는 이전에 늘 하던 좀 더 이론적인 프로젝트보다 훨씬 나은 학습 경험이 될 것이라고 확신했다. 나는 학생들이 많은 것을 배우리라는 사실을 알고 있었고, 이번 학기 내내 그들이 과제를 수행하면서 능력을 발휘할 것이라고 믿었다.

당시 내가 몰랐던 것은 이런 변화로 인해 많은 학생들이 불안감을 느꼈다는 것이다. 하지만 곧 많은 학생들이 기말 프로젝트에 생긴 이런 변화 때문에 수강 신청 취소를 진지하게 고려하고 있다는 정보를 입수했다. 나는 충격을 받았다. 혼자서 새로운 프로젝트에 너무 열광한 나머지, 시간을 들여서 학생들의 관점을 고려하지 않은 것이다. 그리고 이런 변화의 배경이 된 목적도 제대로 설명하지 않았다. 다음 강의를 준비하면서, 획기적인 변화 주도를 위한 원칙으로 되돌아가 해결해야 할 문제에 초점을 맞추고 정보 수집의 중요성을 되새겼다. 그리고 내가 놓친 신호와 앞으로 학생들을 어떻게 이끌어 갈 것인지에 대해 생각했다.

나는 다음 강의를 시작하면서, 중요한 단계를 건너뛰고 기말 프로젝트에 대한 내 생각과 의도를 제대로 설명하지 않은 큰 실수를 저질렀다는 것을 깨달았다고 말했다. 새로운 프로젝트 개념이 호평을 받을 것이라고 가정하고는, 내가 구상한 변화의 목적과 장점을 낱낱이 설명할 기회를 놓쳐버린 것이다. 나는 학생들이 기말 프로젝트에 대해 가지고 있는 모든 우려에 대해서 듣고 싶다고 말했다. 또 그들이 걱정하는 바에 대해 논의하고 나의 자세한 설명을 들은 뒤, 무기명 투표를 통해서 새로운 방법을 유지할 것인지 아니면 기존 형식으로 돌아갈 것인지를 학생들이 직접 결정하도록 하겠다고 약속했다. 만약 학생들이 새로운 프로젝트의 가치를 납득하지 못한다면 지금까지 늘 해왔던 방식대로 할 것이다.

내가 이렇게 말하자 강의실 분위기가 매우 활발해졌다. 투표 결과, 거의 만장일치로 새 프로젝트를 진행하기로 결정되었고 팀들은 열정적으로 과제를 수행했다. 최종 프레젠테이션의 경우 대다수가 놀랍도록 독창적이고 흥미진진했다. 결국 이 새로운 프로젝트가 학생들에게 더 매력적이고 즉시 활용할 수 있는 학습이었다는 데 최종적으로 의견이 일치되었다. 학생들은 여기에서 얻은 경험 외에도, 다른 사람들에게 새롭고 혁신적인 아이디어를 받아들이도록 고무시키는 데 시간이 얼마나 오래 걸리는지, 또 실행에 필요한 실제적인 세부 사항을 충분히 생각하고 철저하게 설명하는 것이 얼마나 중요한지를 좀 더 현실적으로 인식하게 되었다.

나중에 밝혀졌듯이, 일부 학생들이 처음에 이야기한 우려는 극히 일부분일 뿐 그들의 반대 이면에 도사린 진짜 문제들을 모두 드러낸 것이 아니었다. 논의의 수준이 깊어질수록 학생들은 자신의 내밀한 불안감을 털어놓았고, 이는 변화를 위협으로 받아들이는 사람들이 많다는 사실을 그대로 반영했다. 이 학생들은 행정관들의 기분을 거스르지는 않을까 걱정했고 관습에 얽매이지 않는 획기적이거나 아직 시도된 적 없는 아이디어를 솔직하게 털어놓는 것도 두려워했다. 그들은 새로운 프로젝트가 시간과 에너지, 창의성이 더 많이 필요하지는 않을지, 좋은 점수를 받기가 힘들지는 않을지 염려했다. 이것들은 물론 전부 타당한 걱정이다. 그리고 이 학생들도 나중에 깨달은 것처럼, 점진적인 변화보다 더 큰 것을 목표로 하는 리더들이라면 이런 걱정에 맞서서 극복할 수 있어야 한다. 이 모든 것이 미리 계획된 것이었다고 말할 수 있다면 좋겠지만, 그래도 변화에 대해 적절히 설명하지 못한 초반의 실수가 학생들의 학습 과정에 유용하게 작용했고 내게도 중요한 사실을 상기시켜주었다.

비즈니스계에서 생존하려면 적응 능력이 매우 중요하다. 이것은 어렵고 주눅이 들지만 중요한 일이다. 오늘날의 세상에서 여러분에게는 변화에 적극적으로 뛰어드느냐 아니면 상황에 떠밀려 남들을 따라잡아야 하는 처지가 되느냐 하는 두 가지 선택권이 있다. 남들을 이끄는 데 반드시 구체적인 직함이나 직급이 필요한 것은 아니다. 회사의 다양한 부분에서 일하는 다양한 경력의 사람들도 획기적인 변화를 주도할 수 있다. 변화를 추진하는 역할이 여러분의 어깨에 바로 지워지지 않더라도 성공적인 팀의 일원이 되거나 상사에게 조언할 기회가 생길 수도 있다. 여러분이 현재 어떤 위치에 있건 간에, 혁신과 진보에 기여할 수 있다는 이야기다.

적절한 능력과 적절한 마음가짐만 있으면 '차근차근 쌓아올리기' 프로세스는 획기적인 변화를 향해 나아가는 더 생산적이고, 더 손쉽게 방향을 읽을 수 있는 길을 만들어준다. 이 프로세스 자체는 생각하는 대상이 아니라 생각하는 방식에 관한 것이다. 미래를 예상해 논리적이고 세심하게 분석하고, 창의적으로 사고하면서 가능성을 받아들이며, 어디에 우선순위를 두고 어디에 에너지를 집중해야 하는지를 알고, 앞으로 나아가면서 다른 사람들도 함께 데려가는 방법을 배우는 것이기도 하다.

그리고 리더는 사람들을 함께 데리고 간다는 것, 이게 바로 핵심이다. 명확한 프로세스가 마련되어 있으면 사람들은 힘을 얻고, 자기가 가야 하는 목적지와 해야 하는 일이 무엇인지 알게 된다. 하지만 프로세스만 엄격하게 고수한다고 해서 성공할 수 있는 것은 아니다. 그보다는 사람들에게 각 단계의 체계와 규율을 지속적으로 알려주고 변화에 큰 도움이 되는 유능한 팀을 구성해야 한다. 이 책에서 제공한 자료와 제안들이 획기적인 변화의 성공과 미래의 가능성으로 이어지는 어렵지만 보람 있는 길을 헤쳐나가는, 여러분을 격려하고 도움을 줄 수 있었으면 하는 바람이다.

부록

이 책에 등장한
리더들

래리 베어(Larry Baer) ⋯ 샌프란시스코 자이언츠의 사장 겸 CEO이며 소유주 그룹의 경영 총괄 파트너이기도 하다. 캘리포니아 대학교 버클리 캠퍼스를 졸업해 파이 베타 카파 회원이 되었고, 1985년에는 하버드 경영대학원에서 MBA 학위를 받았다. 1992년에 자이언츠 소유주 그룹 결성을 돕기 전까지는 미디어와 엔터테인먼트 업계에서 10년 가까이 일했고 가장 최근에는 CBS에서 근무했다. 1996년에 자이언츠 최고 운영 책임자^{COO}가 되었고, 2007년에는 사장, 자이언츠가 샌프란시스코에서 처음으로 월드 시리즈 우승을 차지했던 2010년에 사장 겸 CEO 자리에 올랐다.

1992년부터 자이언츠 부실 재건 노력의 모든 측면을 감독하고 있으며, 1993년의 구단 소유권 회복과 배리 본즈 입단, 2000년에 개장한 AT&T

파크 건립, 2010년과 2012년의 월드 시리즈 우승, 270경기 연속 매진으로 내셔널 리그 기록 달성 등이 모두 여기 포함된다.

또한 미 태평양 지역 소년 소녀 클럽, KQED Inc., 베이 에어리어 위원회 등 다양한 이사회와 자선 사업을 위해 일하고 있으며, 아내인 팸과 함께 샌프란시스코 종합병원 재건 캠페인의 공동 의장을 맡고 있다.

데이비드 바거(David Barger) … 제트블루 항공사의 CEO다. 1998년에 창립 팀의 일원으로 참여했고, 2007년에 CEO가 되기까지 사장 겸 최고 운영 책임자로 일했다. 그 후 2009년에 사장직까지 맡게 되었다. 1982년에 뉴욕 에어를 통해 처음으로 항공업계에 발을 들여놓았고, 1988년에 콘티넨탈 항공으로 자리를 옮겨 뉴어크 허브 부사장을 비롯해 여러 고위 관리직을 역임했다. 2010년부터 2012년까지 FAA의 차세대 항공 자문 위원회 의장으로 일했다. 현재 비영리 공공교육 기관인 펜슬의 이사직을 맡고 있다. 또 미국항공 운송협회A4A 이사이자 국제항공 운송협회IATA의 운영위원이기도 하다.

대담한 변화에 익숙하고 여러 획기적인 사건을 통해 제트블루를 이끌어 왔으며, 제트블루가 고객들에게 더 나은 비행을 선사하는 업계 리더가 될 수 있는 방법들을 계속해서 찾고 있다. 현재 설립 15주년을 맞은 획기적인 항공사 제트블루는, 업계가 생기고 처음 100년 동안 수익을 올리지 못했던 이 업계에서 지속적으로 수익이 늘고 있는 포춘 500대 기업이다.

마이클 A. 벨(Michael A. Bell) … 인텔 뉴 디바이스 그룹의 부사장 겸 총괄 책임자다. 모바일·커뮤니케이션 그룹을 공동으로 이끌고 있기도 하다. 2010년 인텔에 입사하기 전에는 2007년부터 2010년까지 팜의 경영진으로 일하면서 제품 개발 수석 부사장 직을 역임했다. 애플에서도 16년간 재직하면서 CPU 소프트웨어, 매킨토시 하드웨어 부서 부사장으로 일했다. 1988년에 펜실베이니아 대학교에서 기계공학 학사 학위를 받았다.

스마트폰 혁명의 한복판에서 아이폰과 팜 프리 프로그램 등의 개발에 관여했다. 조직 내부에 변화의 필요성과 그 과정에 고객을 동반시켜야 하는 어려움을 잘 알고 있다. 벨이 이룬 성공 가운데 일부는 경력을 쌓는 내내 일구고 유지한 광범위한 인적 네트워크를 통해 변화 계획을 실행할 때마다 적합한 인재를 활용할 수 있었던 덕분이라고 할 수도 있다.

존 도나호(John Donahoe) … 1985년에 베인 앤 컴퍼니의 선임 컨설턴트로 경력을 쌓기 시작했고, 이후 1999년부터 2005년까지는 전 세계 지사를 총괄하는 전무이사로 일했다. 2005년에 베인 앤 컴퍼니를 떠나 이베이 마켓플레이스 사장이 되었고, 단 3년 만에 회사 매출을 2배로 늘리는 데 일조했다. 2008년 3월에 메그 휘트먼의 뒤를 이어 이베이 사장 겸 CEO로 임명되었다. 현재 이베이와 인텔 이사로 재직 중이다. 다트머스 대학교에서 경제학 학사 학위를 취득하면서 우등으로 졸업해 파이 베타 카파 회원이 되었고, 스탠포드 경영대학원에서 MBA를 취득했다.

도나호는 이베이에서 몇 가지 힘들고 대담한 결정을 내리고 회사와 자기 리더십 팀의 전통과 문화적 규범에 도전하면서 인상적인 부실 전환을 주도했다. 획기적인 변화를 이루고자 하는 의지는 보답을 받아서, 지난 5년 사이에 이베이의 매출이 80억 달러에서 140억 달러로 증가했고 주가도 400퍼센트 이상 상승했다. 스터브허브, BML, 브레인트리를 비롯해 몇몇 중요한 기업 인수를 감독해서 이베이가 글로벌 상거래 플랫폼과 결제 분야의 리더가 되도록 도왔다.

스티브 엘리스(Steve Ellis) ⋯ 2012년 10월부터 소비자 기술 보호 서비스 제공업체인 아서리온의 최고 경영자 직을 맡고 있다. CEO로서 역할은 글로벌 운영과 아서리온의 글로벌 전략 수립과 실행을 책임지는 것이다. 아서리온에 들어오기 전에는 2005년부터 2012년까지 경영 컨설팅 회사인 베인 앤 컴퍼니에서 전 세계 지사를 총괄하는 전무이사로 일했고, 1999년부터 2004년까지는 베인의 서해안 지사를 담당하는 경영 파트너였다. 베인에 합류한 해는 1993년이다. 엘리스의 컨설팅 경력은 실리콘 밸리에서 전략 컨설팅 회사인 포커스Focus Inc.를 공동 설립한 1989년으로 거슬러 올라간다. 현재 아서리온, 브리지스팬 그룹(비영리 단체), 찰스 슈왑의 이사로 등재되어 있다. 또 스탠포드 비즈니스 스쿨에서 초청 강사로 자주 강의를 하기도 한다. 캘리포니아 대학교 버클리 캠퍼스에서 우등으로 경제학과 역사학 학사 학위를 취득했고 스탠포드 경영대학원에서 MBA를 받았다.

엘리스는 대담한 변화 계획을 수립하고 이를 끝까지 밀고 나가는 데 폭넓은 경험을 했다. 사람들이 변화에 반응하는 방식과 리더들이 성공을 위해 그들을 이끌고 가기 위해서 반드시 해야 하는 일들에 대해 독특한 관점을 제시한다.

진저 그레이엄(Ginger Graham) ⋯ 콜로라도 주 볼더에 있는 투트리 컨설팅의 사장 겸 CEO로서, 처음 CEO가 된 이들에게 리더십, 전략, 이사회의 효율성, 조직 구축 등을 가르친다. 규제가 심한 상황에서 중요한 변화를 진행하는 기업들을 여럿 도왔다. 그 전에 아밀린 제약회사의 사장 겸 CEO로서 재직할 때는 동종 최고 수준의 당뇨병 약 두 가지를 출시했다. 또 글로벌 심혈관 의료 기기 회사인 가이던트사의 그룹 회장과 사장도 역임했다. 가이던트는 그레이엄의 주도 하에 세계 최고의 스텐트 플랫폼을 출시해 포춘

500대 기업이 되었으며, 〈인더스트리 위크 매거진〉이 선정한 세계에서 가장 훌륭하게 경영되는 100대 회사로도 뽑혔다. 그레이엄은 엘리 릴리 앤 컴퍼니에서 경력을 쌓기 시작해서 결국 엘리 릴리의 전액 출자 자회사이자 세계 최고의 혈관 형성술 회사인 어드밴스드 카디오바스큘러 시스템의 사장 겸 CEO가 되었다.

아칸소 대학교에서 농업 경제학 학사 학위를 취득했고 하버드 대학교에서 우수한 성적으로 MBA를 받았다. 하버드에서는 기업가 정신 교수로 일하면서 〈하버드 비즈니스 리뷰〉에 글을 기고하기도 했다. 월그린, 지노믹 헬스, 프로테우스 디지털 헬스, 슈어파이어 메디컬, 엘셀릭스 테라퓨틱스, 클로비스 온콜로지 외에도 수많은 학술 기관과 자선 단체의 자문 위원으로 일하고 있다.

론 그레이브스(Ron Graves) ··· 핑크베리의 CEO다. 이 회사를 설립자들에게 인수해서 철저한 구조 조정과 인력을 재배치한 뒤 국제적인 프랜차이즈 기업으로 탈바꿈시켰다. 그레이브스는 미 공군에서 F-16 전투기 조종사 겸 조종 교관으로 복무했다. 20년 넘게 신생 기업들과 일하면서 그 회사들의 운영과 조직 구조, 영업과 마케팅 등의 세부 조율을 도왔다. 핑크베리를 인수하기 전에는 8년 동안 매버론의 총괄 파트너로 일하면서 창업 초기 단계 기업들에 투자하는 일을 했다. 미국 공군 사관학교에서 학사 학위를 취득하고 노스웨스턴 대학교 켈로그 경영대학원에서 MBA를 받았다.

그레이브스는 신생 기업과 창업 초기 단계의 기업들에 투자하고 이들을 이끌어주었는데 이를 통해 획기적인 변화에 뛰어드는 방법에 대해 독특한 관점을 갖게 되었다. 매우 불확실하고 비즈니스 상황과 긴박감의 필요성에 익숙하다. 그레이브스가 선호하는 리더십 도구 중 하나는 자기 자신과 리더십 팀을 업무 일선에 배치하는 것, 즉 고객의 관점과 고객 충성도를 높이는 수백만 가지 사소한 일들을 제대로 이해하기 위해 직접 매장에서 일하는 것이다.

데비 홉킨스(Debby Hopkins) ··· 시티의 최고 혁신 책임자로서 고객 측면의 혁신을 감독한다. 시티 벤처의 CEO인 홉킨스는 벤처 투자자, 신생 기업, 대기업, 대학들과 협력 관계를 구축하는 일도 책임진다. 또한 시티에서 최고 운영·기술 책임자, 기업 전략과 인수 합병 책임자 등 수많은 리더십 역할을 맡고 있다. 시티에서 일하기 전에는 루슨트 테크놀로지의 최고 재무 책임자와 보잉의 최고 재무 책임자, 그리고 제너럴모터스 유럽의 재무 담당 부사장 등을 역임했다. 예전에는 듀폰 이사이기도 했고, 현재 클릭테크 이사이자 스탠포드의 기술 벤처 파트너 프로그램과 리버우드 캐피털 파트너의 자문 위원이기도 하다. 또한 비영리 단체인 시티즌 스쿨과 그린 뮤직 센터의 이사로도 활동 중이다. 〈포춘〉지가 선정하는 미국 비즈니스계에서 가장 영향력 있는 여성 명단에 두 번이나 이름을 올렸고, 인스티튜셔널 인베스터의 테크 50 목록에도 여러 번 선정되었다.

　홉킨스는 혁신과 변화를 실행에 옮기는 것은 힘겨운 싸움임을 잘 알고 있고, 변화가 직원들에게 미치는 영향을 평가하기 위해 세심한 주의를 기울인다. 변화 계획을 이끌 수 있는 인재들이 모인 적절한 팀을 구성하는 기술에도 정통한데, 리더들 중에는 이 단계를 간과하는 이들이 많다.

르네 J. 제임스(Renée J. James) ··· 인텔 사장이다. 인텔 임원과 인텔의 소프트웨어 자회사인 하복, 맥아피, 윈드 리버의 회장으로 일한 경험을 통해 컴퓨팅 업계에 대해 광범위한 지식을 갖고 있다.

인텔에서 25년 동안 일하면서 보안과 클라우드 기반 컴퓨팅 애플리케이션을 위한 독점적 소프트웨어, 오픈 소스 소프트웨어와 서비스에 대한 전략적 확장을 주도하고 있으며, 인텔이 모바일 컴퓨팅 분야의 새로운 리더가 되도록 이끌고 있다. 소프트웨어·서비스 그룹의 부사장이자 총괄 책임자이며, 인텔의 글로벌 소프트웨어·서비스 전략, 매출, 수익, 제품 연구개발을 담당한다. 예전에는 인텔의 데이터센터 서비스 사업체인 인텔 온라인 서비스의 이사 겸 COO로 재직했고, 애플리케이션을 인텔 아키텍처로 옮겨오기 위해 벤더들과 협력하는 팀에서 일하기도 했다. 또한 인텔의 전 CEO인 앤디 그로브의 참모 역할도 했다. 제임스는 인텔이 벨 테크놀로지를 인수하면서부터 인텔에서 일하기 시작했다. 오레건 대학교에서 학사학위와 MBA를 취득했다.

제임스는 오바마 대통령의 국가 안보 통신 자문위원회의 일원이었다. 보다폰 그룹 이사회의 비상임이사이고, C200 회원이며, VM웨어의 사외이사이기도 하다.

딕 코바세비치(Dick Kovacevich) ⋯ 1998년부터 2007년까지는 웰스 파고의 CEO로, 그리고 그 이후 2010년까지는 회장으로 재직했다. 그 전에는 1993년부터 1998년까지 노스웨스트의 CEO로 일하면서 1998년에 노스웨스트와 웰스 파고의 합병을 주도했고, 합병된 회사의 CEO 직을 맡았다. 이후 10년간 웰스 파고의 성장을 이끌어서 세계에서 규모가 가장 큰 금융기관 가운데 하나로 키웠다. 오늘날 이 회사는 전 세계에서 시장 가치가 가장 높은 금융기관으로, 시가 총액이 2,500억 달러가 넘는다. 현재 샌프란시스코 교향악단 이사 겸 샌프란시스코 현대미술관 이사직로 일하고 있으며, 카길과 테라노스 사의 이사이기도 하다. 스탠포드 대학교에서 산업

공학 학사·석사 학위를 받았고 MBA도 취득했다.

코바세비치는 프로젝트를 분할하고 장기적인 전략에 초점을 맞추어야 한다고 굳게 믿는다. 웰스 파고에서 노스웨스트와 웰스를 합병하기 위한 장기적인 접근 방법을 고안할 때 이 기법을 활용했고, 새로운 기술 시스템을 도입하고 장기적인 성장을 위해 직원들을 재교육하는 데도 많은 시간을 들였다.

테리 피어스(Terry Pearce) … 리더십 커뮤니케이션의 설립자이자 회장이다. 리더십 커뮤니케이션이라는 주제에 있어서 세계 최고의 전문가 중 한 명이다. 포춘 100대 기업의 임원들에게 조언을 해주기도 하고 인기 있는 강연자로도 활동 중이다. 캘리포니아 대학교 버클리 캠퍼스의 하스 경영대학원 겸임 교수로 일하다가 은퇴했으며, 현재 런던 비즈니스 스쿨의 객원 교수로 재직 중이다. 퍼시피카 대학원에서 비교 신화와 심층 심리학을 공부하며 박사 과정을 밟고 있다. 피어스는 『커뮤니케이션 리더십』의 저자이고 데이비드 포트럭과 공저로 『클릭 앤 모르타르』라는 책도 펴냈다. 이 책 전체에서 피어스의 영향력과 관점을 발견할 수 있으며 특히 리더십 커뮤니케이션을 소개한 장에서 두드러진다.

피어스는 리더십 커뮤니케이션을 설립하기 전에 17년 동안 IBM의 관리자와 임원으로 일했다. 또 예전에 찰스 슈왑에서 임원 커뮤니케이션을 담당하는 선임 부사장 겸 수석 부사장으로 일하기도 했다. 현재 센터 포인트와 퍼시피카 대학원 이사이며 전미재무교육재단의 이사회 의장을 지냈다. 캘리포니아 주 마약 퇴치 캠페인의 창립 이사이자 사회 변화 연구소에서 진행하는 건강 도시 프로젝트의 이사로도 활약했다.

하워드 슐츠(Howard Schultz) ⋯ 스타벅스의 회장 겸 사장 겸 최고 경영자다. 슐츠는 스타벅스 매장이 겨우 네 개밖에 없었던 1982년에 고향인 뉴욕을 떠나 시애틀로 와서 이 회사의 운영·마케팅 이사로 합류했다. 오늘날 스타벅스는 64개 나라에 2만 개 이상의 매장을 운영하고 있으며 20만 명이 넘는 파트너(직원)를 고용해서 매주 7천만 명 이상의 고객들을 응대한다.

슐츠는 회사의 변화를 주도하면서 스타벅스의 커피 유산, 혁신, 고객 경험에 새롭게 초점을 맞춘 지속 가능하고 수익성 높은 성장을 이끌었다. 슐츠의 열정과 리더십, 커뮤니티 강화를 위한 노력은 널리 인정받고 있다. 2013년에는 직원들과 지역사회를 위한 헌신을 높이 사서 노스웨스턴 대학교 켈로그 경영대학원이 수여하는 최고의 리더십 상을 받았고, 2011년에는 회사가 기록적인 재정 수익을 올리는 동시에 미국 내에서 일자리 창출을 촉진하기 위한 노력을 이끈 공로로 포춘이 선정하는 올해의 기업가로 뽑히기도 했다. 슐츠는 베스트셀러인 『온워드』와 『스타벅스: 커피 한잔에 담긴 성공 신화』라는 책을 쓴 작가이기도 하다.